蘭室擷珍

历代文房艺品

Refined Ancient Stationery in Scholar's Study

CHIEF EDITOR HAN TIANHENG HAN HUIZHI

韩天衡 韩回之 主编

文匯出版社

兰室撷珍
话文房

韩天衡

中国篆刻艺术院名誉院长
西泠印社名誉社长
上海市非物质文化遗产『海上书法』
代表性传承人

兰室，是对居家斋室的一种雅称。唐代一位叫李泌的官吏别出心裁地为自己的家居书房取名『端居室』。自此蔚成风气，大凡达官贵人都风雅地为家室取个斋堂馆阁类的名号。若明代书画家文徵明就有玉兰堂、停云馆、玉磬山房、歌斯楼、悟言室等诸多的斋室，给人居室多多的印象，其实大多是有名无实，他的斋号只存在于印章上。在历史上，这类例子很多，这也是文人雅趣的体现。

兰室不能仅是明窗净几、阳光月色，它是主人身价学养的外化，故而以文玩、艺术品充实点缀兰室，成了上自帝王将相下至文人绅士务必上心去充实、丰富、打理的要务。而这对泱泱华夏文明古国里的士人而言，根本算不上是犯难复杂的事情。

华夏文明五千年，先民代代相传的勃发艺心，造物必寓艺术，创造出了世界上堪称最丰富的精妙绝伦的物事。这些出于实用的器物，无不被赋以鬼斧神工的匠心。尽管漫长岁月里战乱和天灾人祸不断，消失摧毁的传世品多多，损失令人悲摧，然而古代『以死向生』的厚葬观念顽固地扎根于社稷，故而依然有不可估量的文物艺术品埋葬或窖藏于地下，且时有惊喜的涌现。我中华堪称是地球村里最神秘、最庞大且不可名状的艺术品大宝库，近几十年被动而又轰动的少些考古发掘，就验证了这无可置疑的实况。

依笔者的拙见，艺术源自生活，赋自实用。悠长五千年的华夏文明史，各时段、各地域、各民族的异而不同又相互磕撞的文化，正是形成理念多元、门类丰富、奇幻灿烂艺术的沃土。所以在文物艺术品这一块，先民的智慧和创造力，大可用『没有做不到，只有想不到』的奇诡来形容。从艺术史的角度分析，唐以前的约四千年，大致是顺势而为，重制作而少总结，可谓是一大憾事。而自北宋以降，由于制度的演变、观念的更新、文心的焕发，从先祖林林总总的古物器着手，火热地兴起了从艺术本体着眼的全新而持续的研究风尚。在此时期，各类研讨撰写的文艺巨著接踵涌现，如郭若虚《图画见闻志》、黄伯思《东观余论》、陈思《书小史》、欧阳修《集古录》《砚谱》、宋徽宗赵佶《宣和博古图》《宣和画谱》《宣和书谱》、苏易简《文房四谱》、赵明诚《金石录》、赵希鹄《洞天清禄集》等等，不可胜数。其中若赵希鹄一书就辑录了古琴、古砚、古钟鼎彝器、怪石、砚屏、笔格、水滴、古翰墨真迹、古今石刻、古今纸花印色、古画等十一项。足见时人用心之专，用力之勤，搜罗之广，风气之盛。可见自北宋始，意与古会且争艳斗丽地开启和拓展了文化艺术史上深远的鉴古、赏古、玩古的新阶段。

要言之，上古的文物艺术品，到了宋代才凸显出其崇高的地位和价值。彼时，全国人口超亿，生产总值约占世界四分之一，文化艺术成为社会的必需，成为人们生活中不可或缺的部分。诚然，在此尤当指出，宋代印刷术的完善和推广，让文人学者图文兼美，呕心沥血的著作得以化一为万地迅猛普及至整个社会。著作就是知识，就是力量，它势必对当时整个社会的文化、生产力的腾飞生发出强大的驱动力。我们可以毫不夸张地说，宋代是真正揭示、推进先前四千年文化艺术并将其纳入学术化、系统化的重要节点。故而陈寅恪先生曾称『中华民族之文化，历数千载之演进，造极于赵宋之世』。再推而论之，宋代文人以言之有物且巨量的实证和论述，可信地揭示了过去的混沌迷蒙的历史、人文和艺术；同样，宋代构建了文玩、艺术品学术研究的大纲，开启了对后世传承有序的推陈出新的走向。

倘要谈到华夏文物、艺术品的文玩，若青铜器、金银器、陶瓷、玺印、玉珉、纸砚、笔墨、法书、绘画、古籍、茶器、碑版、漆器、武备、简牍、竹木牙角、金银饰物……何止百门千类，且先民的艺术才智、创作技能是超乎想象、神乎其神的，不愧为世界艺术史上极辉煌的瑰宝。我们知道，博物馆、美术馆、艺展会对我国而言，毕竟是近世的设置，而自宋至今，朝代更迭，不可胜数的兰室始终是陈列展示古今文玩艺术品的一块神圣之地，它精妙极致地体现了主人的文化取向和意趣，也是心灵憩息的港湾。置身其间，往往会进入思遇迹化、心犀相通的妙境，凸显出文化艺术深沉内敛而感人养人的力量。诚如张伯驹先生所称：『退藏天地之大于咫尺之间，应接人物之盛于晷刻之内，陶熔气质，洗涤心胸。』

本次的展事，是继二〇一七年我馆举办『兰室长物』文房展的一次后续。重点是展呈宋元明清及近代传承有序的书画、文玩约五十类，计五百零五件，较之华夏满天星辰般的文玩艺术品，它仅算得九牛一毛，然豹之一斑，就中也不乏足堪击赏之品。相信在当今崇尚学习，弘扬、繁荣优秀传统文化的新时代，它会给广大观者提供有益的文玩知识和艺术的享受，也期待『兰室撷珍』展对观者自家的兰室生香、文化加持，会有所启迪。

半年多的艰辛操办，展事得以顺利揭幕，作为策展人的我，谨向为展事付出心血的同仁、埋头苦干的工作班子，乃至诸多慷慨借展文玩艺术品的藏家们致以真挚的谢意。

二〇二四年七月八日　于豆庐

5
3
4

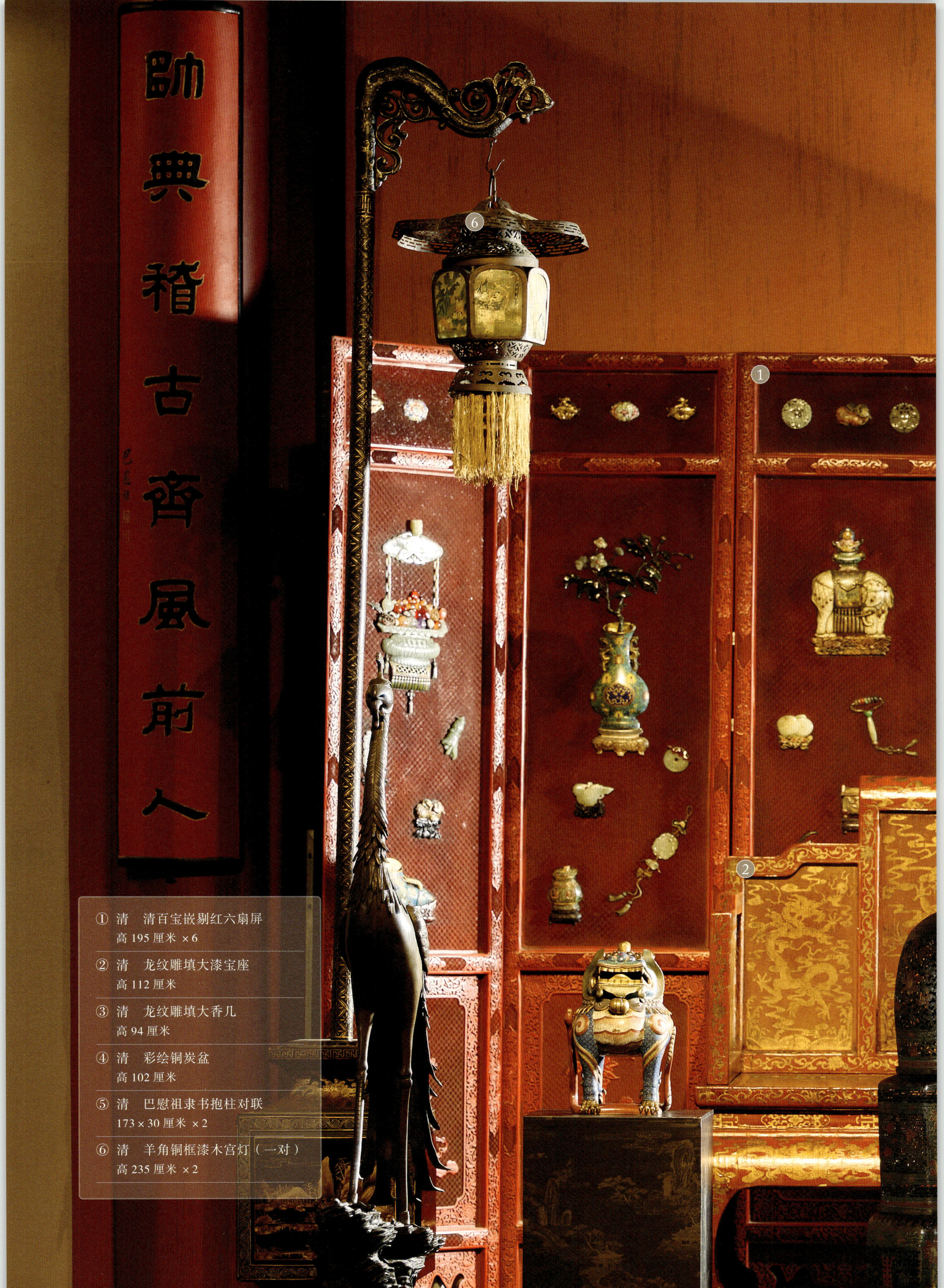

① 清　清百宝嵌剔红六扇屏
高 195 厘米 ×6

② 清　龙纹雕填大漆宝座
高 112 厘米

③ 清　龙纹雕填大香几
高 94 厘米

④ 清　彩绘铜炭盆
高 102 厘米

⑤ 清　巴慰祖隶书抱柱对联
173×30 厘米 ×2

⑥ 清　羊角铜框漆木宫灯（一对）
高 235 厘米 ×2

目录

图版

器物

蘭室擷珍

历代文房艺品

书画

Refined Ancient
Stationery
in Scholar's Study

初唐人書大智度

耶波羅蜜禪波羅蜜不隨逆尸羅波羅蜜羼
提波羅蜜毗梨耶波羅蜜禪波羅蜜亦如是
何以故諸波羅蜜性无所能作自性空虛誑
如野馬尒時須菩提白佛言世尊若一切法
自性空云何菩薩摩訶薩行六波羅蜜當得
阿耨多羅三藐三菩提須菩提菩薩摩訶薩
行六波羅蜜時作是念是世間心皆顛倒我
若不行方便力不能度脫衆生生死我當為
衆生故行檀波羅蜜尸羅波羅蜜羼提波羅
蜜毗梨耶波羅蜜禪波羅蜜般若波羅蜜是
菩薩為衆生故捨内外物捨時作是念我无
所捨何以故是物必當壞敗菩薩作如是思
惟能具足檀波羅蜜為衆生故終不破戒何
以故菩薩作是念我為衆生故發阿耨多羅
三藐三菩提若殺生是所不應乃至我為衆
生故發阿耨多羅三藐三菩提若作耶見若
貪著聲聞辟支佛地是所不應菩薩摩訶薩
如是思惟能具足尸羅波羅蜜菩薩為衆生
故不瞋心乃至不生一念菩薩如是思惟我
應利益衆生云何而起瞋心菩薩如是思惟
能具足羼提波羅蜜菩薩為衆生故乃至阿
耨多羅三藐三菩提常不生懈怠心菩薩如
是行能具足毗梨耶波羅蜜菩薩為衆生故
乃至得阿耨多羅三藐三菩提不生散亂心
菩薩如是行能具足禪波羅蜜菩薩為衆生
故乃至得阿耨多羅三藐三菩提終不離智
慧何以故除智慧不可以餘法度脫衆生故
菩薩如是行能具足般若波羅蜜須菩提白
佛言世尊若諸波羅蜜无差別相云何般若
波羅蜜於五波羅蜜中第一冣上微妙佛告
須菩提如是如是諸波羅蜜雖无差別若无
般若波羅蜜五波羅蜜不得波羅蜜名字曰
般若波羅蜜五波羅蜜得波羅蜜名字須菩
提譬如種種色身到須弥山王邊皆同一色
五波羅蜜亦如是因般若波羅蜜到薩婆若
中一種无異不分別是檀波羅蜜是尸羅波

行般若波羅蜜作是念諸法无所有不可取
若法无所有不可取則不可得若如是行為
行般若波羅蜜若菩薩摩訶薩著无所有法
則遠離般若波羅蜜何以故般若波羅蜜中
无有著法故須菩提白佛言世尊般若波羅
蜜遠離般若波羅蜜耶檀波羅蜜遠離檀波
羅蜜耶乃至一切種智遠離一切種智耶世
尊若般若波羅蜜遠離般若波羅蜜乃至一
切種智遠離一切種智菩薩云何得般若波
羅蜜乃至得一切種智佛言菩薩摩訶薩行
般若波羅蜜時不生色是色誰色乃至一切
種智不生是一切種智誰一切種智如是菩
薩能生般若波羅蜜乃至能生一切種智復
次須菩提菩薩摩訶薩行般若波羅蜜時不
觀色若常若无常若苦若樂若我若非我若
空若不空若離若非離何以故自性不能生
自性乃至一切種智亦如是若菩薩摩訶薩
行般若波羅蜜如是觀色乃至觀一切種智
能生般若波羅蜜乃至能生一切種智譬如
轉輪聖王有所至處四種兵皆隨逐般若波
羅蜜亦如是有所至處五波羅蜜皆悉隨逐
倒薩婆若中住譬如善御駕駟不失平道隨
意所至般若波羅蜜亦如是御五波羅蜜不
失正道至薩婆若須菩提言世尊何等是菩
薩摩訶薩道何等是非道佛言聲聞道非菩
薩道辟支佛道非菩薩道一切種智道是菩
薩摩訶薩道須菩提是名菩薩摩訶薩道非
道須菩提言世尊諸菩薩摩訶薩般若波羅
蜜為大事故起所謂示是道是非道佛言如
是如是須菩提般若波羅蜜為大事故起所
謂示是道是非道須菩提是般若波羅蜜為
度无量衆生故起為利益阿僧祇衆生故起
般若波羅蜜雖作是利益亦不受色亦不受
受想行識亦不受聲聞辟支佛地須菩提般
若波羅蜜是諸菩薩摩訶薩導示阿耨多羅

當知一切法略廣相須菩提言世尊云何菩
薩摩訶薩知一切法略廣相佛言知色如相
知受想行識乃至知一切種智如相如是能
知一切法略廣相須菩提言世尊云何色如
相云何受想行識乃至一切種智如相佛告
須菩提色如无生无滅无住異是名色如相
乃至一切種智如相无生无滅无住異是名
一切種智如相是中菩薩摩訶薩應學復次
須菩提菩薩摩訶薩知諸法實際時知一切
法略廣相世尊何等是諸法實際佛言无際
是名實際菩薩學是際知一切諸法略廣相
須菩提若菩薩摩訶薩知諸法法性是菩薩
能知一切法略廣相世尊何等是諸法法性
佛言色性是名法性是性无分无非分須菩
提菩薩摩訶薩知法性故知一切法略廣相
須菩提白佛言世尊復云何應知一切法略
廣相佛言若菩薩摩訶薩知一切法不合不
散須菩提言世尊何等法不合不散佛言色
不合不散受想行識不合不散乃至一切種
智不合不散有為性无為性不合不散何以
故是諸法自性无云何有合有散若法自性
无是為非法非法不合不散如是應當知一
切法略廣相須菩提言世尊是名菩薩摩訶
薩略攝般若波羅蜜世尊是略攝般若波羅
蜜中初發意菩薩摩訶薩應學乃至十地菩
薩摩訶薩亦應學是菩薩摩訶薩學是略攝
般若波羅蜜則知一切法略廣相

自敦煌石室開後頗流出
古物皆唐末五季之遺而經
卷尤多南人官彼土者及隨從
之士頗有購取歸或贈人予
前後得數紬[illegible]帋之精粗書

宋
秋山萧寺图
绢本 37×37 厘米

唐

楷书 大智度经卷

纸本 750×23厘米

引首 谢稚柳

题跋 张 运、陆俨少

题画 陆俨少

亦如是若離般若波羅蜜不得波羅蜜名字不離般若波羅蜜故得波羅蜜名字須菩提譬如无夫婦人易為侵陵五波羅蜜亦如是遠離般若波羅蜜魔若魔天壞之則易譬如有夫婦人難可侵陵五波羅蜜亦如是得般若波羅蜜魔若魔天不能沮壞須菩提譬如軍將鎧仗具足隣國强敵所不能壞五波羅蜜亦如是不遠離般若波羅蜜魔若魔天若增上慢人乃至菩薩旃陁羅所不能壞須菩提譬如諸小國王随時朝侍轉輪聖王五波羅蜜亦如是随順般若波羅蜜譬如衆川万流皆入於恒随入大海五波羅蜜亦如是般若波羅蜜所守護故随到薩婆若譬如人之右手所作事便般若波羅蜜亦如是如人左手造事不便五波羅蜜亦如是譬如衆流若大若小俱入大海合為一味五波羅蜜亦如是為般若波羅蜜所護随般若波羅蜜入薩婆若得波羅蜜名字譬如轉輪聖王四種兵輪寳在前導王意欲住輪則為住令四種兵満其所願輪亦不離其處般若波羅蜜亦如是導五波羅蜜到薩婆若常是中住不過其處譬如轉輪聖王四種兵三寳在前導般若波羅蜜亦如是導五波羅蜜到薩婆若中住般若波羅蜜亦不分别檀波羅蜜随從我尸羅波羅蜜羼提波羅蜜毗梨耶波羅蜜禪波羅蜜不随從我檀波羅蜜亦不分别我随從般若波羅蜜尸羅波羅蜜羼提波羅蜜毗梨

時便得阿耨多羅三藐三菩提佛言以念故著欲界色界无色界不念故无所著如是須菩提菩薩摩訶薩行般若波羅蜜不應有所著世尊菩薩摩訶薩如是行般若波羅蜜當住何處佛言菩薩摩訶薩如是行不住色乃至不住一切種智世尊何因緣故色中不住乃至一切種智中不住佛言不著故不住何以故是菩薩不見有法可著可住如是須菩提菩薩摩訶薩以不著不住法行般若波羅蜜須菩提若菩薩摩訶薩作是念若能如是行如是脩是行般若波羅蜜我今行般若波羅蜜脩般若波羅蜜若如是取相則遠離般若波羅蜜若遠離般若波羅蜜則遠離檀波羅蜜乃至遠離一切種智何以故般若波羅蜜无有著處亦无著者自性无故菩薩摩訶薩若復如是取相則於般若波羅蜜退若退般若波羅蜜則是退阿耨多羅三藐三菩提不得受記菩薩摩訶薩復作是念住是般若波羅蜜能生檀波羅蜜乃至能生大悲若作是念則為失般若波羅蜜失般若波羅蜜者則不能生檀波羅蜜乃至不能生大悲菩薩若復作是念諸佛知諸法无受相故得阿耨多羅三藐三菩提菩薩若作如是演說開示教照則失般若波羅蜜何以故諸佛於諸法无所知无所得亦无法可說何况當有所得无有是處須菩提白佛言世尊菩薩行般若波羅蜜云何无是過失佛言若菩薩摩訶薩

是般若波羅蜜於一切諸法中得自在故復次般若波羅蜜於一切諸法中最大譬如大海於万川中最大般若波羅蜜亦如是於一切諸法中最大以是故諸欲求聲聞辟支佛道及諸菩薩道應當學般若波羅蜜檀波羅蜜乃至一切種智須菩提譬如射師執如意弓箭不畏怨敵菩薩摩訶薩亦如是行般若波羅蜜乃至一切種智魔若魔天所不能壞以是故須菩提菩薩摩訶薩欲得阿耨多羅三藐三菩提應學般若波羅蜜是行般若波羅蜜菩薩為十方諸佛所念須菩提白佛言世尊云何十方諸佛念是菩薩摩訶薩佛告須菩提菩薩摩訶薩行檀波羅蜜時十方諸佛皆念行尸羅波羅蜜羼提波羅蜜毗梨耶波羅蜜禪波羅蜜般若波羅蜜時十方諸佛皆念云何念布施不可得持戒忍辱精進禪定智慧不可得乃至一切種智不可得菩薩能如是不得諸法故諸佛念是菩薩摩訶薩復次須菩提諸佛不以色故念不以受想行識故念乃至不以一切種智故念須菩提言世尊菩薩摩訶薩多有所學實无所學佛言如是如是須菩提菩薩多有所學實无所學何以故是菩薩所學諸法皆不可得須菩提白佛言世尊佛所說法若略若廣於此法中諸菩薩摩訶薩欲求阿耨多羅三藐三菩提六波羅蜜若略若廣應當受持親近讀誦讀誦已思惟正觀心心數法不行故佛告須菩提如是如是菩薩摩訶薩略廣學六波羅蜜

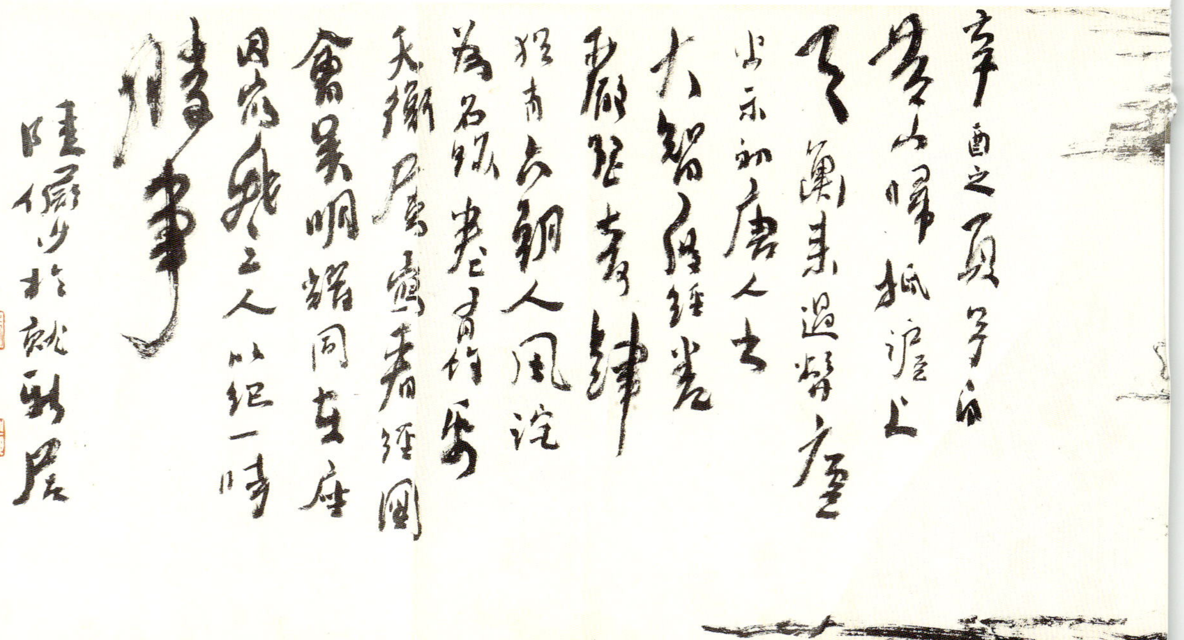

此經為敦煌石室所出為子衡老弟友人新得
情翁

大智度經大方便品第六十九釋論　有二段經文　卷八十二
尒時須菩提白佛言世尊是菩薩摩訶薩如
是方便力成就者發意已來幾時佛告須菩
提是菩薩摩訶薩能成就方便力者發心已
來无量億阿僧祇劫須菩提言世尊是菩薩
摩訶薩如是成就方便力者為供養幾佛佛
言是菩薩成就方便力者供養如恒河沙等
諸佛須菩提白佛言世尊是菩薩得如是方
便力者種何等善根佛言菩薩成就如是方
便力者從初發意已來於檀波羅蜜无不具
足於尸羅波羅蜜羼提波羅蜜毗梨耶波羅
蜜禪波羅蜜般若波羅蜜无不具足須菩提
白佛言世尊菩薩摩訶薩成就如是方便力
者甚希有佛言如是如是須菩提菩薩摩訶
薩成就如是方便力者甚希有須菩提譬如
日月周行照四天下多有所益般若波羅蜜
亦如是照五波羅蜜多有所益須菩提譬如
轉輪聖王若无輪寶不得名為轉輪聖王輪
寶成就故得名轉輪聖王須菩提五波羅蜜

波羅蜜是般若波羅蜜何以故是諸波羅蜜
无自性故以是因緣故諸波羅蜜无差別須
菩提白佛言世尊若隨實義无分別云何般
若波羅蜜於五波羅蜜中最上最妙佛言如
是如是須菩提雖實義中无有分別但以世
間法故說檀波羅蜜尸羅波羅蜜羼提波羅
蜜毗梨耶波羅蜜禪波羅蜜般若波羅蜜為
欲度衆生生死是衆生實不生不死不起不
退須菩提衆生无所有故當知一切法无所
有以是因緣故般若波羅蜜於五波羅蜜中
最上最妙須菩提譬如閻浮提衆女人中玉
女寶第一最上最妙般若波羅蜜亦如是於
五波羅蜜中第一最上最妙須菩提白佛言
世尊佛以何意故說般若波羅蜜最上最妙
佛告須菩提是般若波羅蜜取一切善法到
薩婆若中住不住故須菩提白佛言世尊般
若波羅蜜有法可取可捨不佛言不也須菩
提般若波羅蜜无法可取无法可捨何以故
一切法不取不捨故世尊般若波羅蜜於何
等法不取不捨佛言般若波羅蜜於色不取
不捨於受想行識乃至阿耨多羅三藐三菩
提不取不捨世尊云何不取色乃至不取阿
耨多羅三藐三菩提佛言若菩薩不念色乃
至不念阿耨多羅三藐三菩提是名不取色
乃至不取阿耨多羅三藐三菩提須菩提言
世尊若不念色乃至不念阿耨多羅三藐三
菩提云何得增益善根善根不增云何具足
諸波羅蜜若不具足諸波羅蜜云何得阿耨
多羅三藐三菩提佛告須菩提若菩薩不念
色乃至不念阿耨多羅三藐三菩提是時善
根增益善根增益故具足諸波羅蜜諸波羅
蜜具足故得阿耨多羅三藐三菩提何以故
不念色乃至不念阿耨多羅三藐三菩提時
便得阿耨多羅三藐三菩提世尊何因緣故
色不念時乃至阿耨多羅三藐三菩提不念

若般若波羅蜜无所生无所滅諸法常住故
須菩提言世尊若般若波羅蜜无所生无所
滅云何菩薩摩訶薩行般若波羅蜜時應布
施云何應持戒云何應忍辱云何應懃精進
云何應入禪定云何應修智慧佛告須菩提
菩薩摩訶薩念薩婆若應布施念薩婆若應
持戒忍辱精進禪定智慧是菩薩摩訶薩持
是功德與衆生共之迴向阿耨多羅三藐
三菩提若如是迴向則具足修六波羅蜜及
慈悲心諸功德須菩提若菩薩摩訶薩不遠
離六波羅蜜則不遠離薩婆若以是故須菩
提菩薩摩訶薩欲得阿耨多羅三藐三菩提
應學應行六波羅蜜菩薩摩訶薩行六波羅
蜜具足一切善根當得阿耨多羅三藐三菩
提以是故須菩提菩薩摩訶薩應習行六波
羅蜜須菩提言世尊云何菩薩摩訶薩應習
行六波羅蜜佛言菩薩摩訶薩應如是觀色
不合不散受想行識不合不散乃至一切種智
不合不散是名菩薩摩訶薩習行六波羅蜜
復次須菩提菩薩摩訶薩應作是念我當不
住色中不住受想行識中乃至不住一切種
智中如是應習行六波羅蜜何以故是色无
所住乃至薩婆若无所住如是須菩提菩薩
摩訶薩以无所住法習行六波羅蜜應當得
阿耨多羅三藐三菩提須菩提譬如士夫欲
食菴羅菓若波羅那婆菓當種其子隨時溉
灌守護漸漸生長時節和合便有菓實得而
食之須菩提菩薩摩訶薩亦如是欲得阿耨
多羅三藐三菩提當學六波羅蜜以布施攝
取衆生持戒忍辱精進禪定智慧攝取衆生
度衆生生死以是故須菩提菩薩摩訶薩欲
不隨他人語當學般若波羅蜜欲淨佛國土
成就衆生欲坐道場欲轉法輪當學般若波
羅蜜須菩提白佛言世尊應如是學般若波
羅蜜耶佛言菩薩應如是學般若波羅蜜欲
於諸法得自在當學般若波羅蜜何以故學

之為真宋以前物斯可貴耳
復初此卷首尾獨完善書華
尤佳甚不易覯之得之李眉公
後人去冬攜滬裝背留萬君
篋之處為擬寄肥屬題今夏
予適至滬萬君出眎遂為記之
庚午六月廿四日張運書

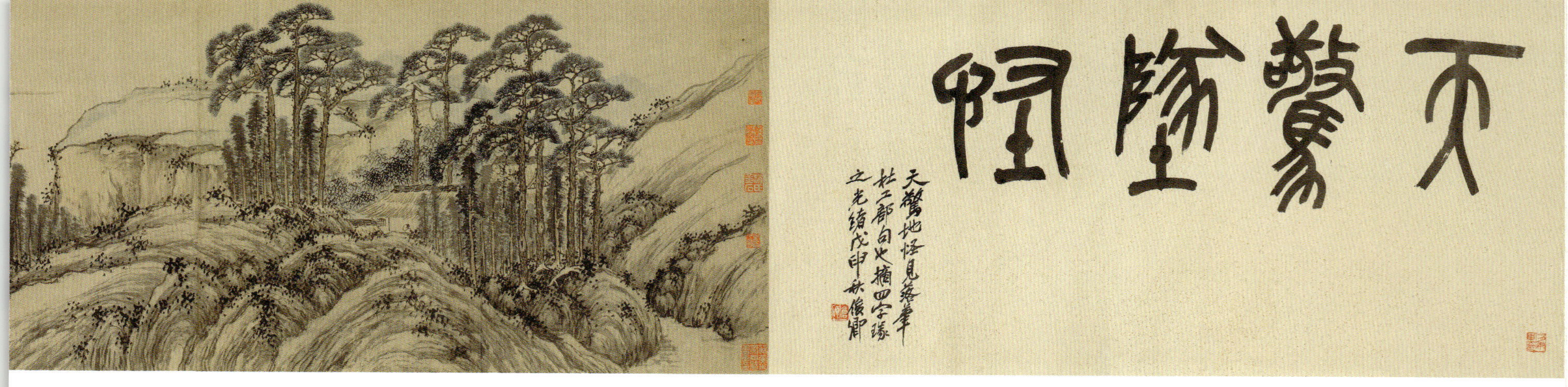
天驚地怪
天驚地怪見落筆
杜工部句也摘四字篆
之光緒戊申秋俊卿

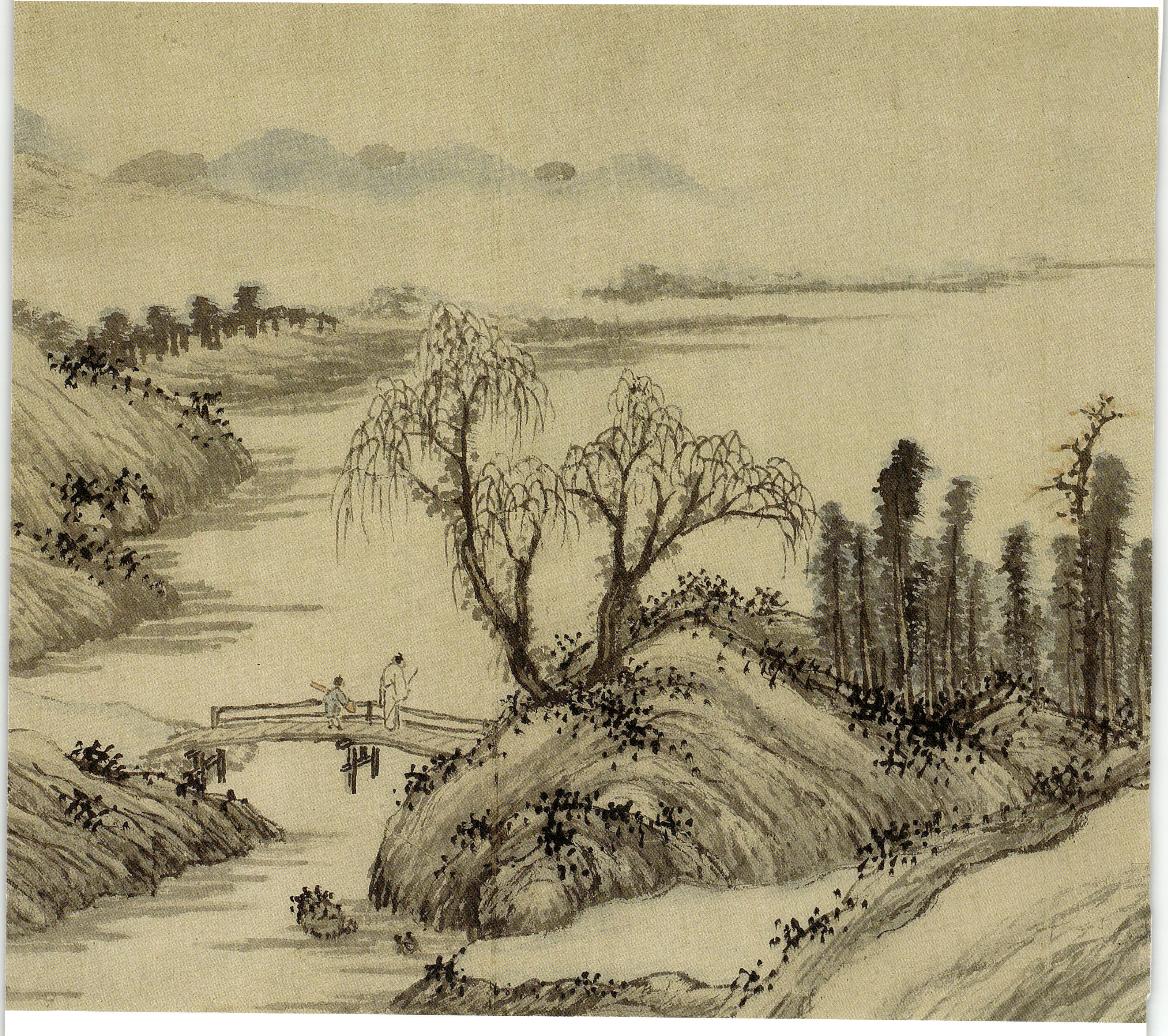

（局部放大）

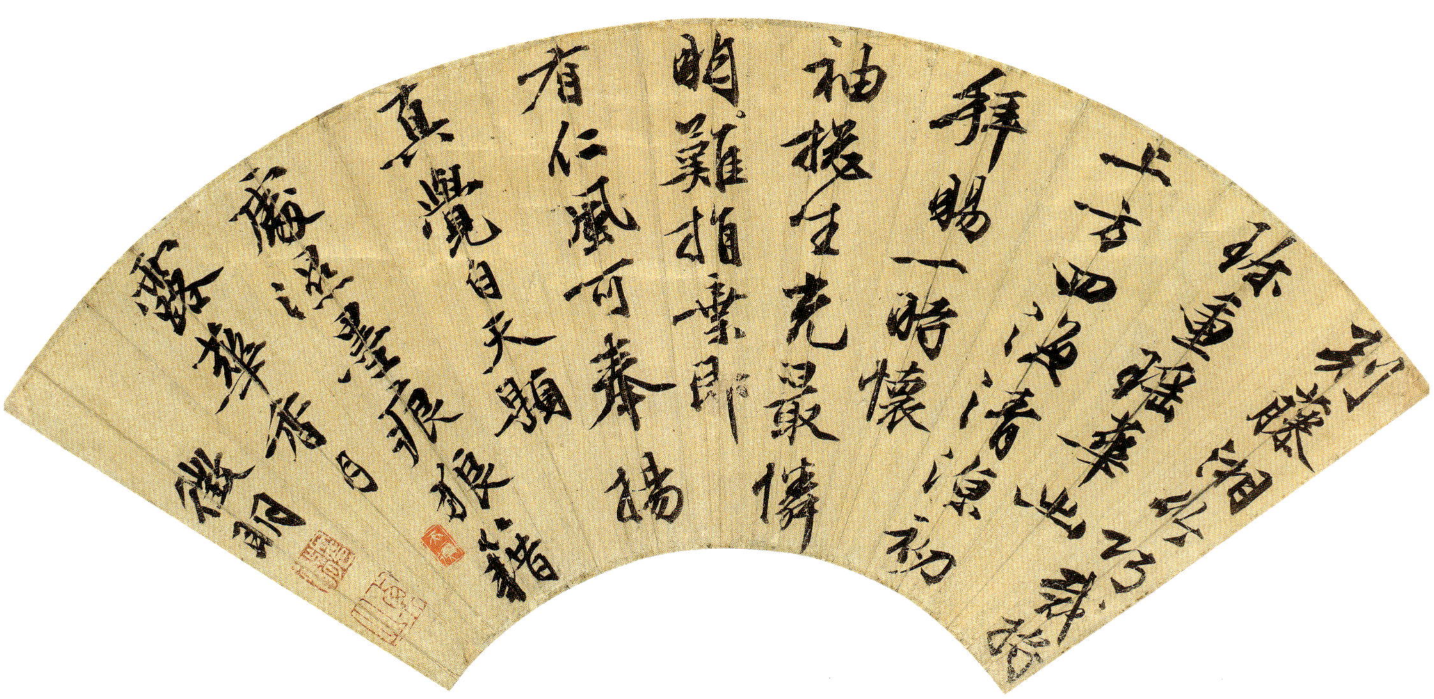

明

文徵明（1470～1559）

行书《端午赐扇》诗扇面

冷金笺 23×49厘米

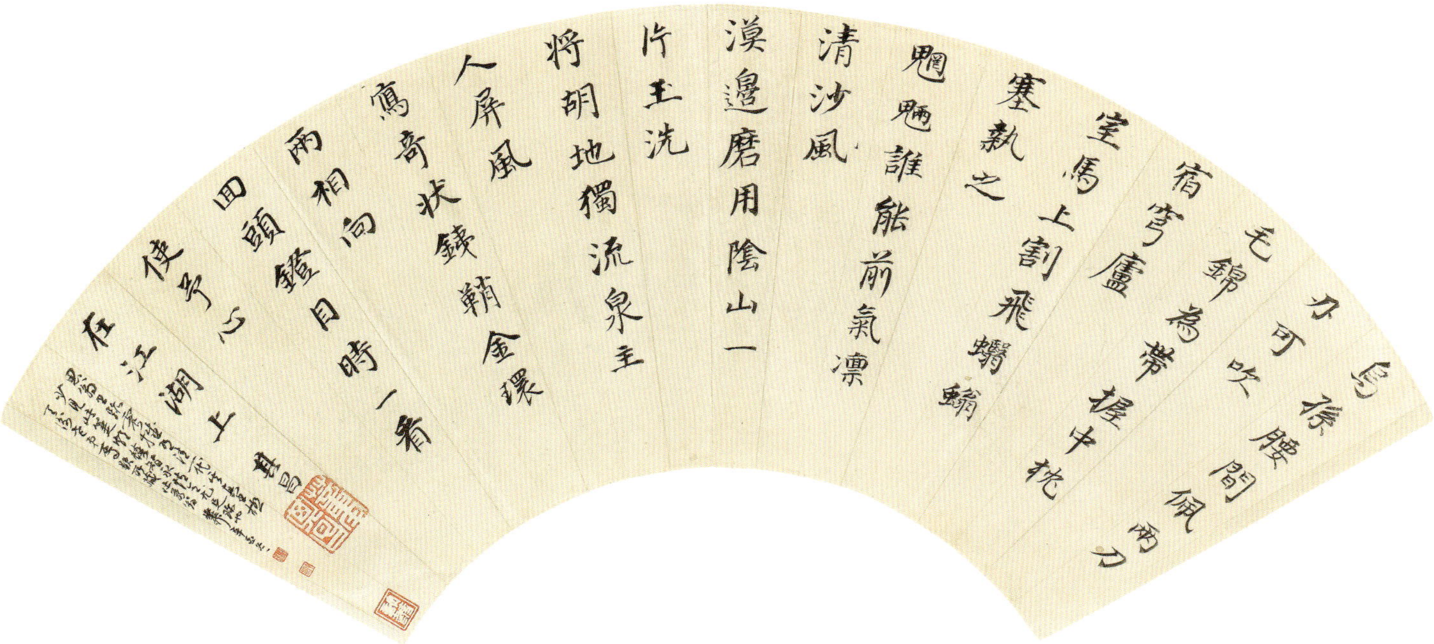

明

董其昌（1555～1636）

楷书 李欣《崔五六图屏风各赋一物得乌孙佩刀》诗扇面

纸本 25×52厘米

清

何焯（1661～1722）

楷书 节录《文心雕龙》扇面

康熙二十七年（1688）

纸本 24×51厘米

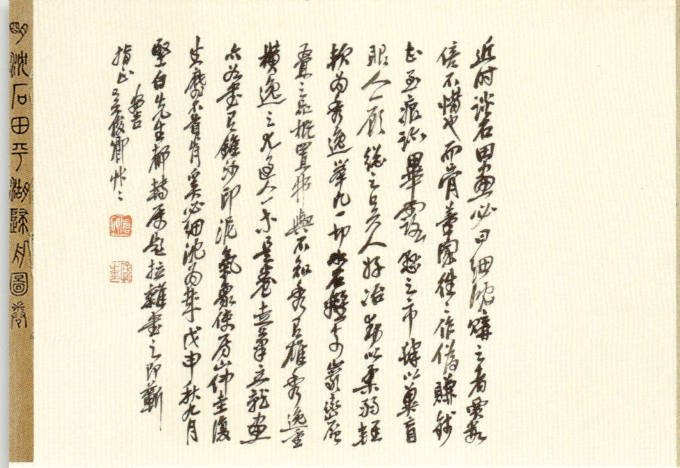

溪樹紅黃葉已霜
野雲繚繞晚山蒼
平湖似鏡天如水
兩兩歸舟載夕陽
長洲沈周

明

沈周（1427～1509）
平湖归舟图卷
纸本 542×44.5厘米
引首 吴昌硕
拖尾 吴昌硕

正德十五年庚辰九月衡山文徵明太倉潘朋合手摹李伯時蓮社圖

明

文徵明（1470～1559）、潘朋
合摹李公麟莲社十八贤图
正德十五年（1520）
诗塘 宋金粟山藏经纸
画心 绢本
116×58厘米
诗塘 文徵明 隶书 李元中《莲社图记》
题跋 高培兰
《秘殿珠林》著录 清内府旧藏

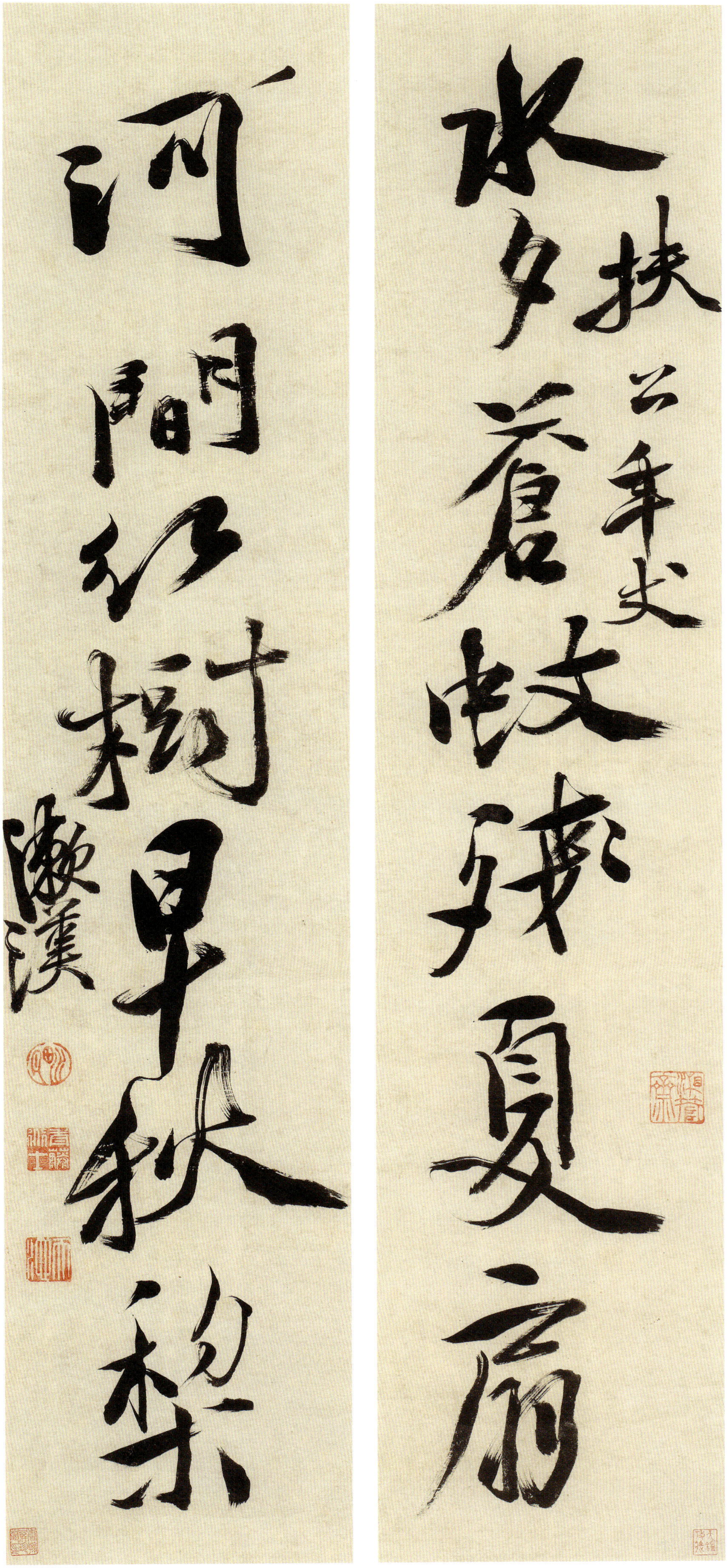
水夕蒼蚊殘夏扇
河間紅樹早秋梨

明
徐渭（1521～1593）
行书 水夕·河间七言联
绢本 108.5×24厘米×2

明

丁云鹏（1547～1628）

太平洗象图

纸本 103×48 厘米

明

吴彬（1550 ~ 1643）

阮修像

万历二十三年（1595）

纸本 160×43 厘米

题签 李寄云

诗塘 何绍基

题跋 谢稚柳

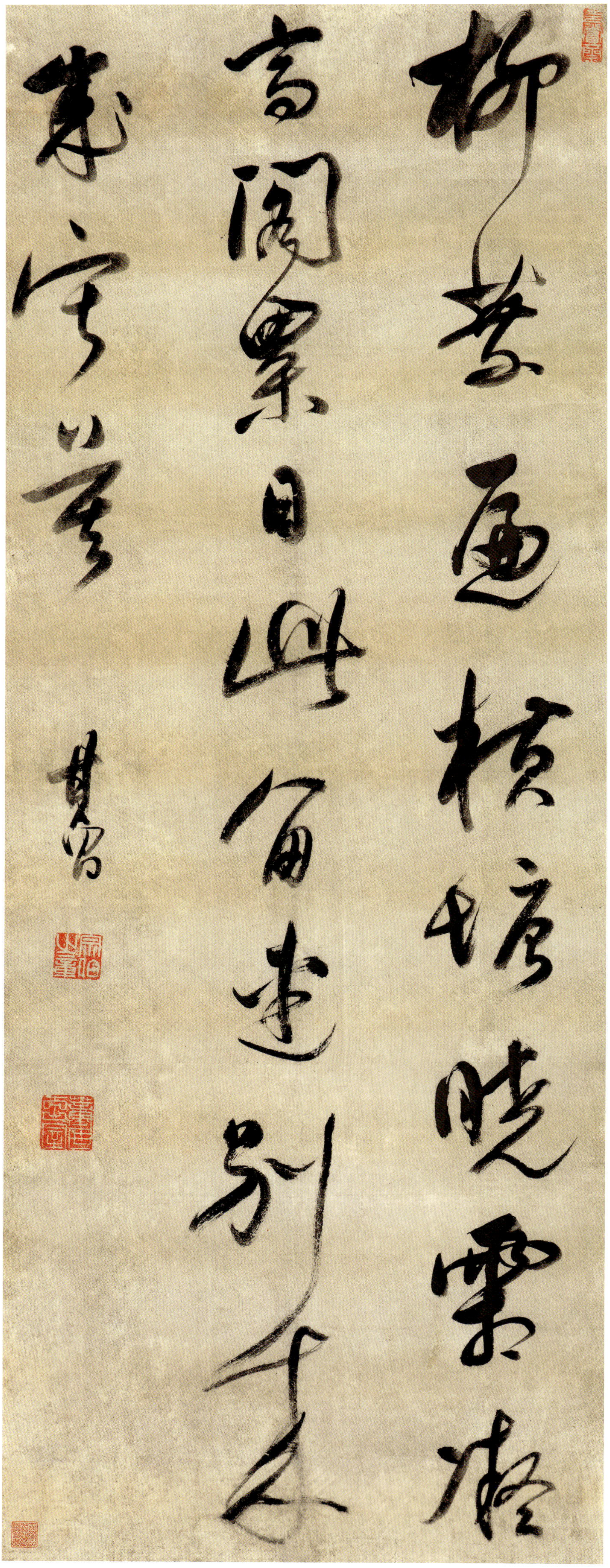

明

董其昌（1555 ~ 1636）

行书 韦应物《寄卢陟》

纸本 176×66厘米

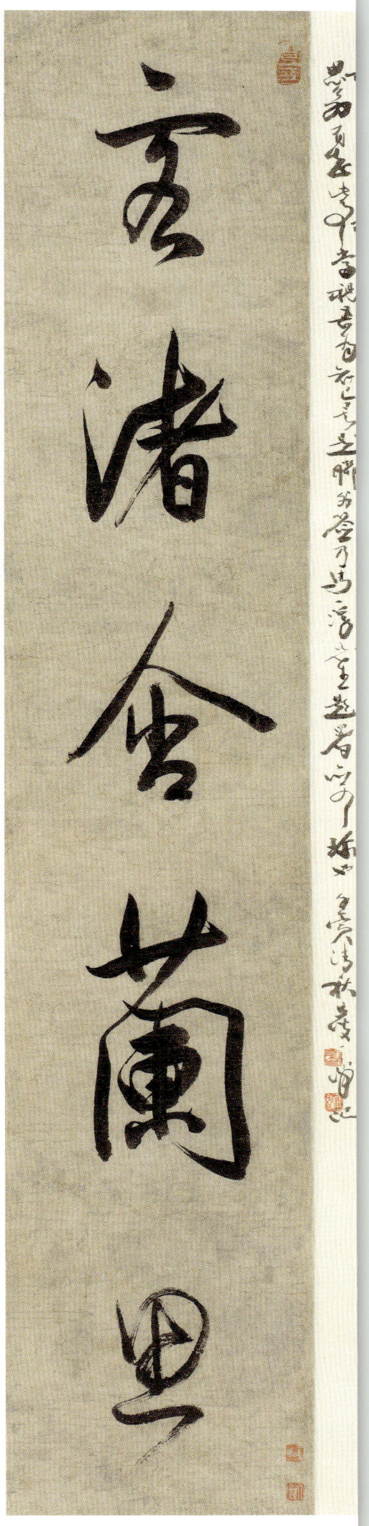

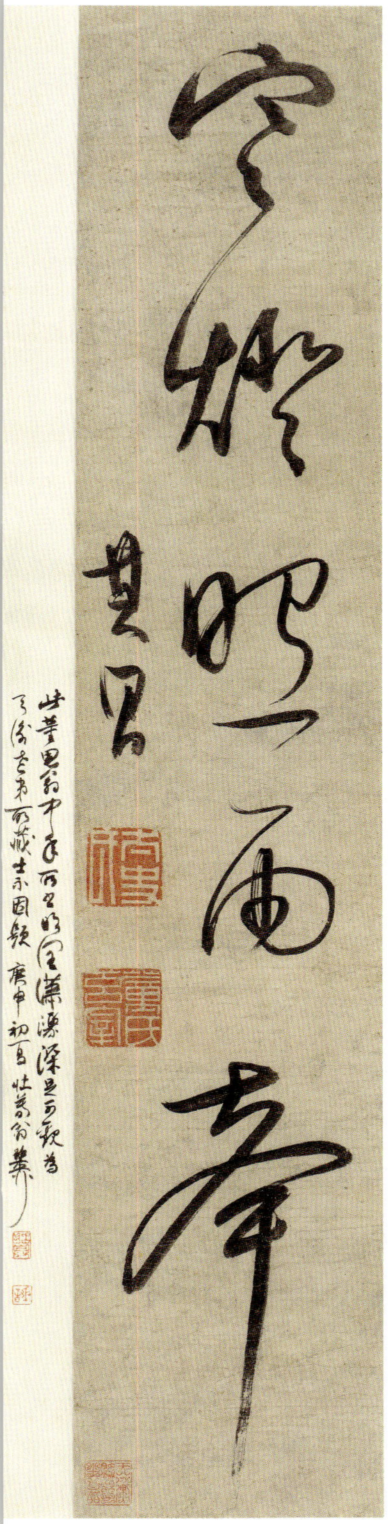

明

董其昌（1555 ~ 1636）

行书 客渚·寒灯五言联

纸本 94×20 厘米 ×2

题跋 谢稚柳、韩天衡

清

朱耷（1626 ~ 1705）

苍鹰图

纸本 77×55 厘米

既望苏子与
客泛舟游于
赤壁之下清
风徐来水波
不兴举酒
属客诵明月
之诗歌窈
窕之章少
焉月出于东山
之上徘徊于斗
牛之间白露
横江水光接
天纵一苇之
所如凌万顷

山川相缪郁
乎苍苍此非孟
德之困于周郎
者乎方其破
荆州下江陵顺
流而东也舳
舻千里旌旗
蔽空酾酒临
江横槊赋诗
固一世之雄也
而今安在哉
况吾与子渔樵
于江渚之上侣
鱼虾而友麋鹿

与山间之明月
耳得之而为
声目遇之而
成色取之无禁
用之不竭是造
物者之无尽藏也
而吾与子之所共
适客喜而笑洗
盏更酌肴核既
尽杯盘狼藉
相与枕藉乎舟
中不知东方之
既白
瑞图书

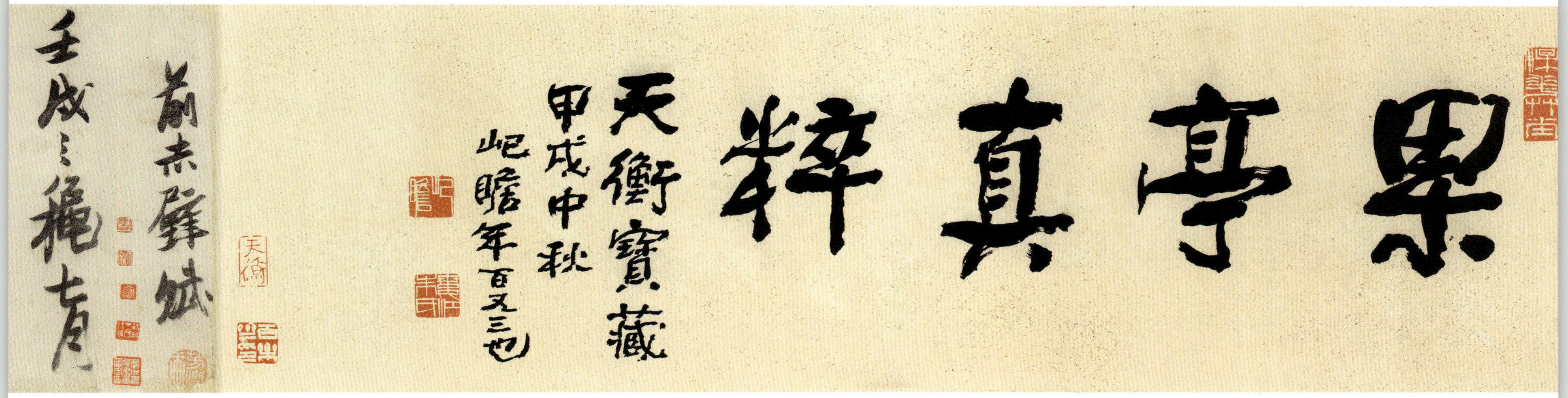
墨亭真粹
天衡寶藏
甲戌中秋
屺瞻年百又三也

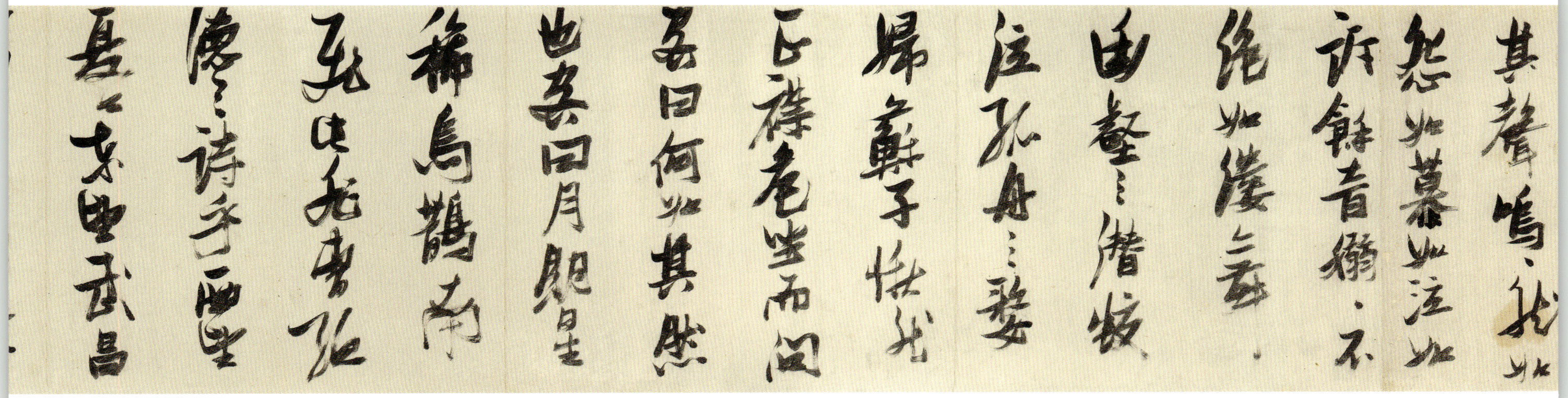

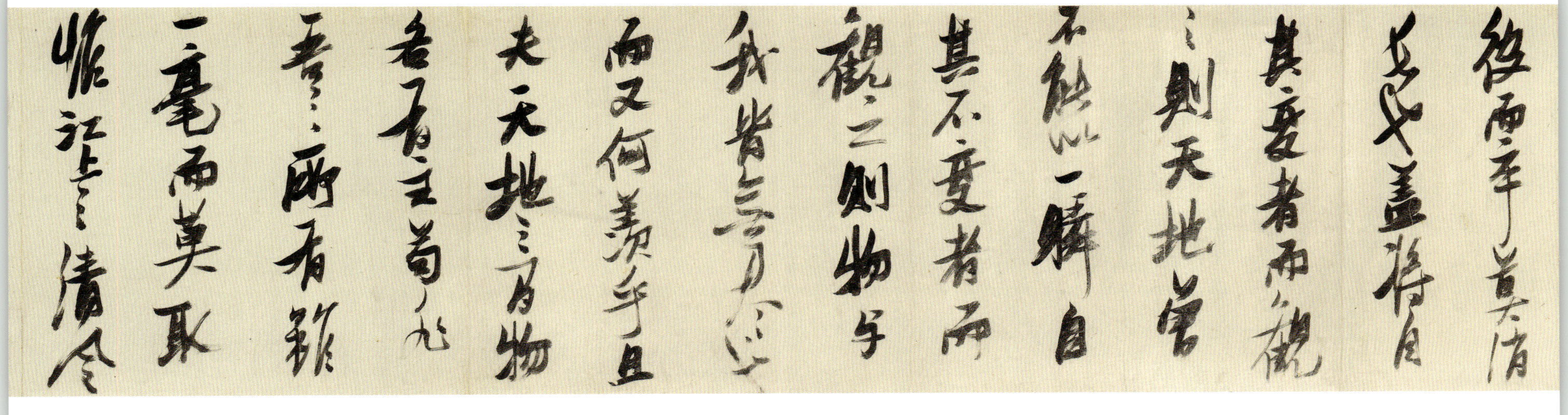

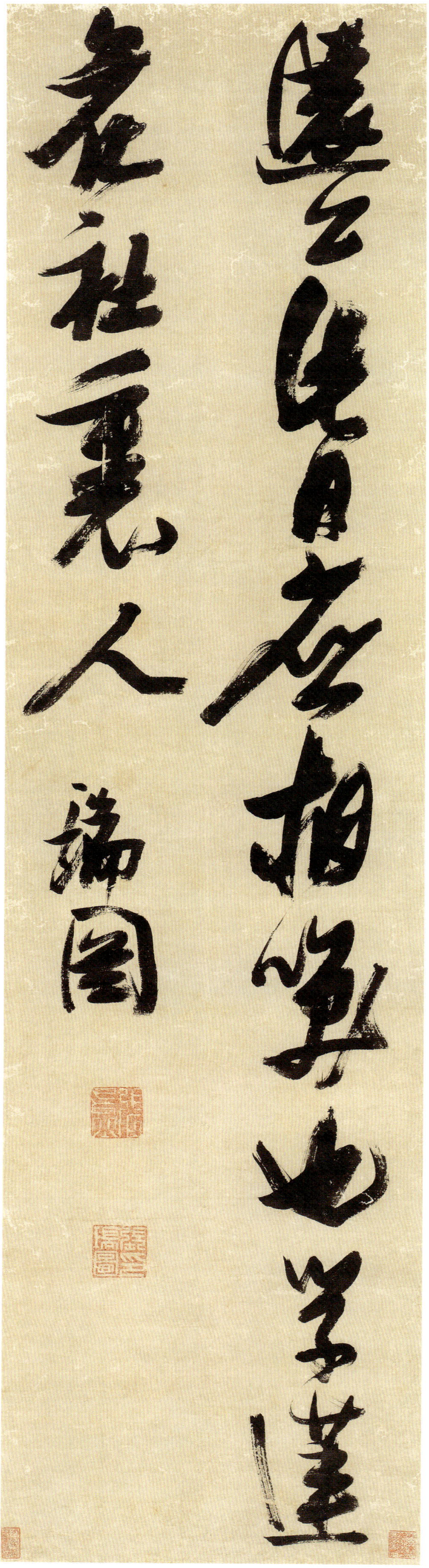

明
张瑞图（1570～1644）
行书 李攀龙《止酒·五柳先生漉酒巾》句
纸本 165×45厘米

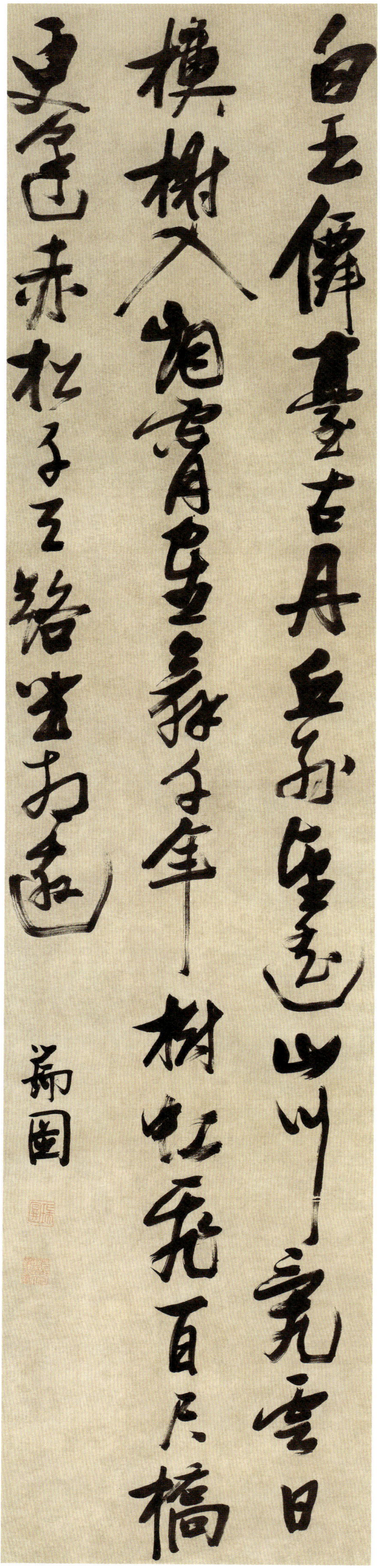

明
张瑞图（1570～1644）
行书 陈子昂《春日登金华观》
纸本 348×83厘米

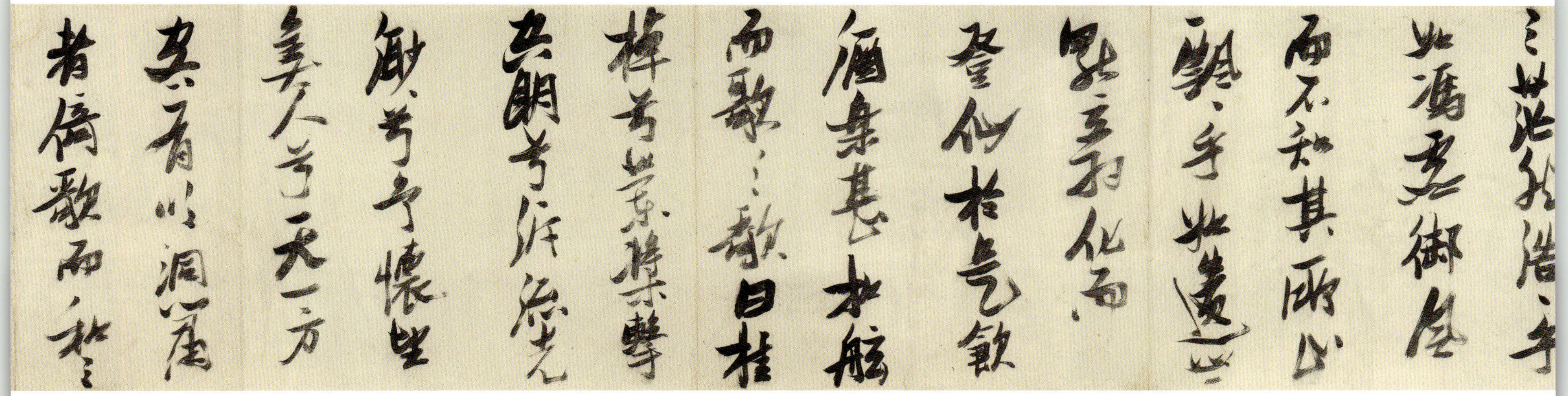

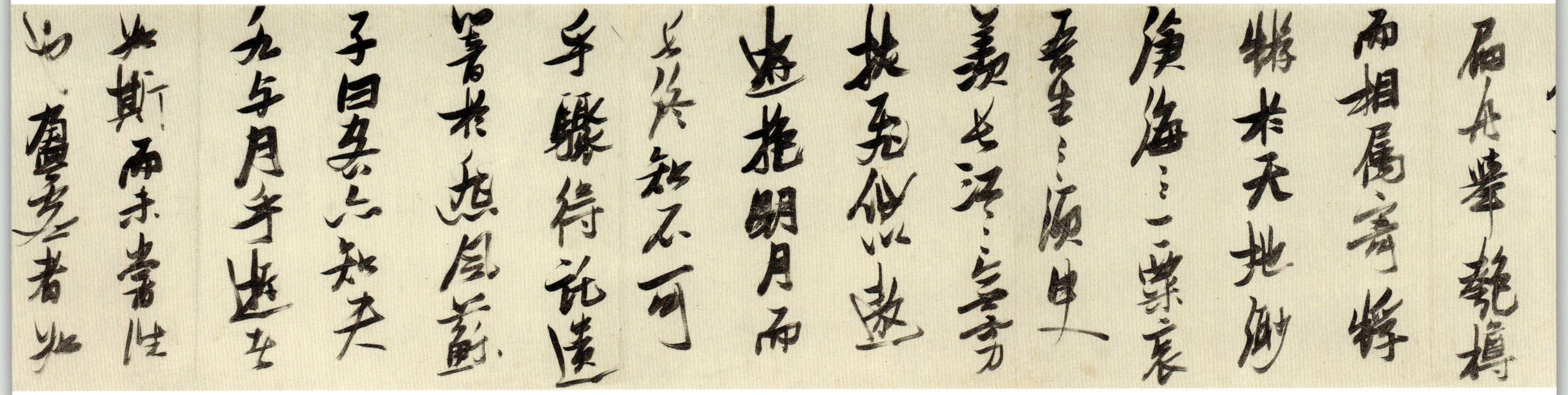

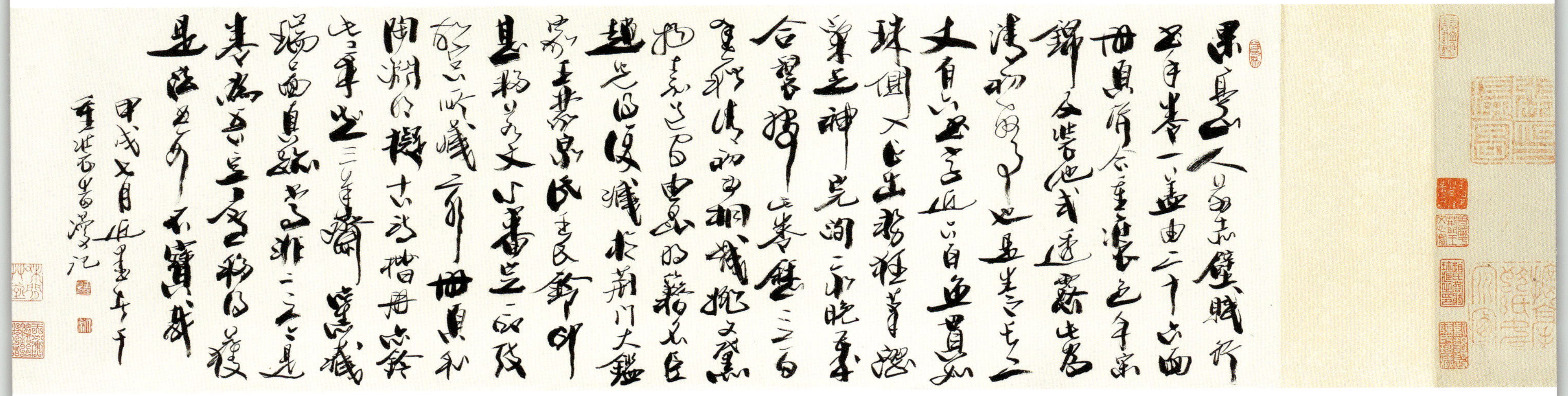

明

张瑞图（1570～1644）

行书 苏轼《前赤壁赋》卷

纸本 894.5×29厘米

引首 朱屺瞻

题跋 韩天衡

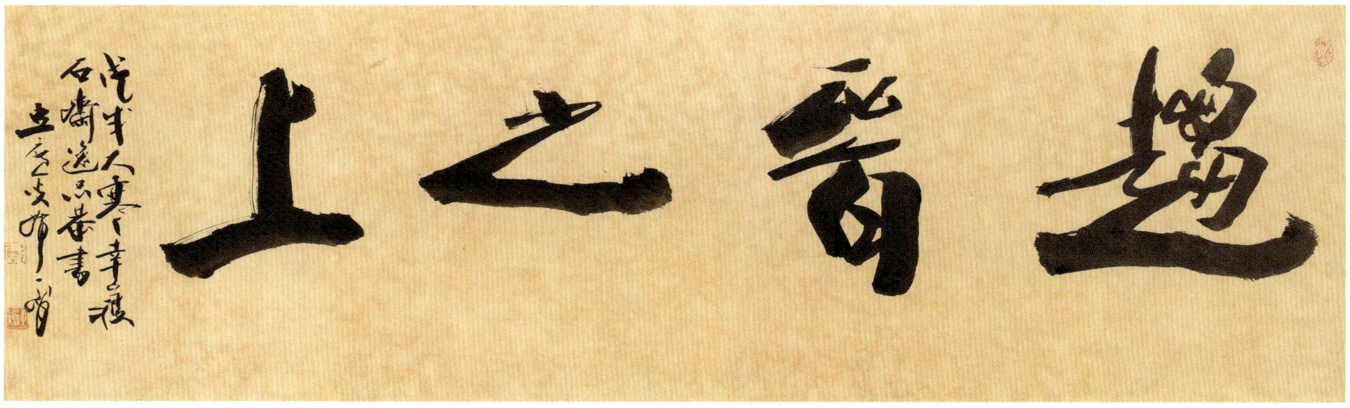

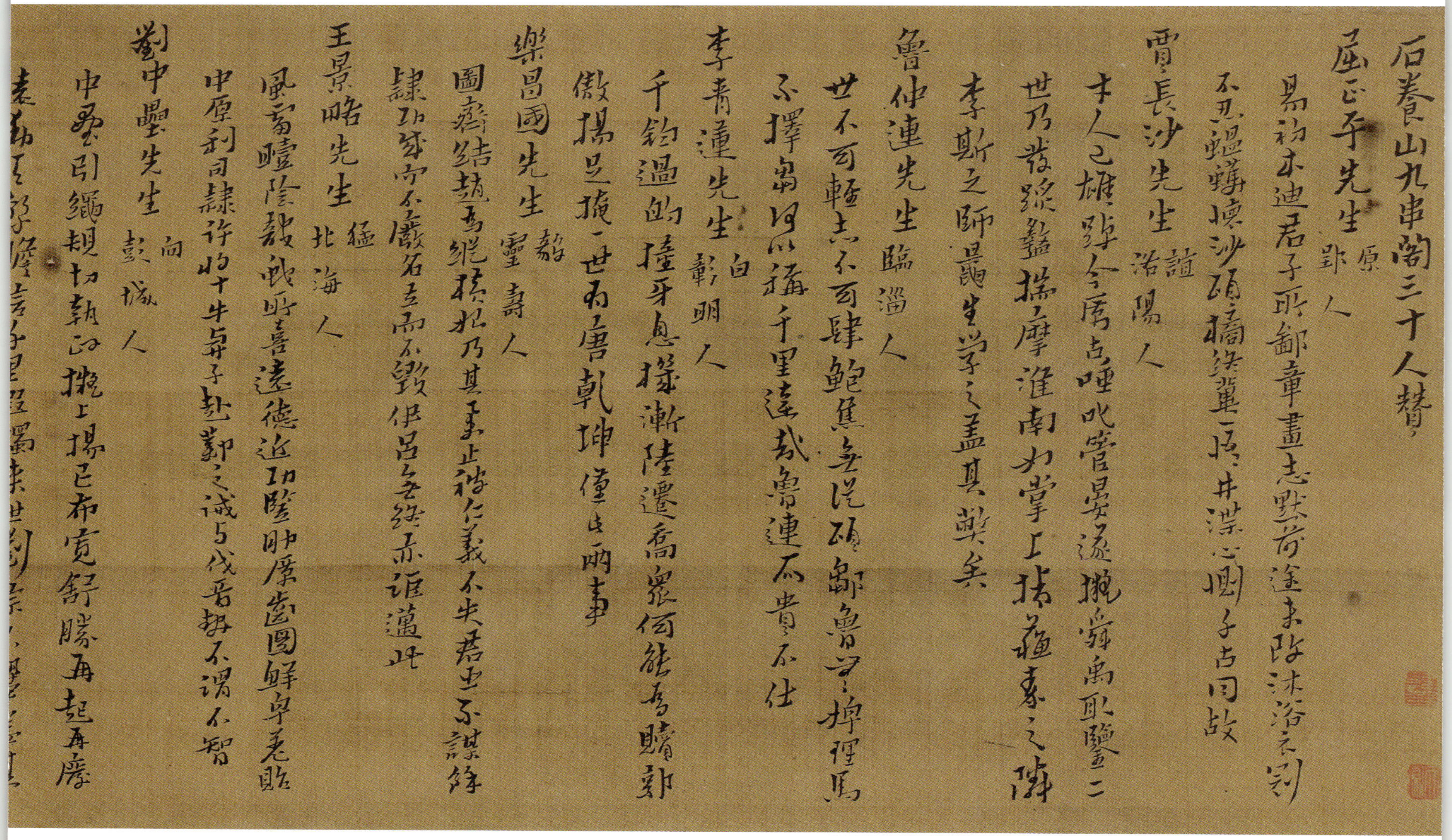
賈長沙先生 洛陽人 誼
魯仲連先生 臨淄人
李青蓮先生 彰明人 白
樂昌國先生 靈壽人 毅
王景略先生 北海人 猛
劉中壘先生 彭城人 向

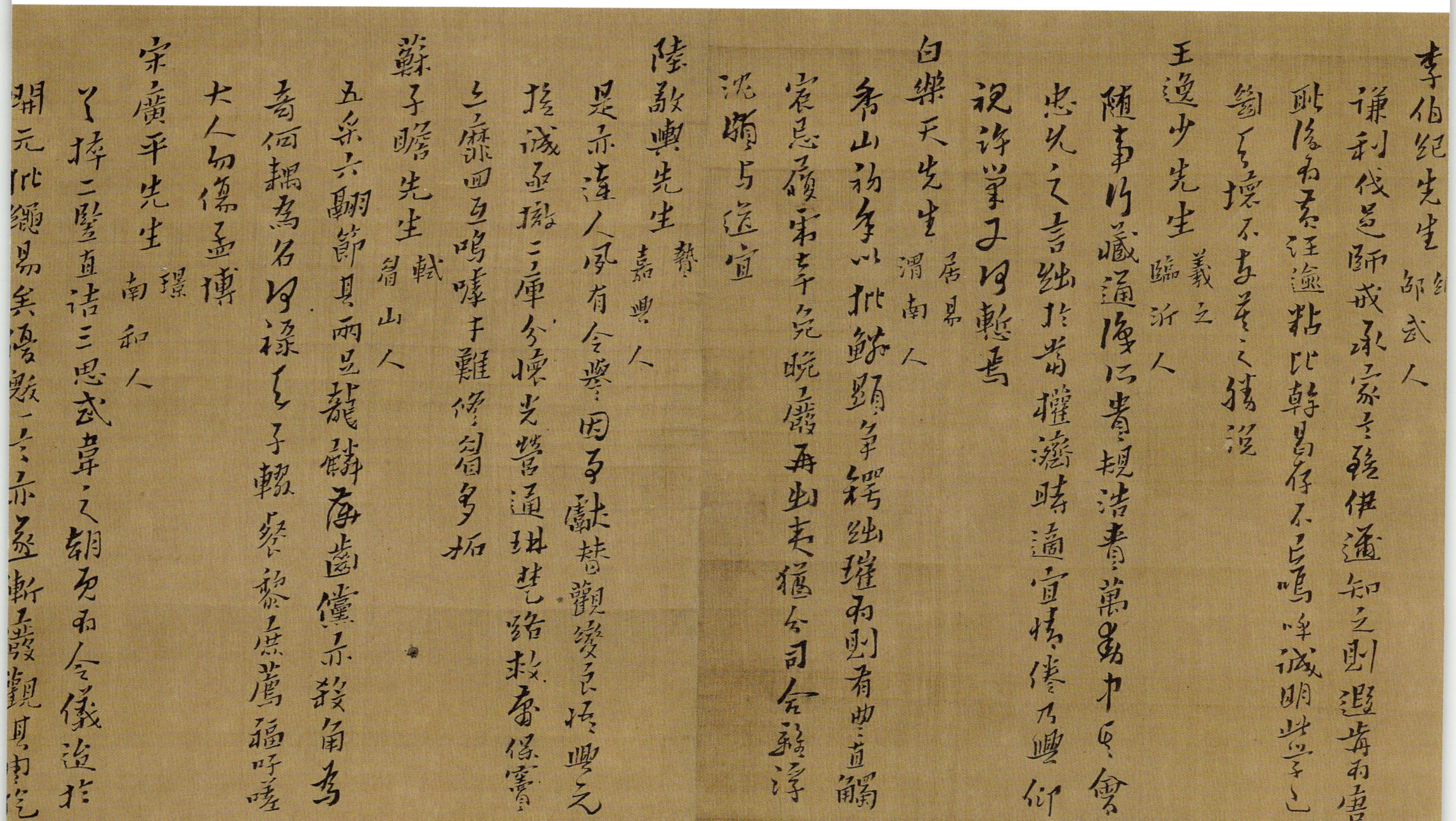
李伯紀先生 邵武人 綱
王逸少先生 臨沂人 羲之
白樂天先生 渭南人 居易
陸敬輿先生 嘉興人 贄
蘇子瞻先生 眉山人 軾
宋廣平先生 南和人 璟

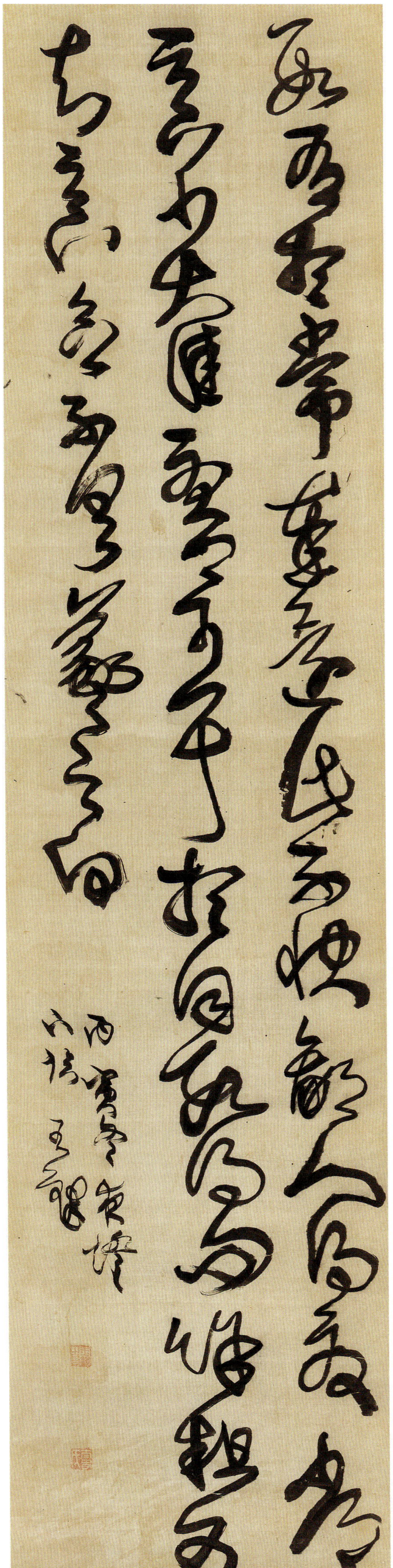

明

王铎（1592 ~ 1652）

草书 临王羲之《数有帖》

天启六年（1626）

绫本 241×57 厘米

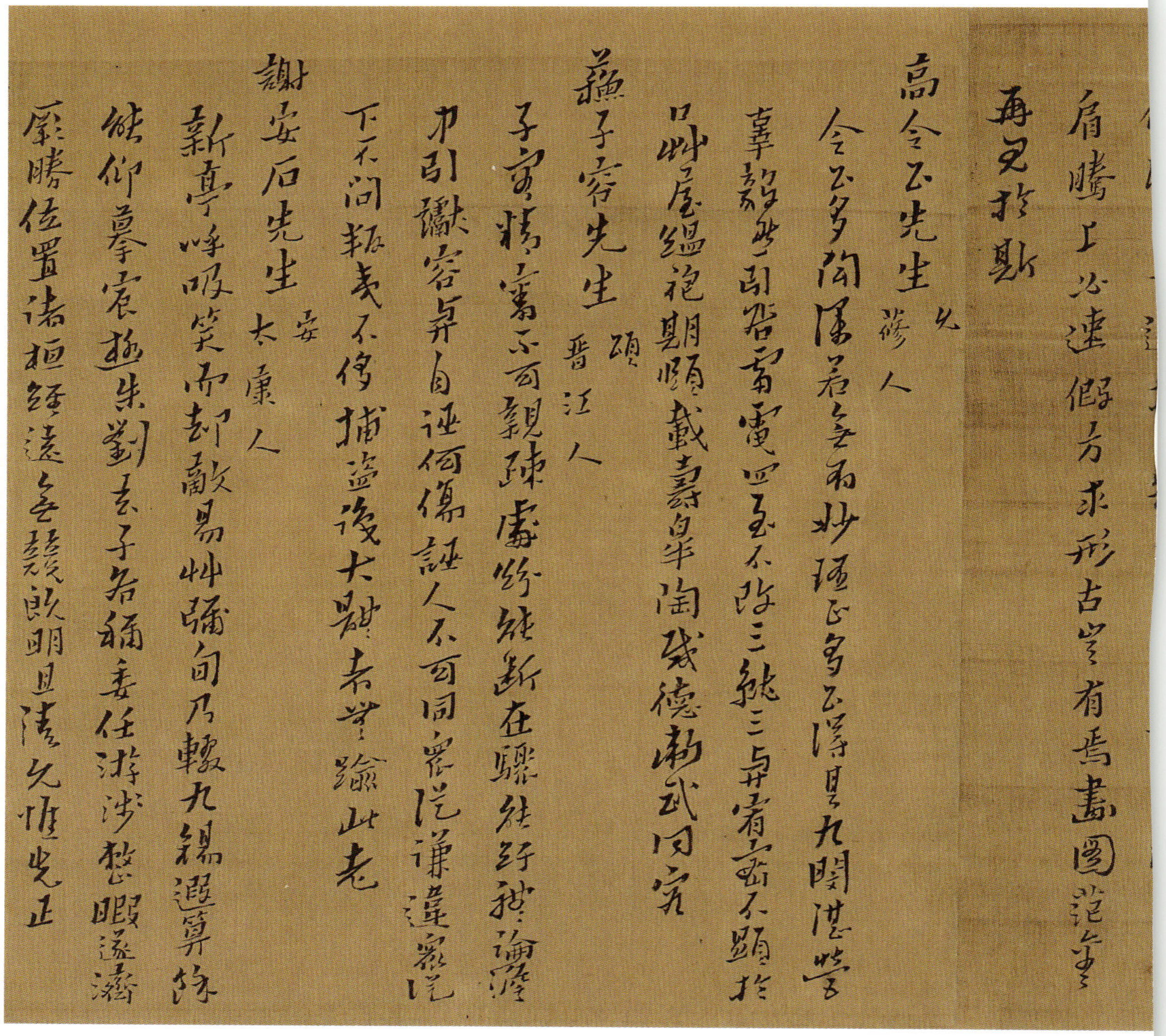

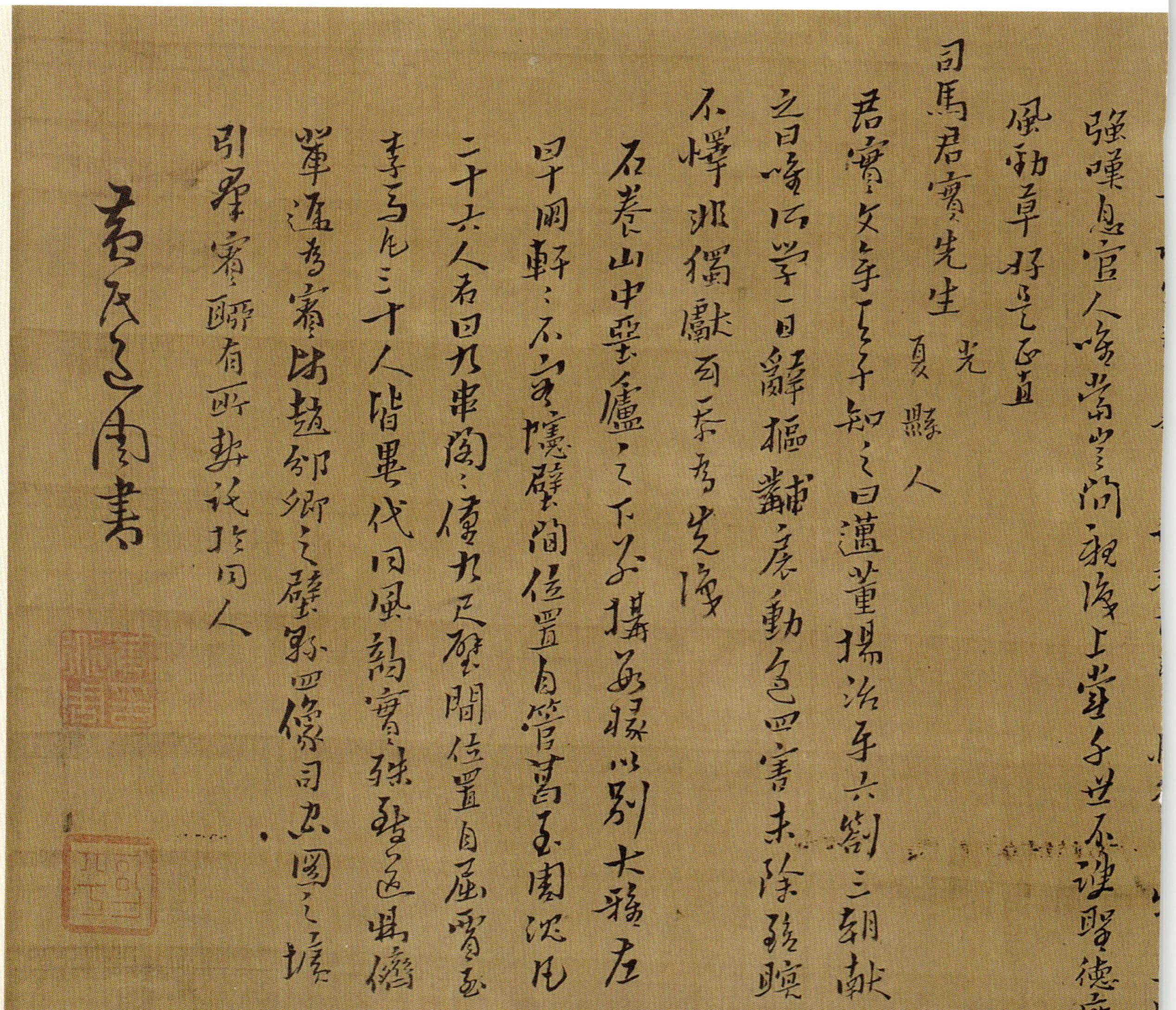

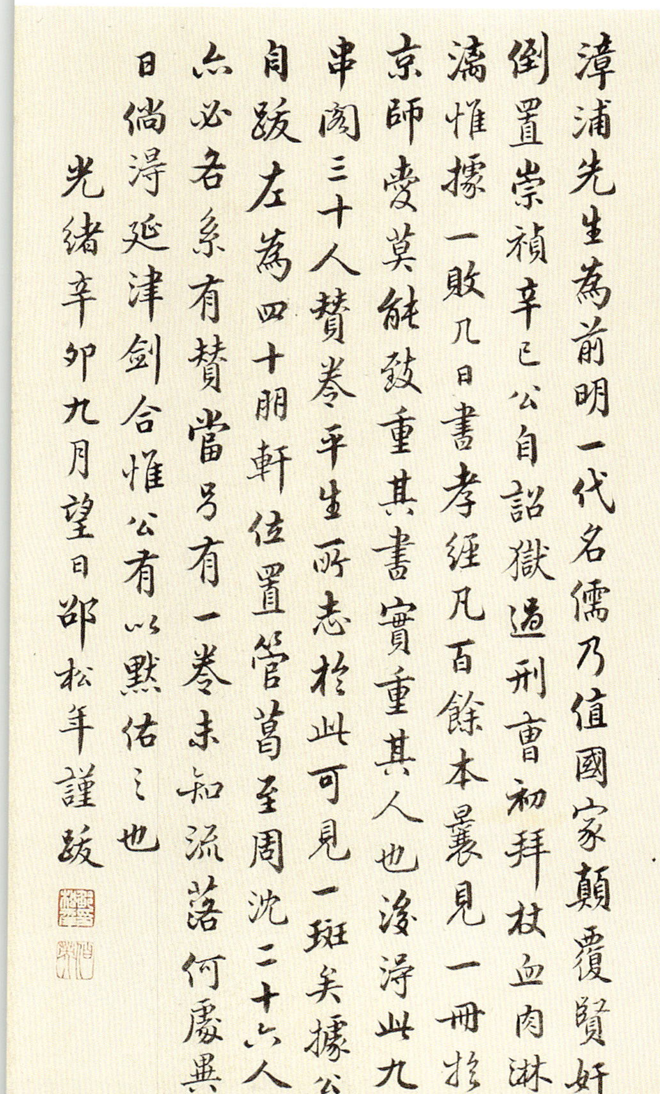
漳浦先生為前明一代名儒乃值國家顛覆賢奸
倒置崇禎辛巳公自詔獄送刑曹初拜杖血肉淋
漓惟據一敗几日書孝經凡百餘本曩見一冊於
京師愛莫能致重其書實重其人也後得此九
串閣三十人贊卷平生所志於此可見一斑矣據公
自跋左為四十朋軒位置管葛至周沈二十六人
亦必各系有贊當另有一卷未知流落何處異
日倘得延津劍合惟公有以默佑之也
光緒辛卯九月望日邵松年謹跋

明

黄道周（1585～1646）

行楷 自撰《石养山九串阁三十人赞》卷

绢本 260×27.5厘米

引首 韩天衡

题跋 邵松年

韓退之先生 愈 南陽人
文章易稱，性道難陶，況文見性，猶堂視室，雄況之墻，仰瞬鄒嶧，退之況之，儀肩衣膝，顧其頭立於星亘暉中，壘而後無有儷者

汲長孺先生 黯 濮陽人
不逢東越，不賓河內，矯制發粟，指進已介，諫見高門，揖大將軍，其愚加得為難倫也

魏玄成先生 徵 晉州人
開創易為，手興主易，為君自比逐御帝，愈孔明無言勿歎，仲尼所親，諸云魔貌，不逾中人

黃次公先生 霸 陽夏人
次公朝陶，傳經講室，出判揚越，迺來良直，潁川之治，到於漢世，稱世神爵，佰擴於治，以武昭晴，賞和獨善，豈必為相，乃干衆望

張復之先生 詠 濮州人
廉不言貧，勤不言苦，忠不言勞，功不言悖，因智生智，善字崔子，雖見錐行，能乃在芒，唯其有之，是以似之

第五伯魚先生 倫 長陵人
伯魚通材，介然秉義，囊除陌上，判鳥會稽，乍顯乍晦，屢躓逾厲，雖少蘊藉，無愧曾史

馬賓王先生 周 茌平人
倫慮文出處於征鵠兆文之為刀貍乃服芒之香[illegible]

范希文先生 仲淹 吳縣人
天聖建言，希文抗激，作制論思，豈為越職，慶黨禁於是極，然猶不救人之豪，好名攘慶之勤，著於西夏，不能執政，可謂大牙，憶在廣德，徒步獵馬

裴中立先生 度 聞喜人
勛業繇時，年年繇運，淮蔡易手，鎛异發明，虞惡賊安，佚惡黨君子，宣力小人，伏葬以役，戕德困於逢吉，況其下者，何能不汩

韓稚圭先生 琦 安陽人
度生於識，力生於量，不言之教，不議之鳴，雖以擢濟，兆字所得，李杜自處，猶屢胡越，胡越自娶一清千，決諸云渾，糅不食剞劂

張子壽先生 九齡 曲江人
曲江致治，曰重郡縣，繼作詩判，爰得其貫，侍中納言，不畀邊吏，為不絳灌，亦遜不晏，直斥房蛭，諫誅胡雛，復謂劉情，視諸蘆廬

趙閱道先生 抃 西安人
閱之出處，上家乃行，麈尾批鱗，昌言諫垣，振黎視蜀，劉秦同串，中和之致，天子所歎，偲偲恂恂，東朝在閣，阜藥覃精，爰程是書

李深之先生 絳 贊皇人
不奪承宗，兆為佶息，不討魏博，兆為需卯，摩嶠田興[illegible]

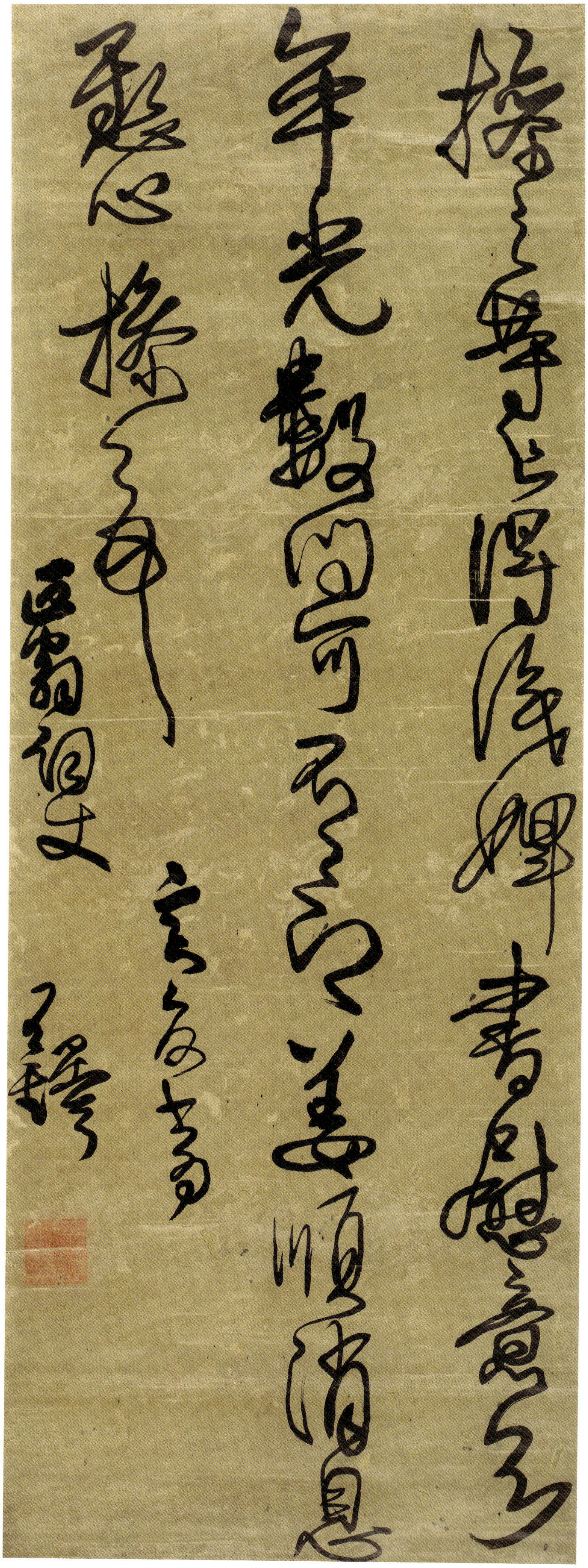

明
王铎（1592～1652）
草书 临王操之《年光帖》
绫本 137×50厘米

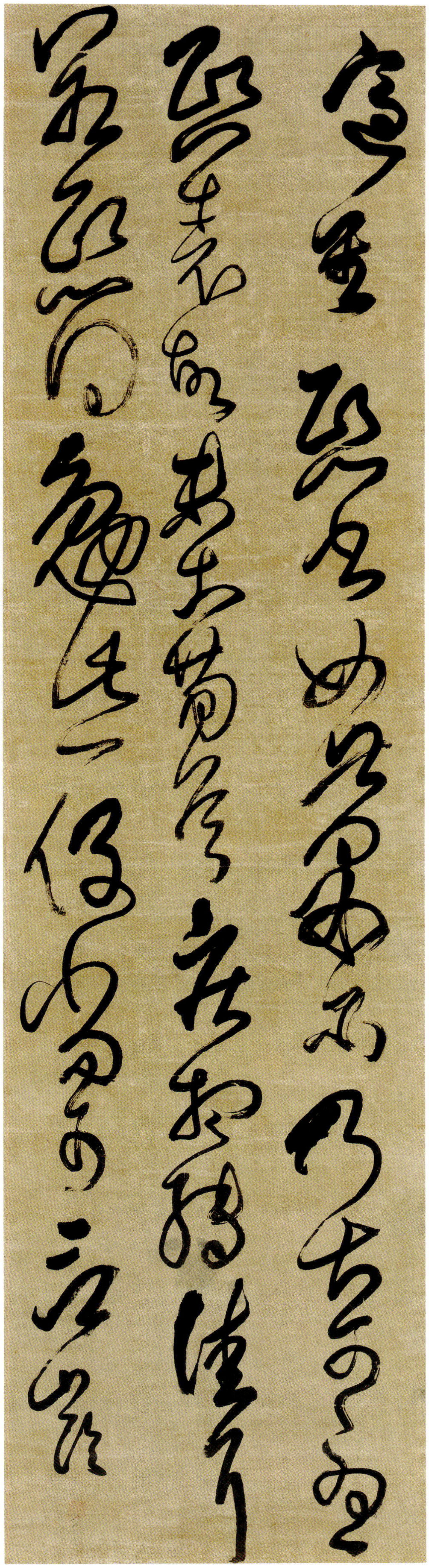

明

傅山（1607～1684）

草书 临王羲之《重熙帖》

纸本 178×48厘米

清

查士标（1615～1698）

山光照晚晴图

康熙七年（1668）

纸本 95×42厘米

清
查士标（1615～1698）
枯木竹石图
康熙十一年（1672）
纸本 160×48厘米

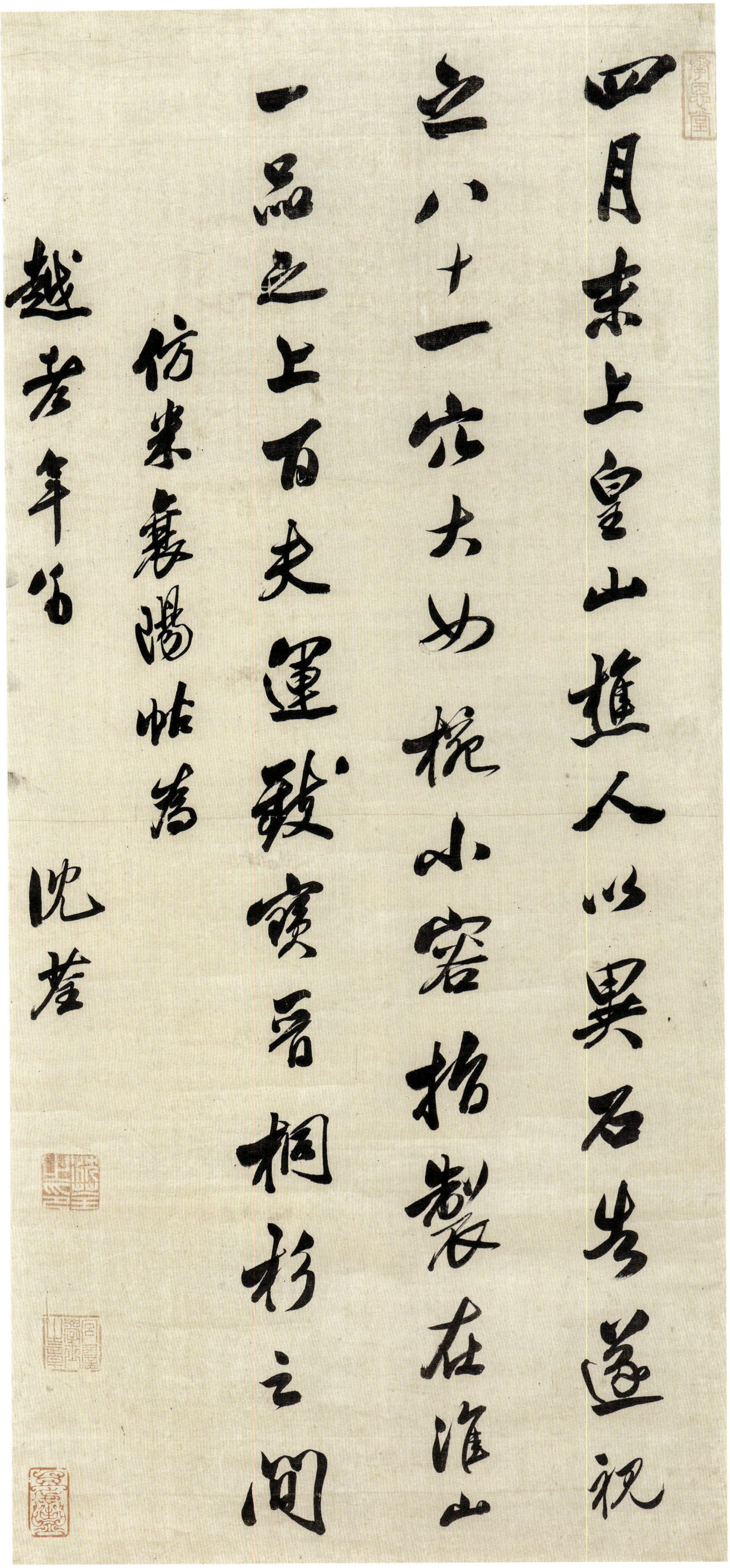

清
沈荃（1624 ~ 1684）
行书 临米芾《甘露帖》
绢本 104×48厘米

清
王翚（1632～1717）
山水五同图
康熙三十七年（1698）
绢本 153×54厘米
题跋 孔广陶

曾随雪曲入瑶琴那得忘言有断金只有玉峰香
阅里一丛花萼是同心
东园客恽寿平

清

恽寿平（1633～1690）

松竹兰图

绢本 161×45厘米

清

高其佩（1660～1734）

雪景山水图

康熙五十九年（1720）

纸本 108×47厘米

萬里歸來雪後天江山回首但風煙淋漓染墨才逾尺天矯飛雲滿大千勢訝潛虬嘘洞口夢隨栖鶴上松巔展痕記我曾遊處奇境翻然落眼前
吳興金城題
雪山高不極樹大壑參天
法元人筆
竹莊上官周

清

上官周（1665 ~ 1752）

雪景山水图

绢本 144×49厘米

题跋 金城、张祖翼、碧云道人

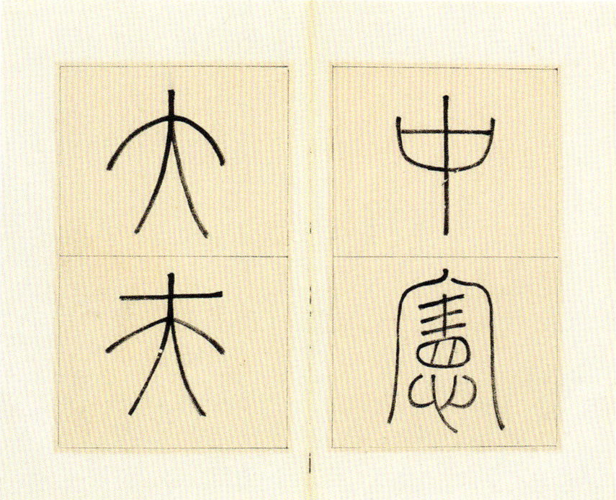

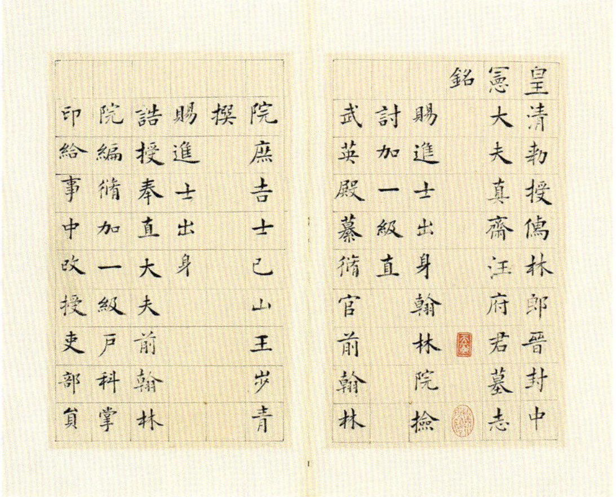

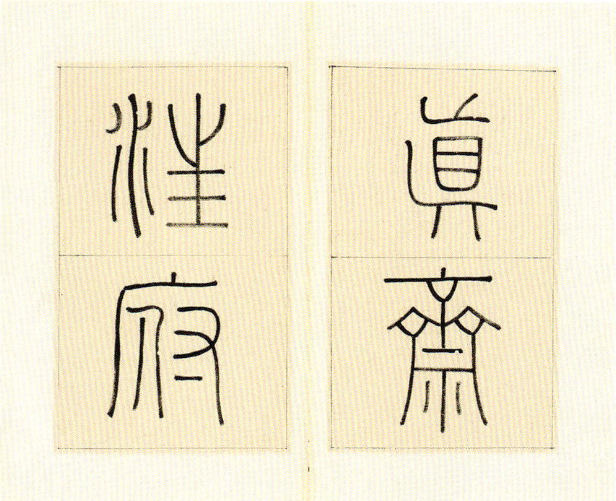

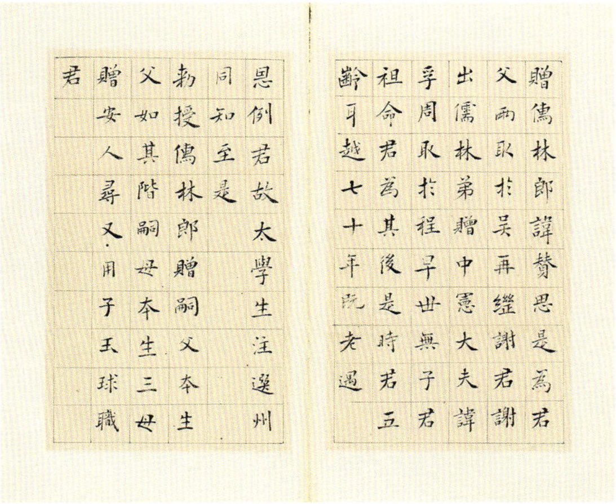

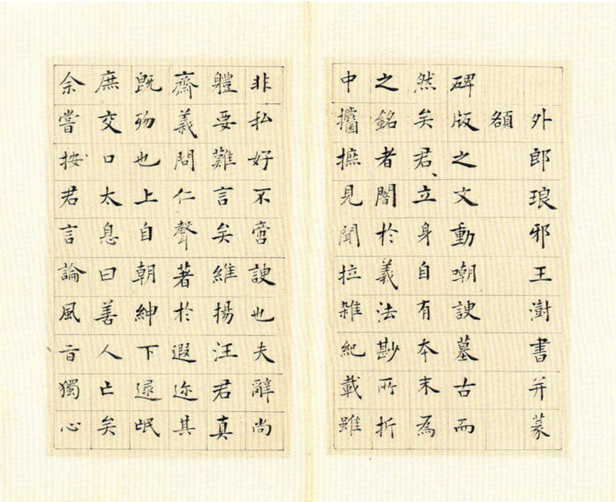

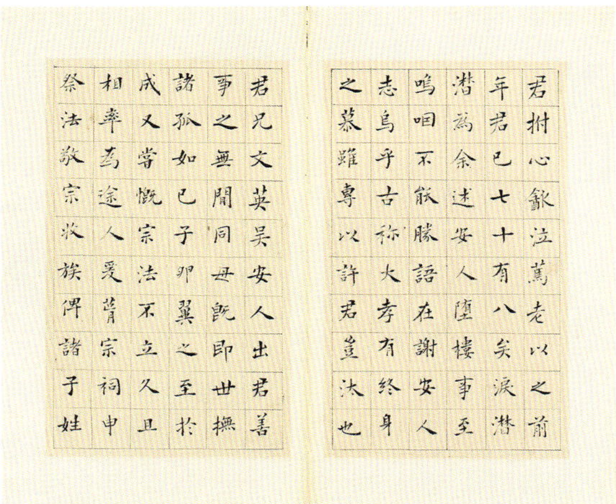

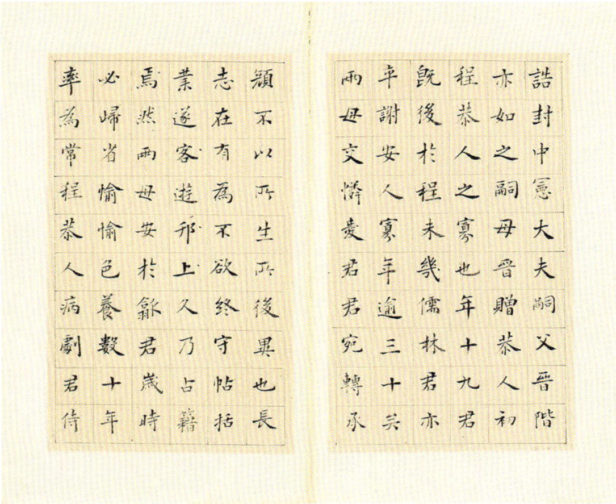

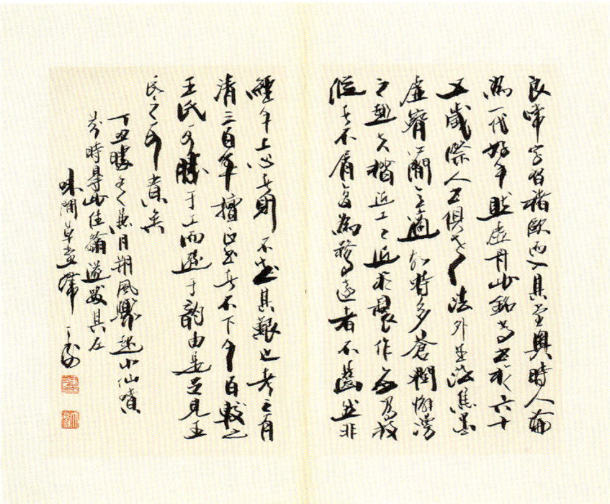

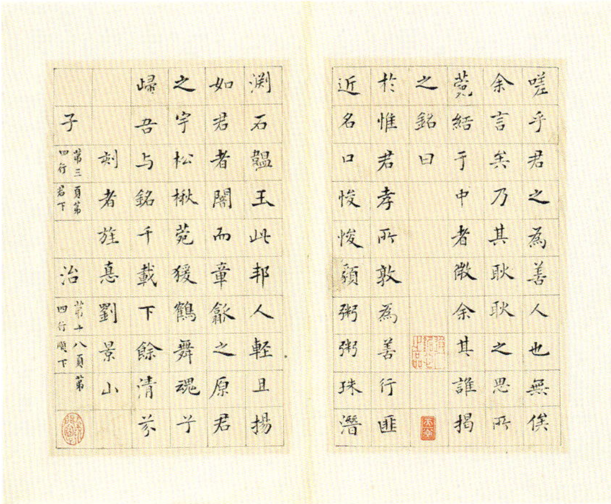

清

王澍（1668～1743）

楷书《汪府君墓志铭》册

纸本 24.5×15厘米×32开

叶恭绰旧藏

题跋 韩天衡

乾隆十七年清和月
寫於城南之浮漚館
復堂懊道人李鱓

清

李鱓（1686 ～ 1762）
双禽图
乾隆十七年（1752）
纸本 178×46 厘米

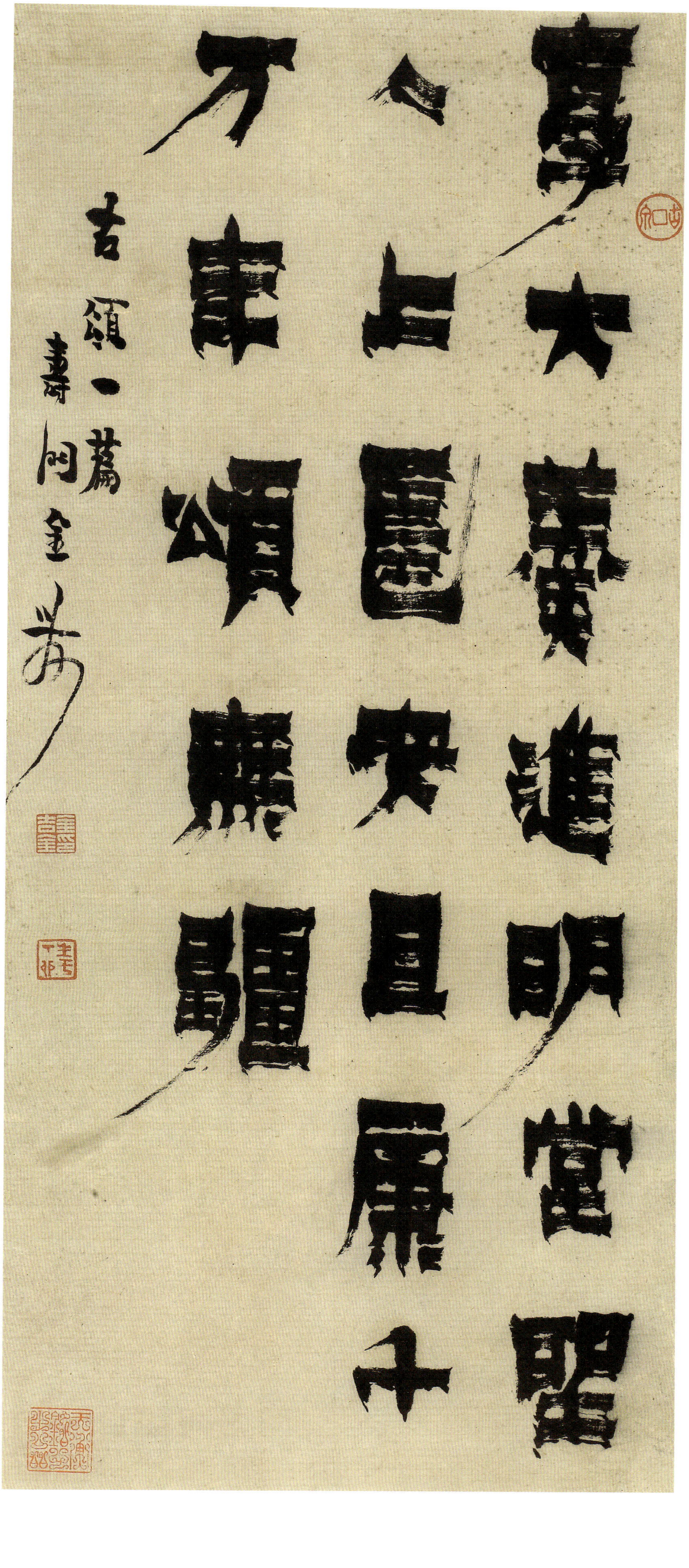

清
金农（1686 ~ 1763）
隶书《古颂》
纸本 65.5×30厘米

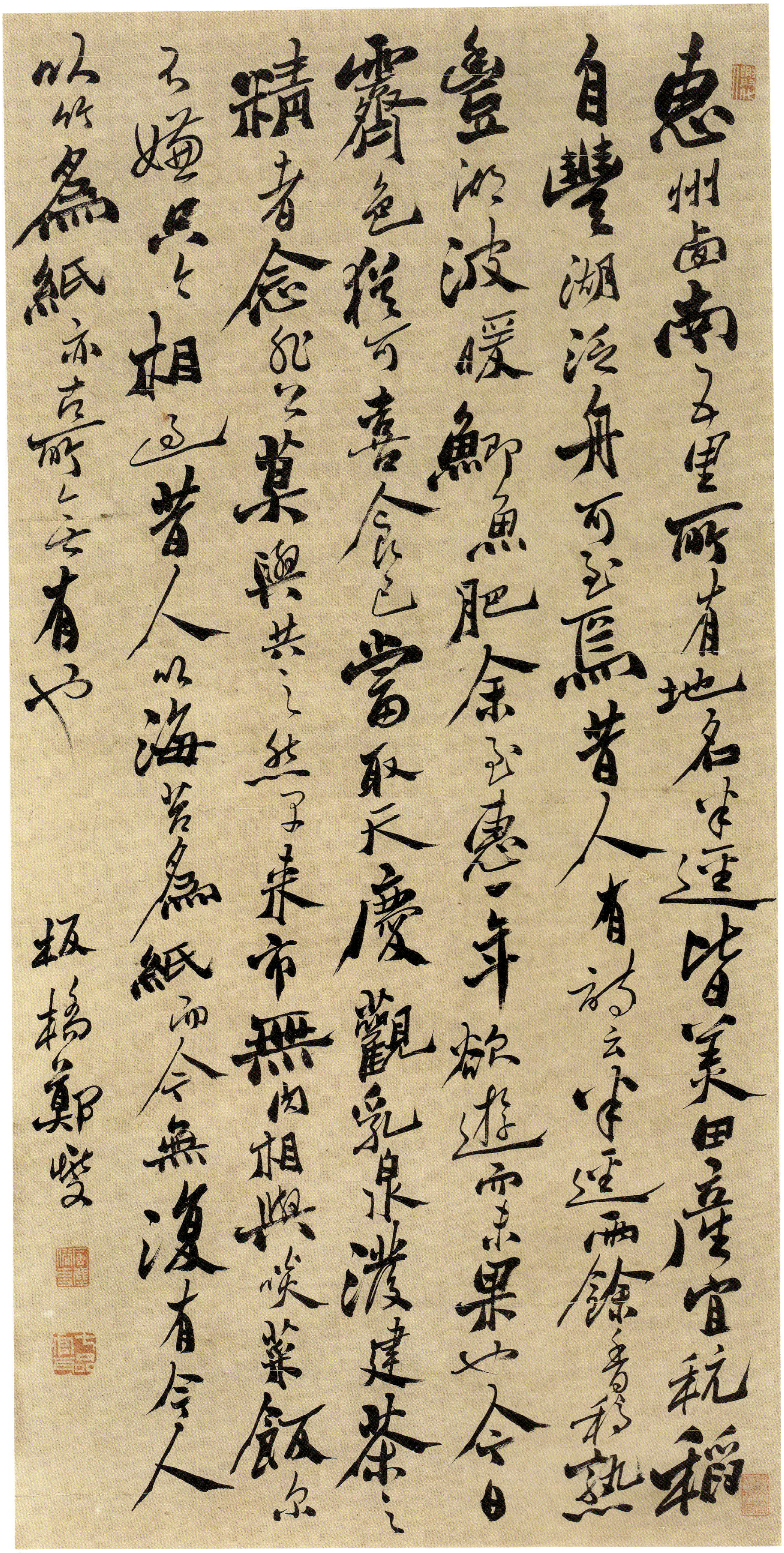

清
郑燮（1693 ~ 1765）
行书 苏轼《题惠州半径》《尺牍记事二则》
纸本 133×66厘米

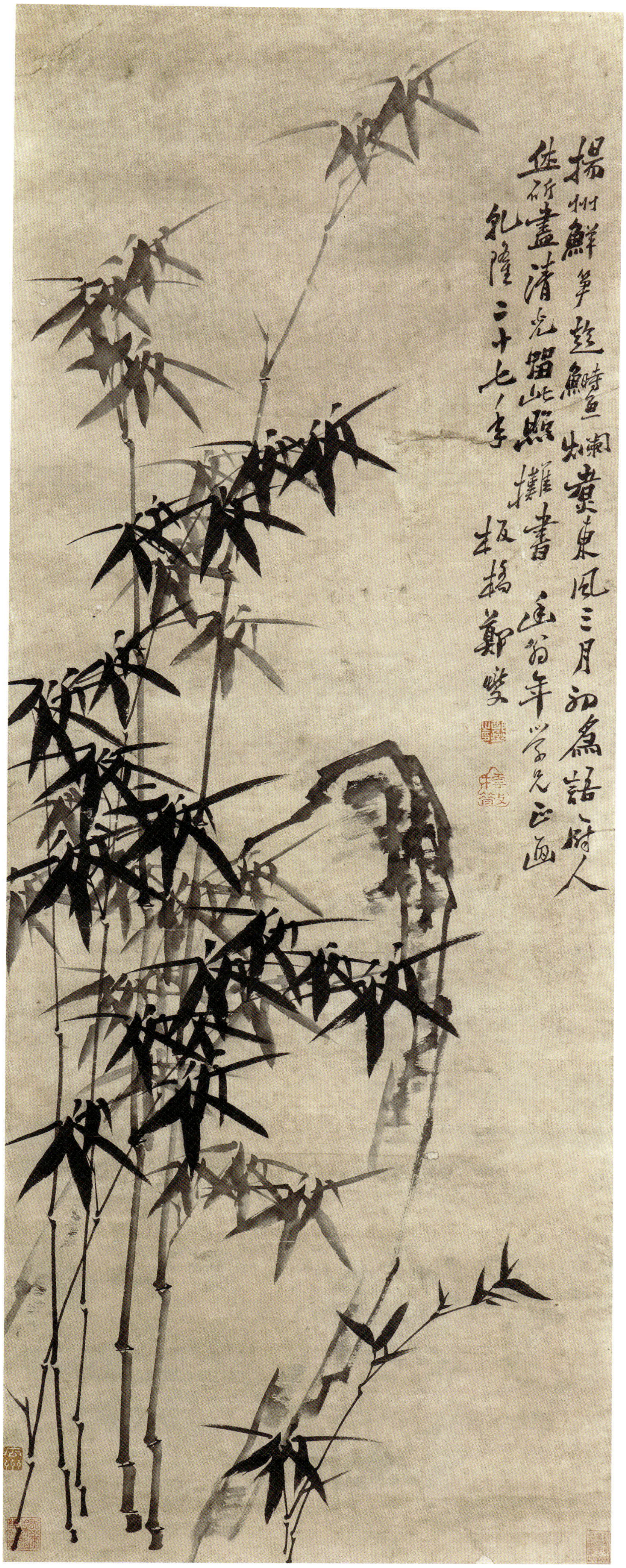

清

郑燮（1693 ~ 1765）

墨竹图

纸本 133×52厘米

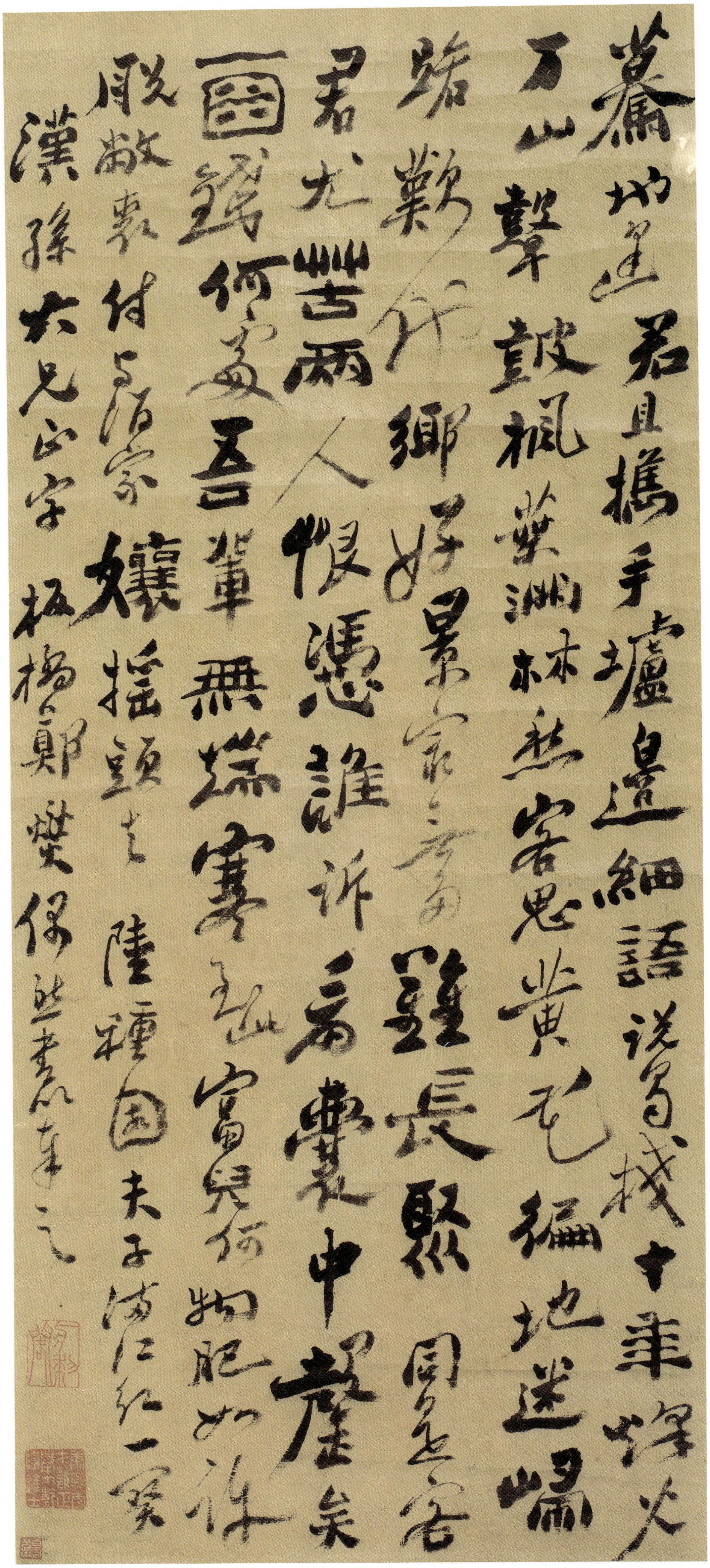

清
郑燮（1693～1765）
行书 陆种园《满江红》
纸本 108×47厘米

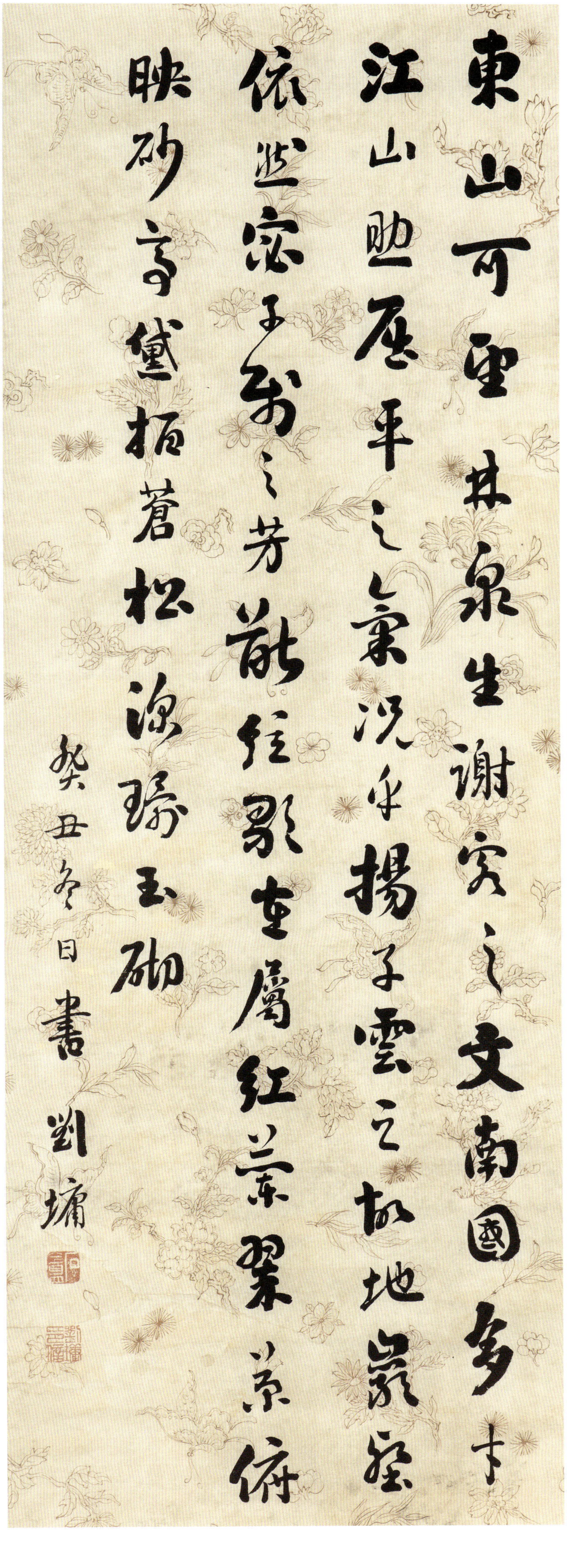

清

刘墉（1719～1804）

行书 节录王勃《越州秋日宴山亭序》

纸本 122×42厘米

清
闵贞（1730～1788）
达摩渡航
绢本 100×47厘米

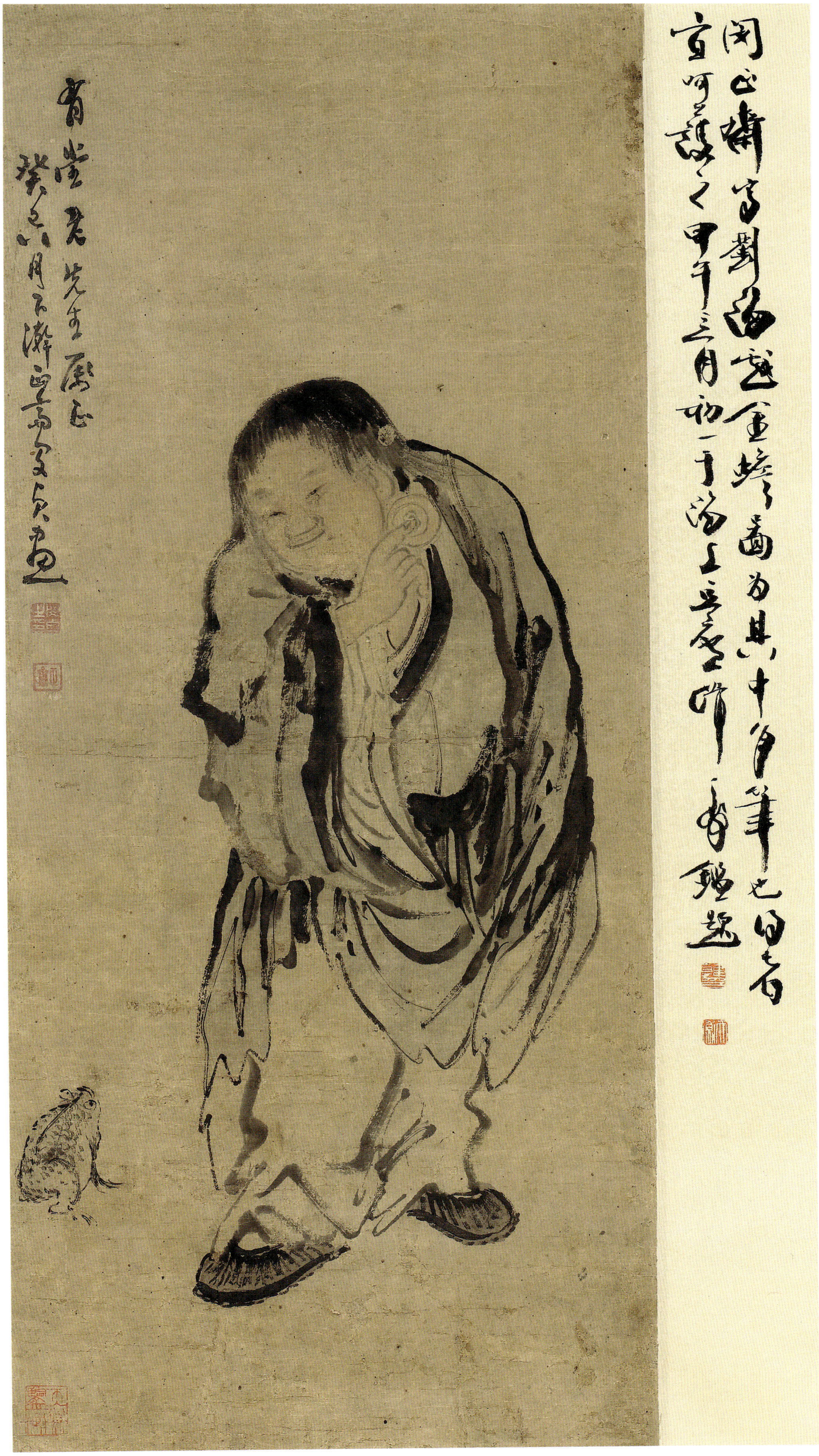

清
闵贞（1730 ~ 1788）
刘海戏金蟾
纸本 63×28.5 厘米
题跋 韩天衡

此乾隆四十一年臣董诰向
高宗帝祝六十六歲壽辰
所績

清
董诰（1740～1818）
白头寿桃图
乾隆四十一年（1776）
绢本 150×74厘米
题跋 韩天衡

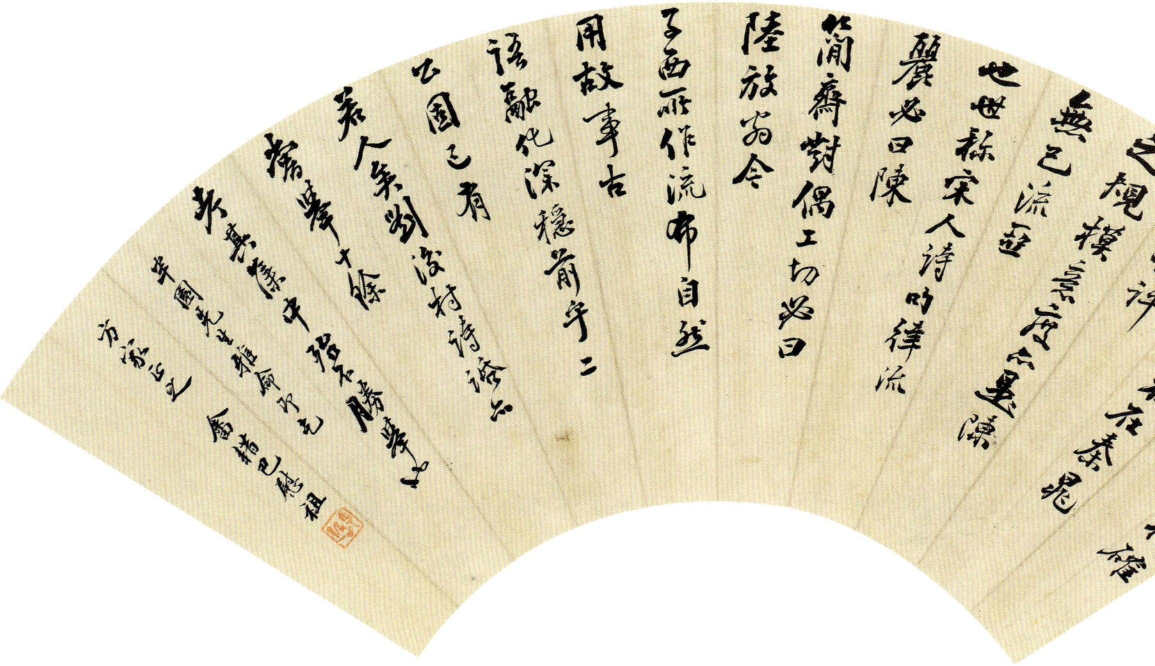

清

巴慰祖（1744 ~ 1793）

行书 节录《吴礼部诗话》扇面

纸本 25×54.5厘米

清

陈鸿寿（1768 ~ 1822）

归舟图扇面

嘉庆二十年（1815）

纸本 23×50厘米

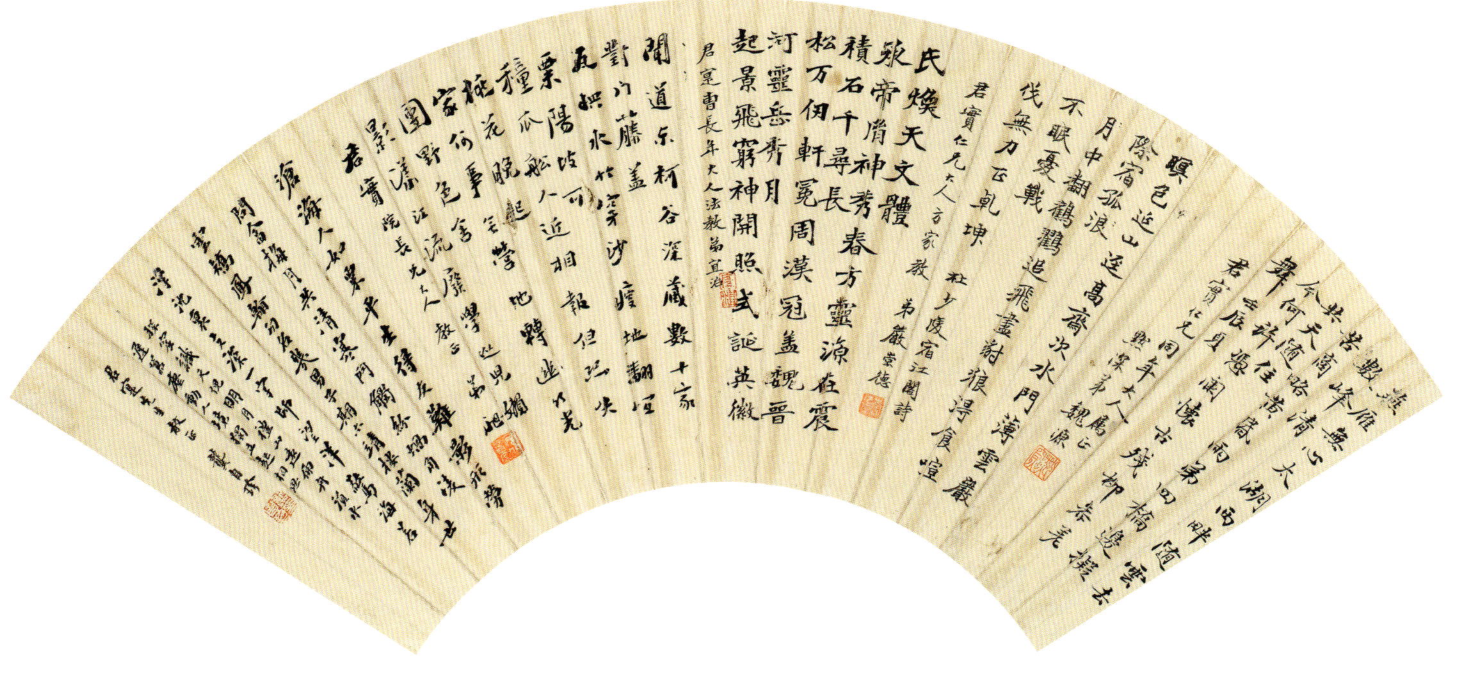

清

魏源、严崇德、宜治、安昶、龚自珍

五家合作扇面

纸本 24×53厘米

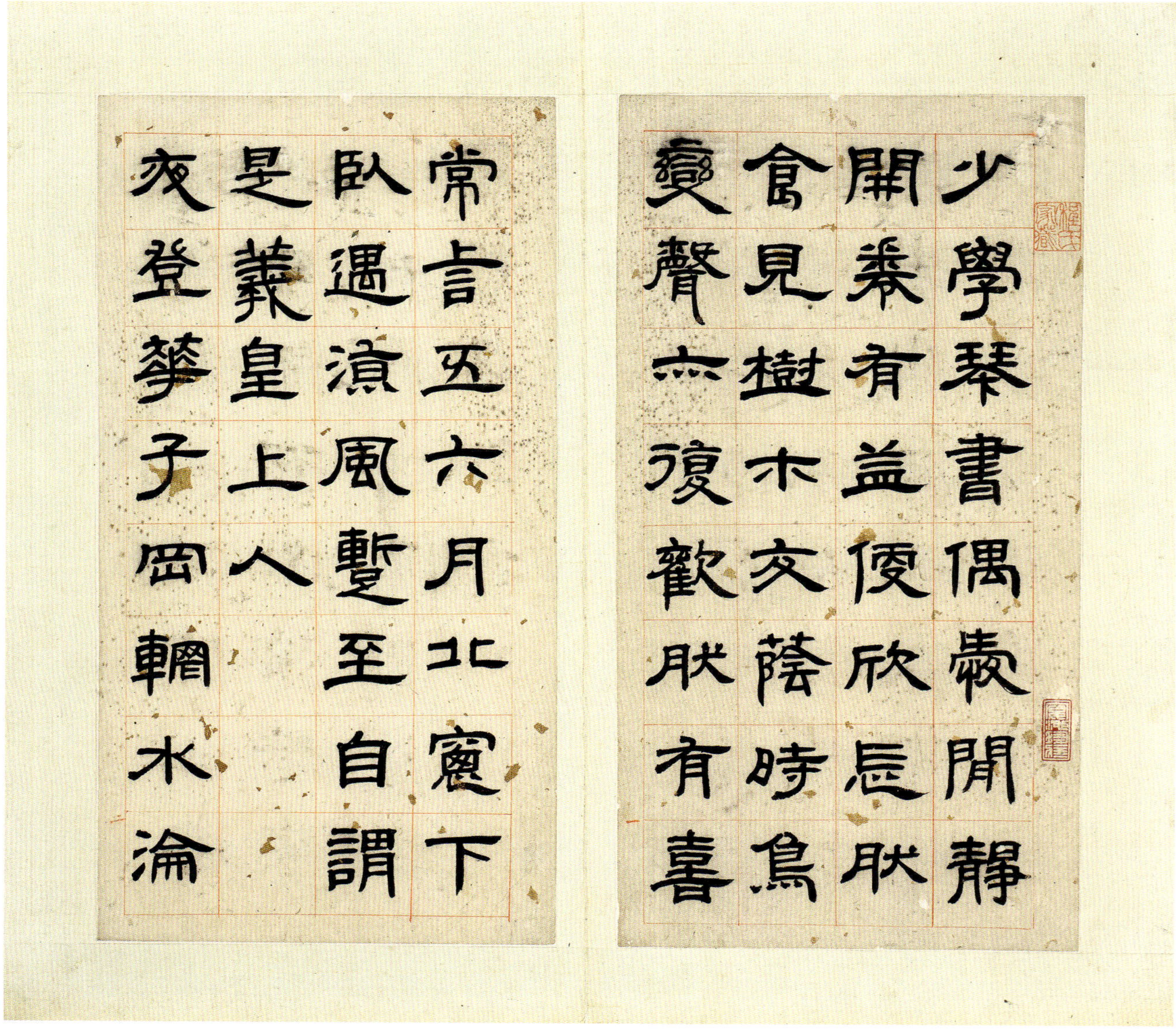
少學琴書偶愛閑靜
開卷有益便欣忘然
食見樹木交蔭時鳥
變聲亦復歡然有喜
常言五六月北窗下
臥遇涼風暫至自謂
是羲皇上人
夜登華子岡輞水淪

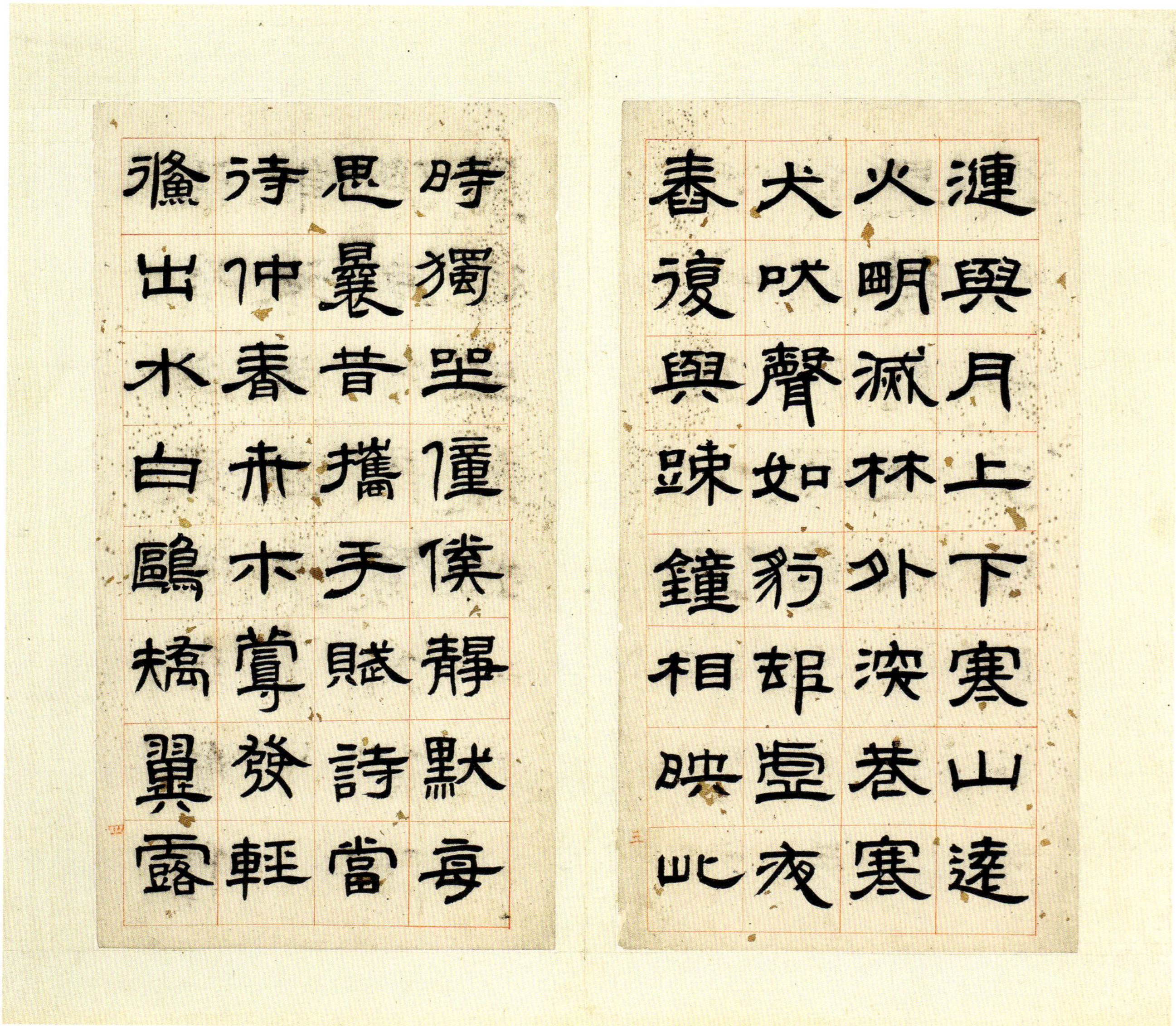
漣與月上下寒山遠
火明滅林外深巷寒
犬吠聲如豹村墟夜
舂復與疏鐘相間此
時獨坐僮僕靜默每
思曩昔攜手賦詩當
待春中草木蔓發輕
鯈出水白鷗矯翼露

完白山人隸書冊精品
世紀之交
云間程十髮題

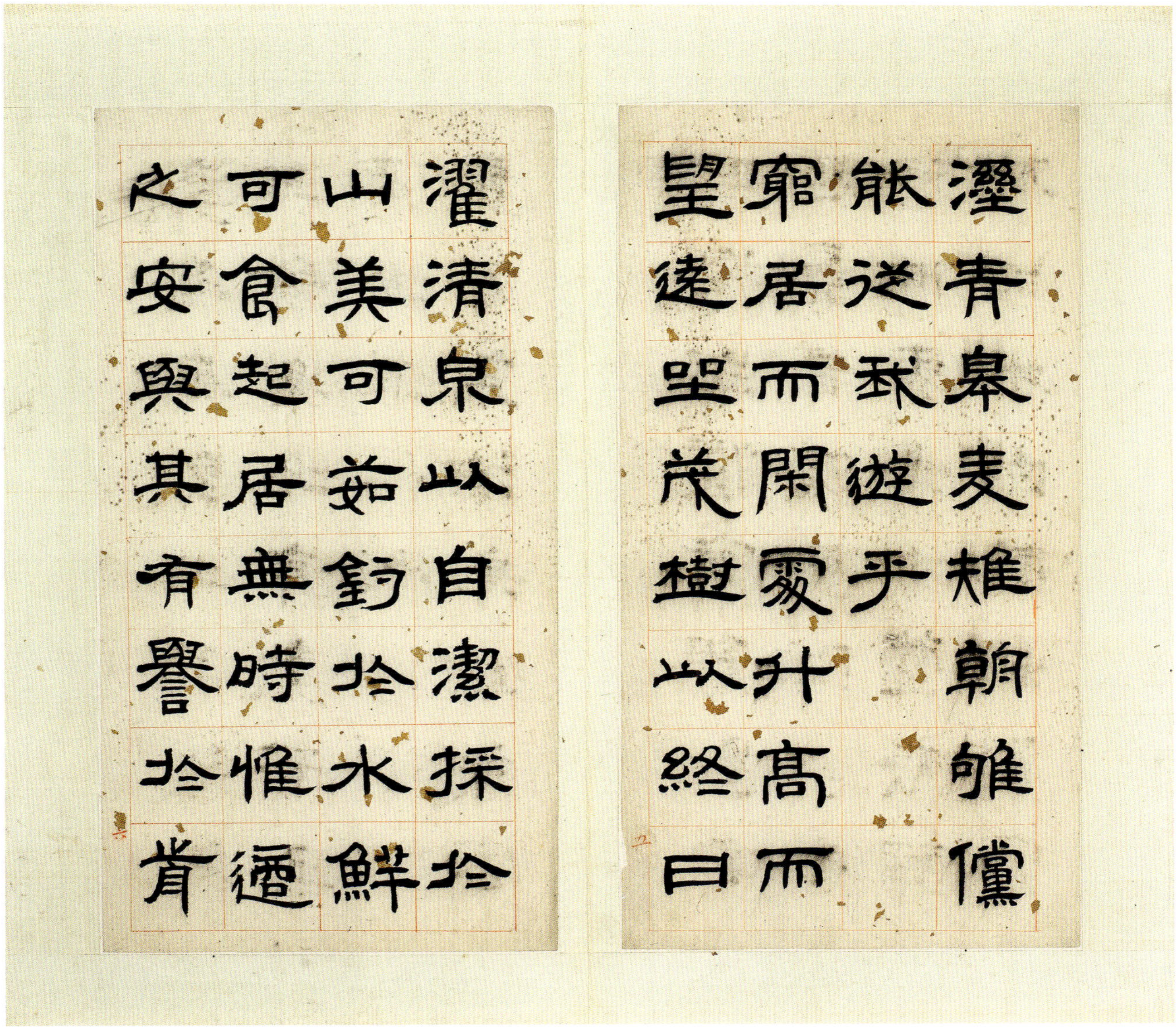
溼青皋麦雉朝雊儵
能從我遊乎
窮居而閑處升高而
望遠坐茂樹以終日
濯清泉以自潔採於
山美可茹釣於水鮮
可食起居無時惟適
之安與其有譽於前

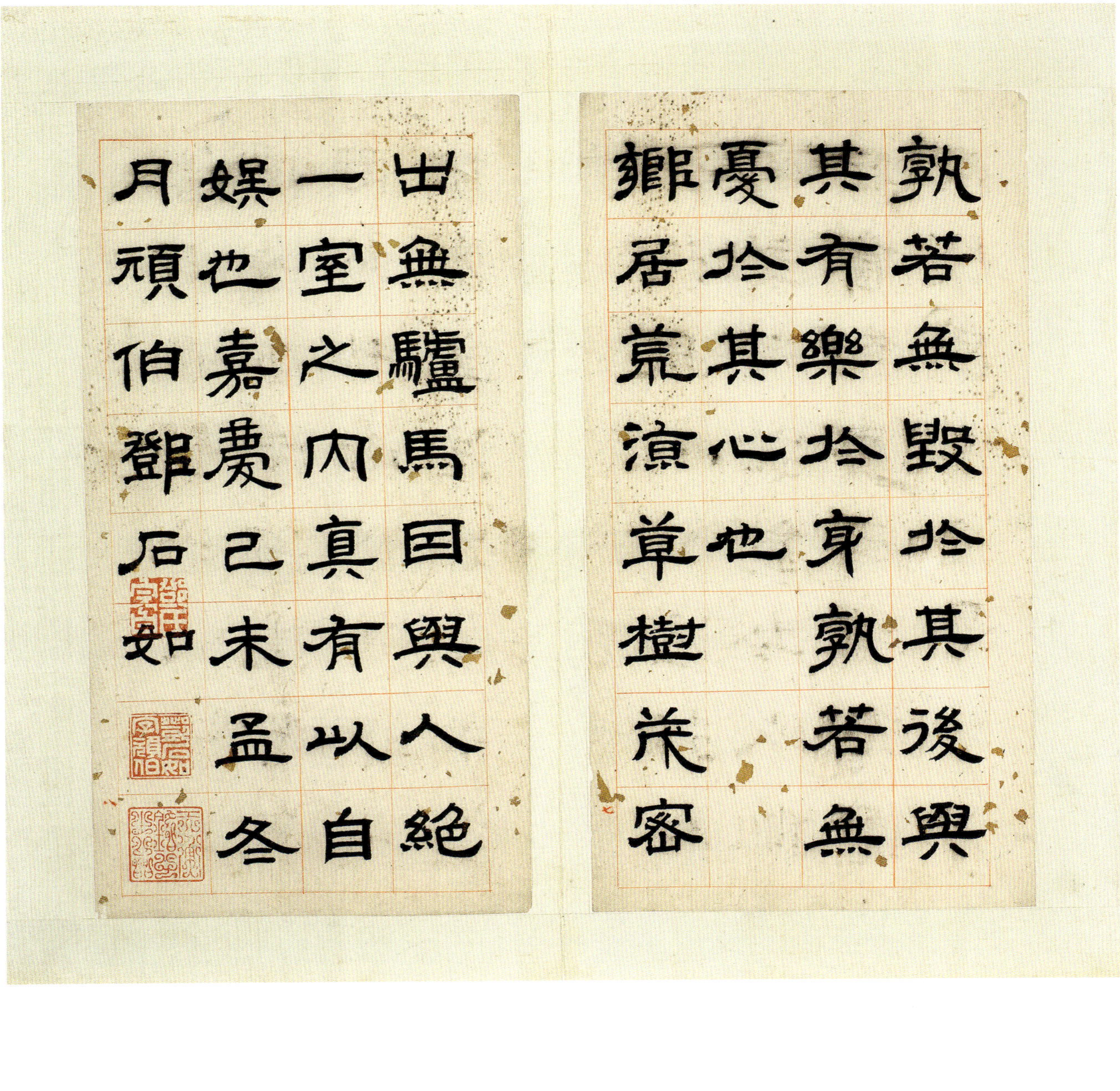
孰若無毀於其後與
其有樂於身孰若無
憂於其心也
鄉居荒涼草樹茂密
出無驢馬因與人絕
一室之內真有以自
娛也嘉慶己未孟冬
月頑伯鄧石如

清
邓石如（1743～1805）
隶书《少学琴书》册
纸本 30×16.5厘米 ×8开
题签 程十发、韩天衡
题跋 韩天衡

清
奚冈（1746～1803）
奇峦图
纸本 125×37.5厘米

士以信相敬
道光二十八年正月二日
人有禮則安
嘉興竹田里眉壽老人張廷濟書

清

张廷济（1768～1848）

隶书 士以·人有五言联

道光二十八年（1848）

纸本 96×26厘米×2

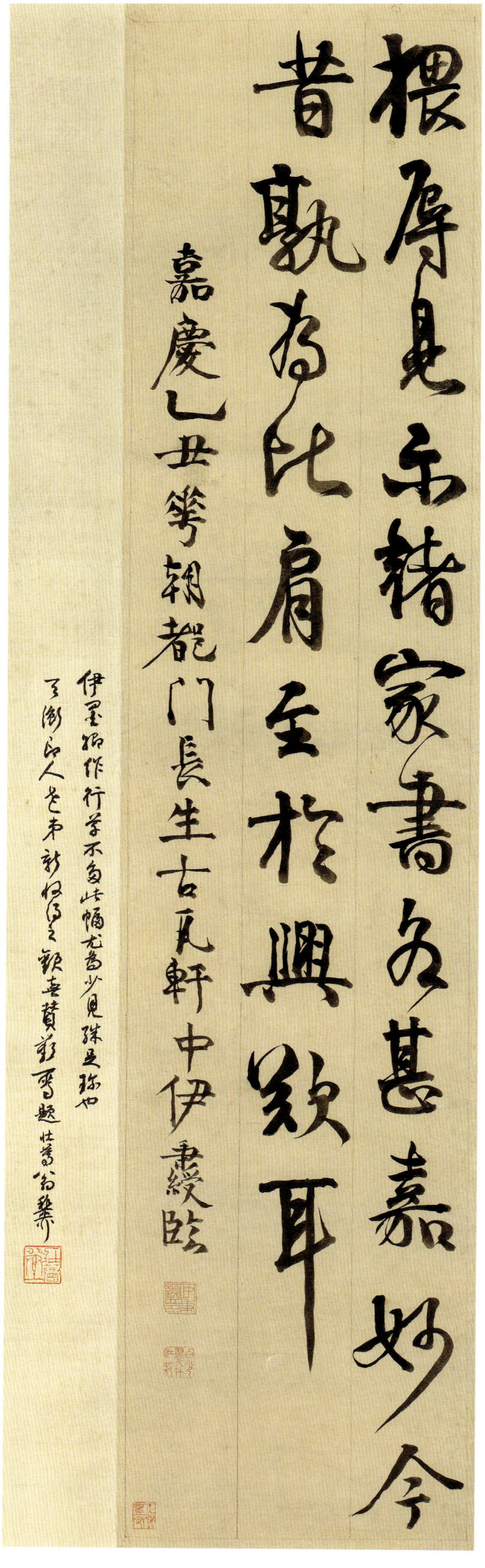

清
伊秉绶（1754～1815）
行书 意临欧阳询《兰惹帖》
嘉庆十年（1805）
纸本 127×29厘米
题跋 谢稚柳

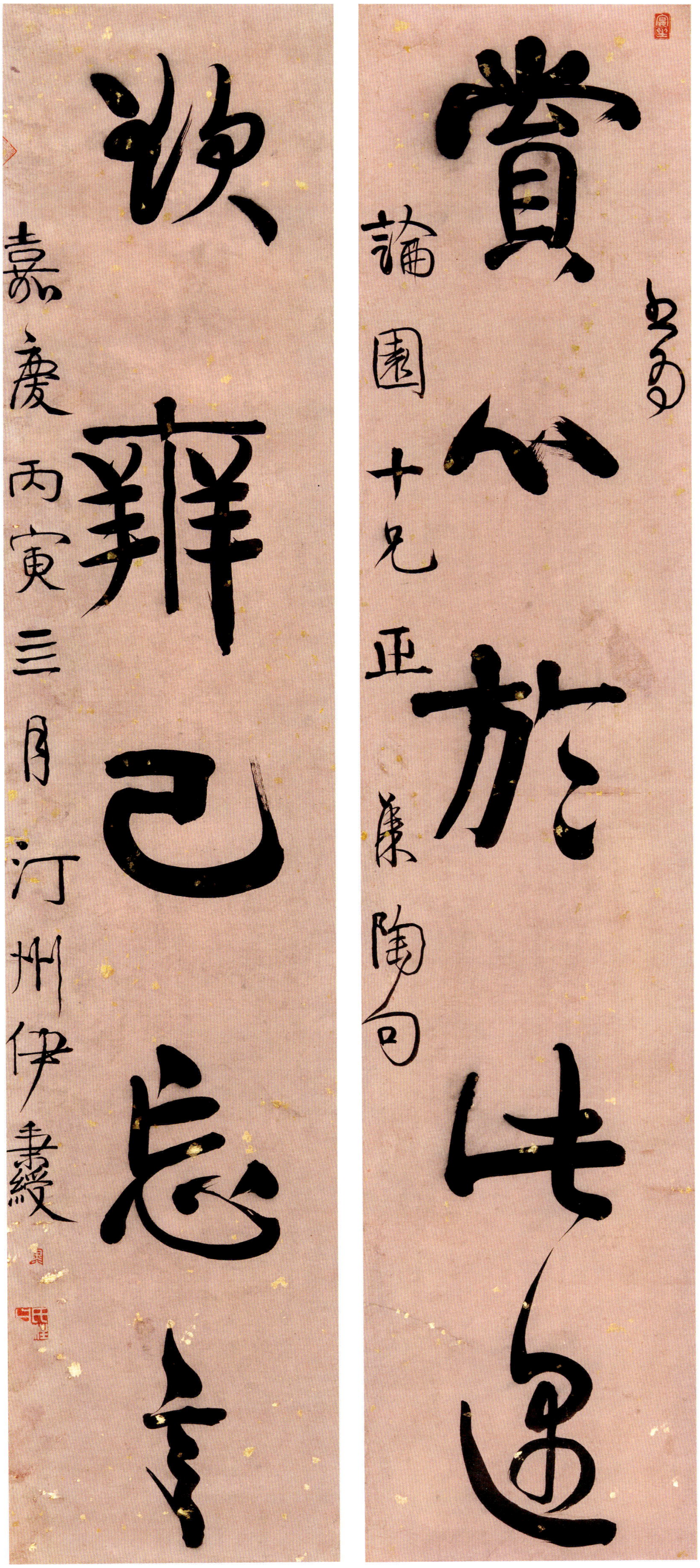
賞心於此遇
論園十兄正
集陶句
欲辨已忘言
嘉慶丙寅三月
汀州伊秉綬

清
伊秉绶（1754～1815）
行书 赏心·欲辨五言联
嘉庆十一年（1806）
纸本 118×25.2厘米 ×2

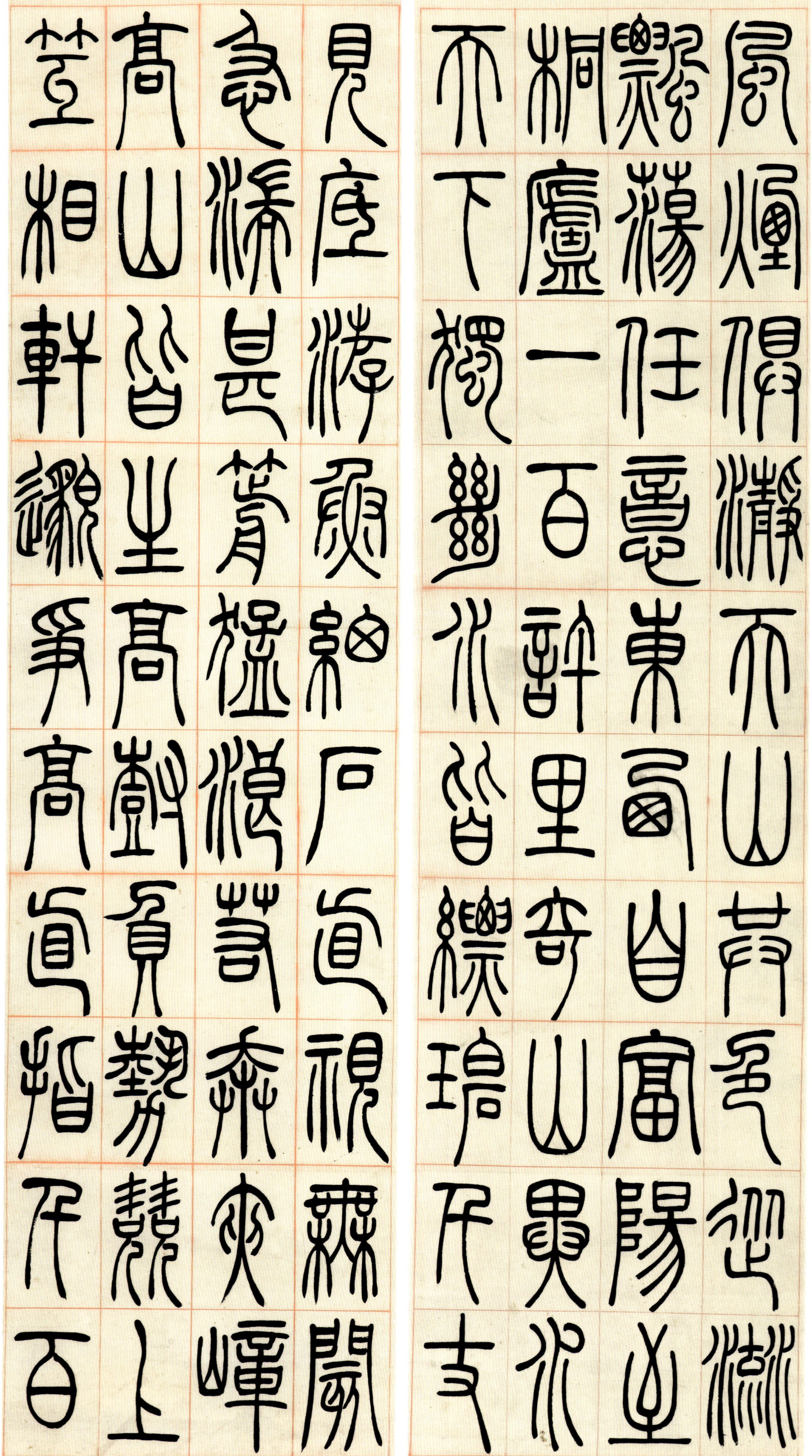

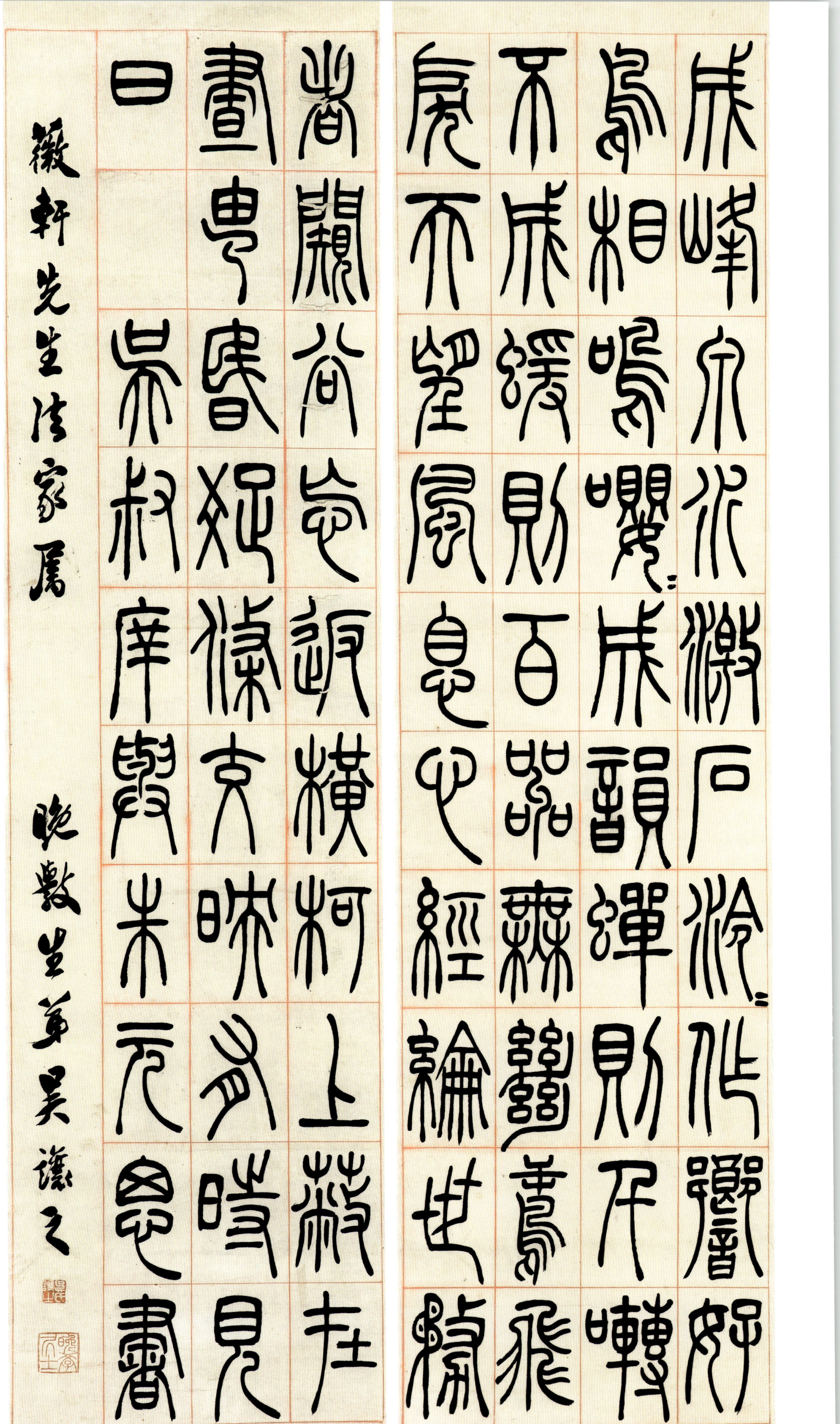

清
吴让之（1799～1870）
篆书 吴均《与朱元思书》四屏
纸本 133×35厘米×4

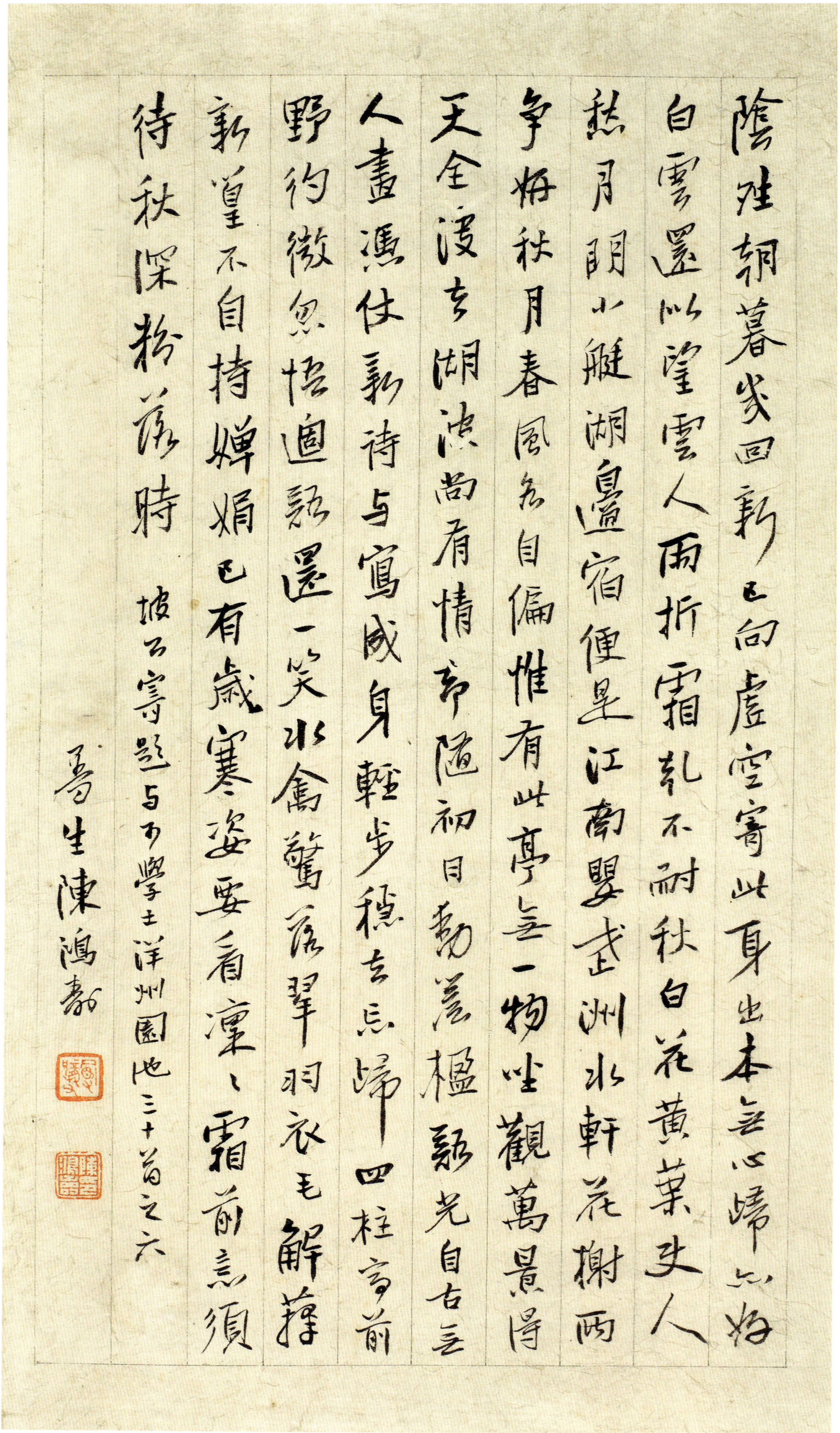

清
陈鸿寿（1768～1822）
行书 节录苏轼《和文与可洋川园池三十首》
纸本 115×52厘米

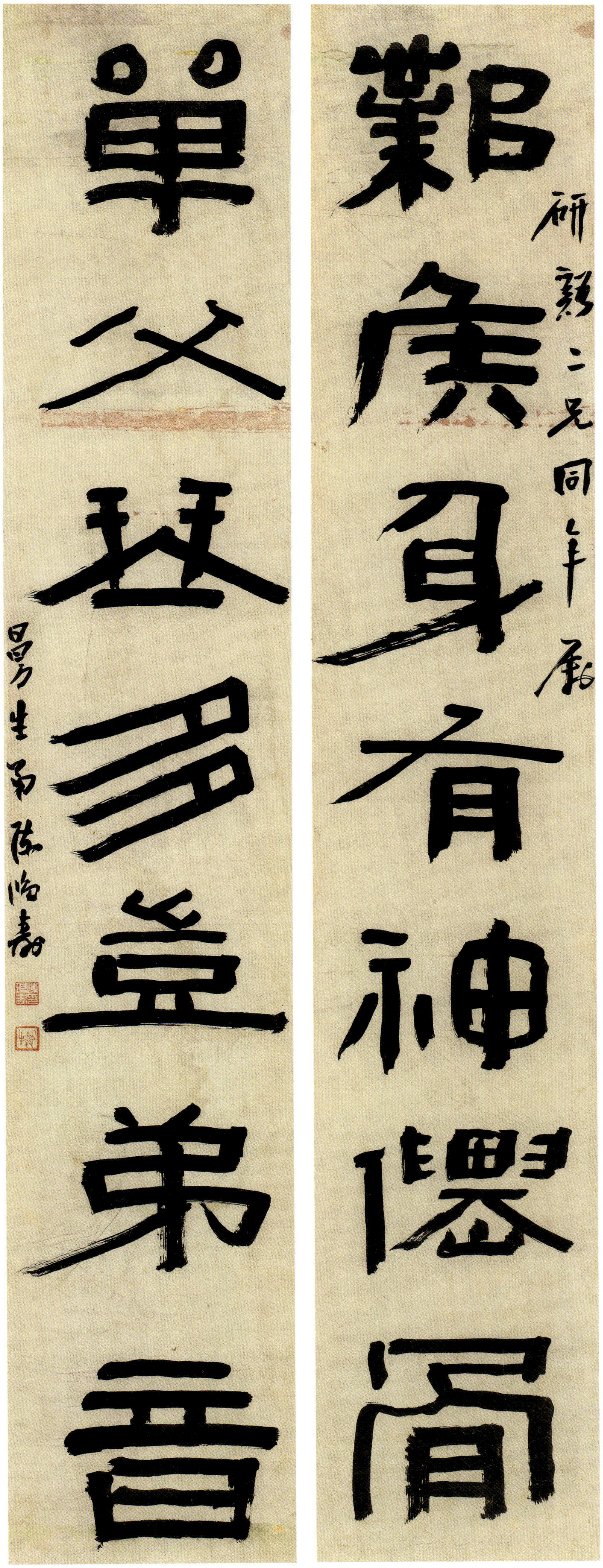
鄖侯耳有神僊骨
單父琴多豈弟音
曼生弟陈鸿寿

清
陈鸿寿（1768～1822）
隶书 郧侯·单父七言联
纸本 169×30厘米×2

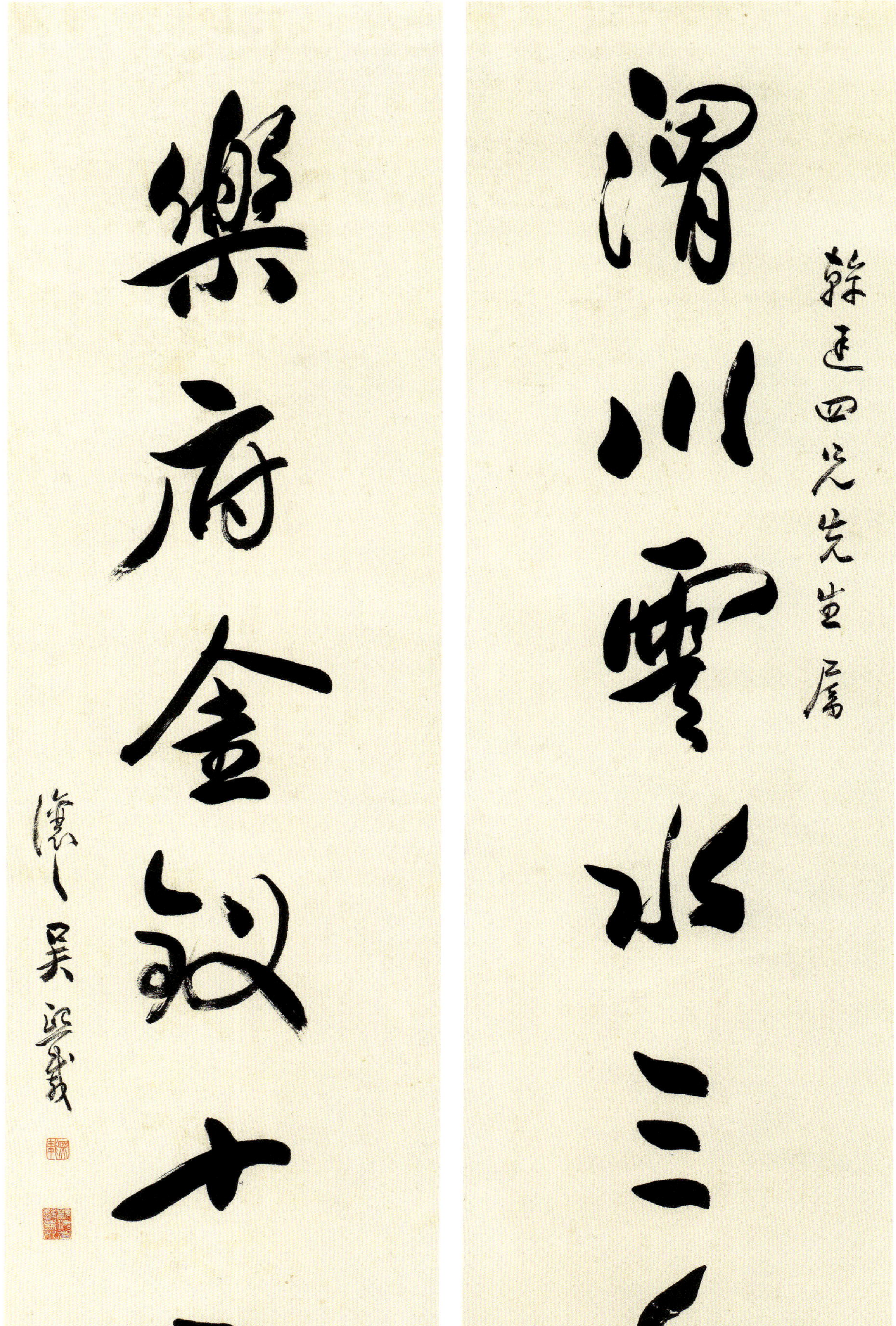
渭川雲水三千頃
韓廷四兄先生屬
樂府金釵十二行
讓之吳熙載

清
吴让之（1799 ~ 1870）
行书 渭川·乐府七言联
纸本 130×32厘米 ×2

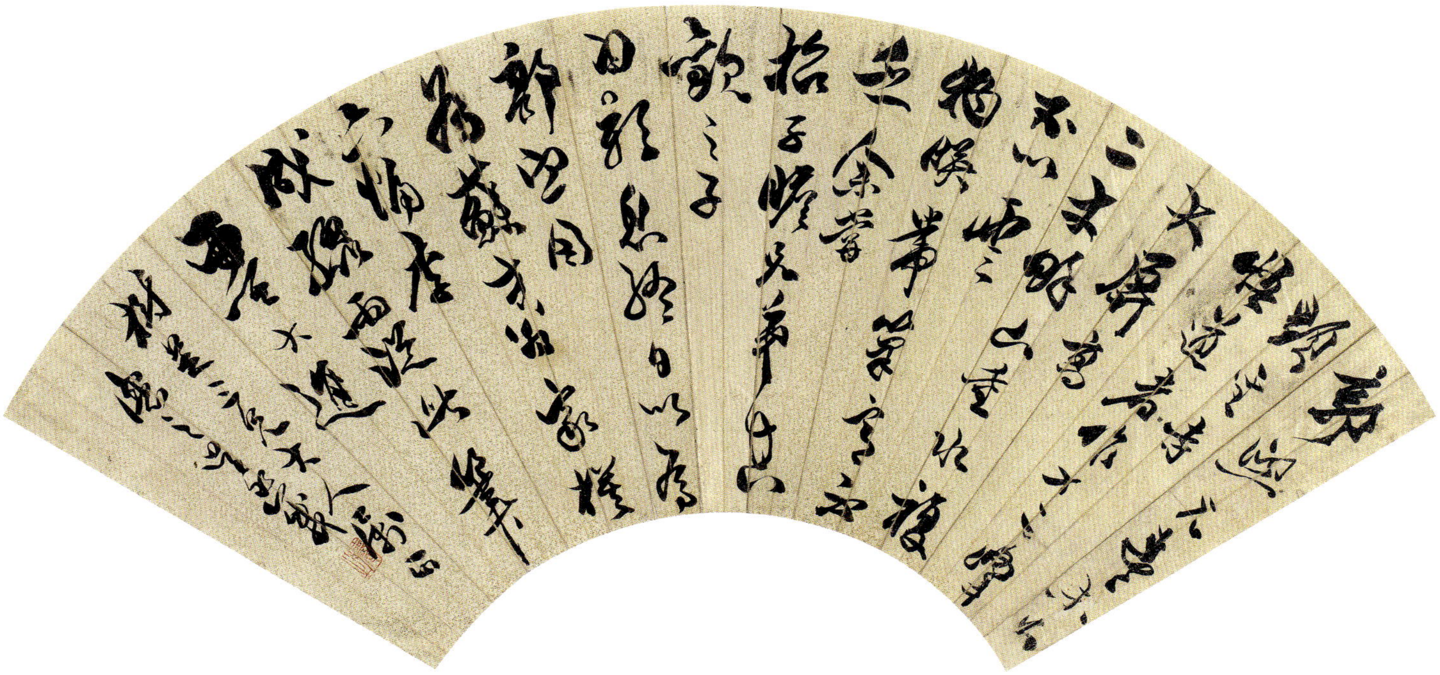

清
吴让之（1799～1870）
行书 节录黄庭坚句扇面
泥金笺 53×26厘米

清
曾国藩（1811～1872）
行书 录苏辙文一则扇面
纸本 23×50.5厘米

清
钱松（1818～1860）
隶书 李白《赠崔秋浦三首》扇面
纸本 22×52厘米
致胡公寿

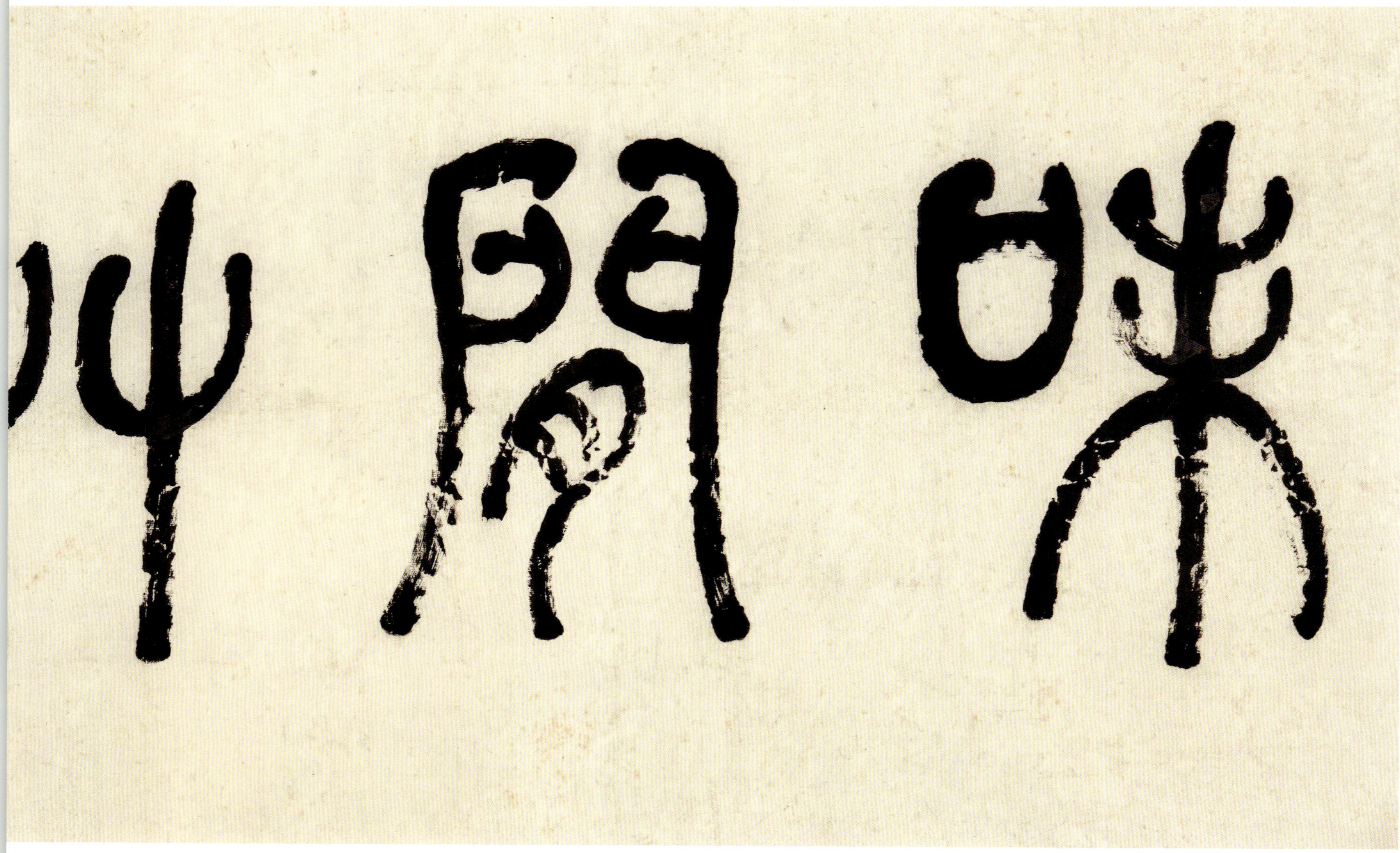

清
何绍基（1799～1873）
篆书 味闲草堂横额
同治三年（1864）
纸本 180×53厘米

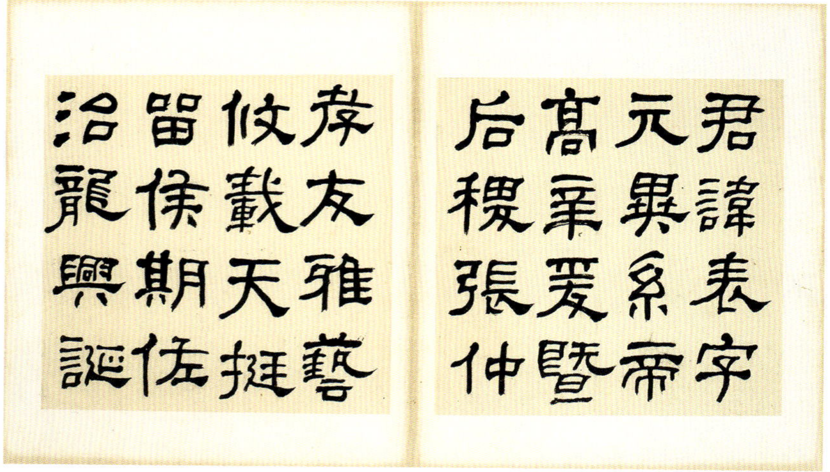

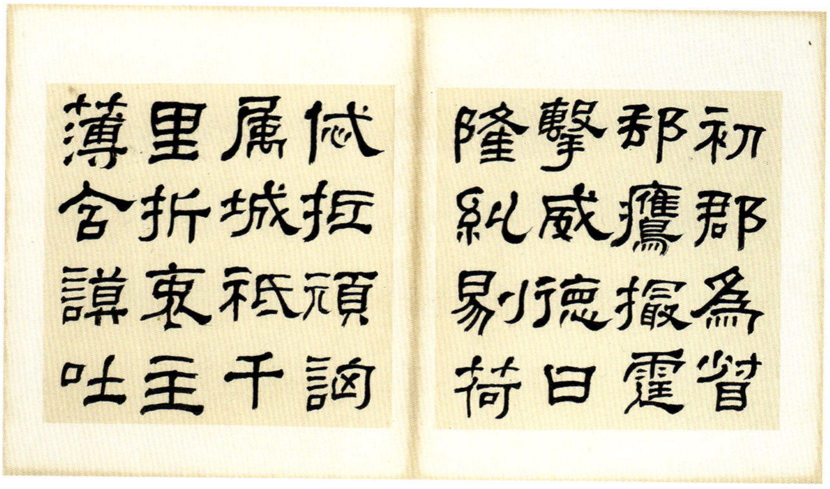

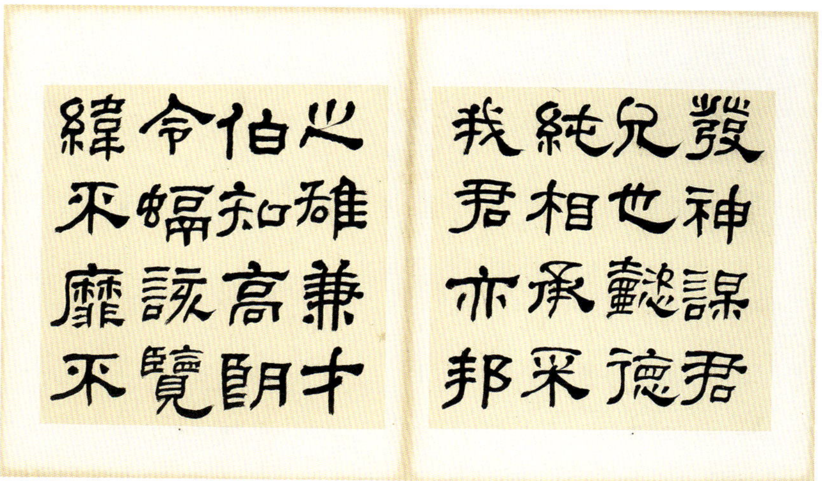

清
何绍基（1799～1873）
隶书 临《汉张表碑》册（局部）
纸本 22×23厘米 ×34开
题跋 吴瀛

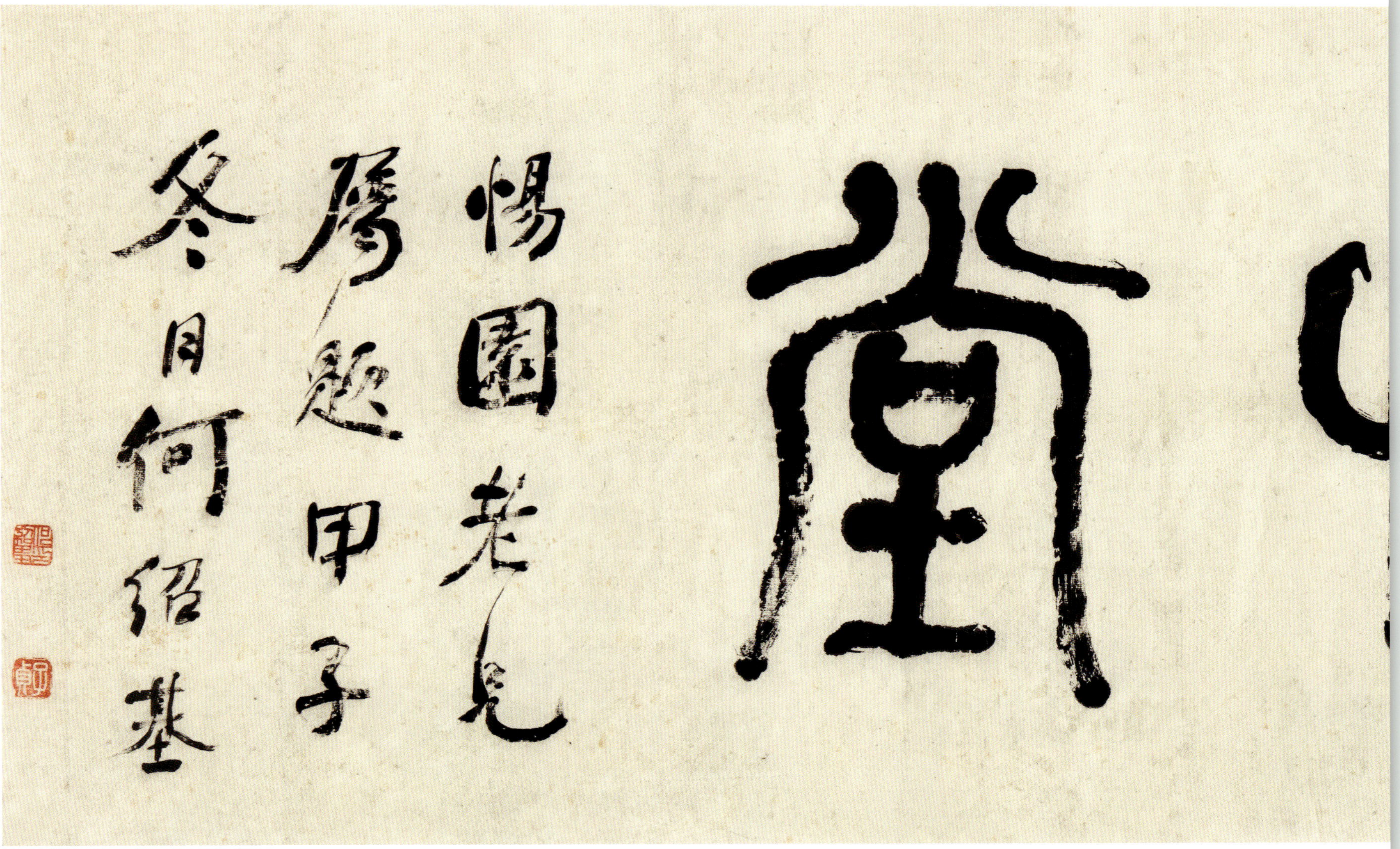
惕園老兄屬題
甲子冬月何紹基

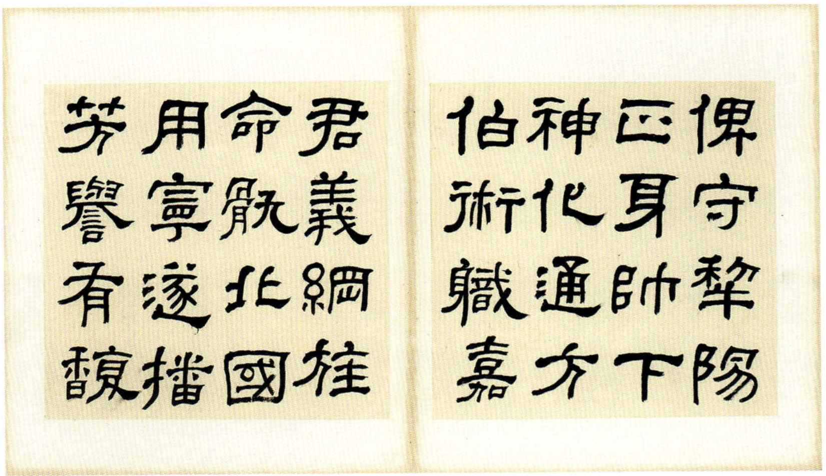

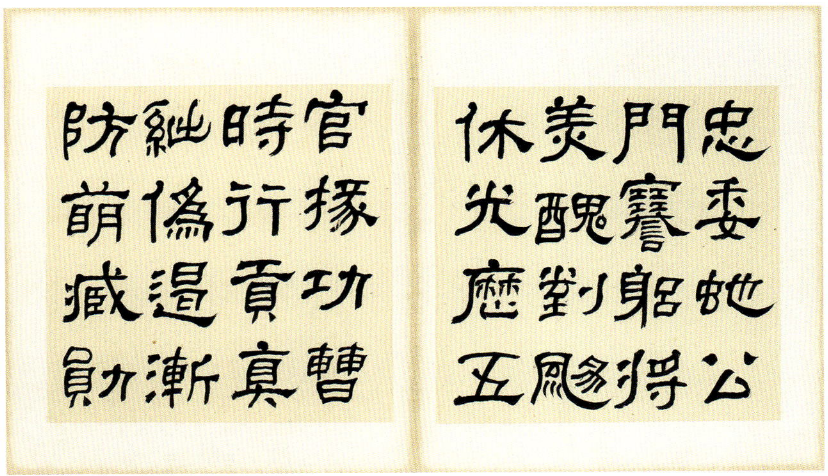

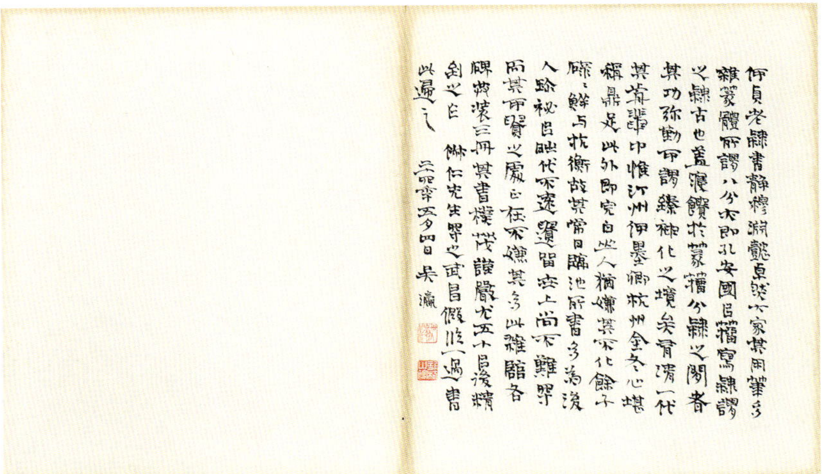

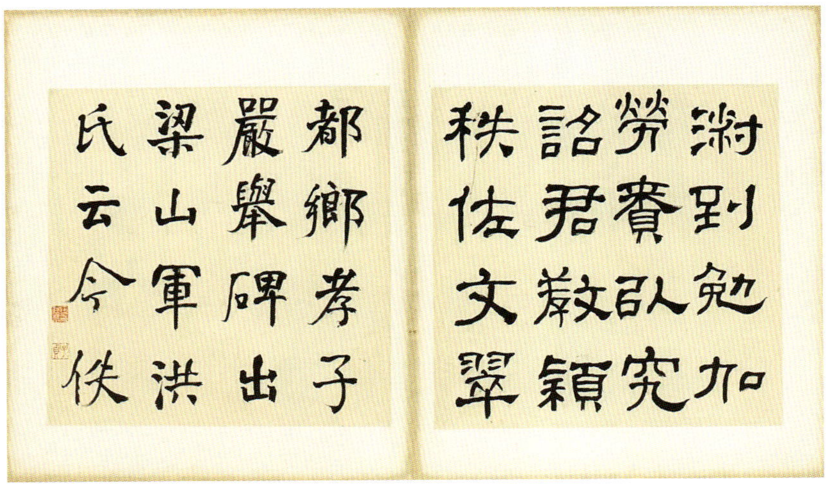

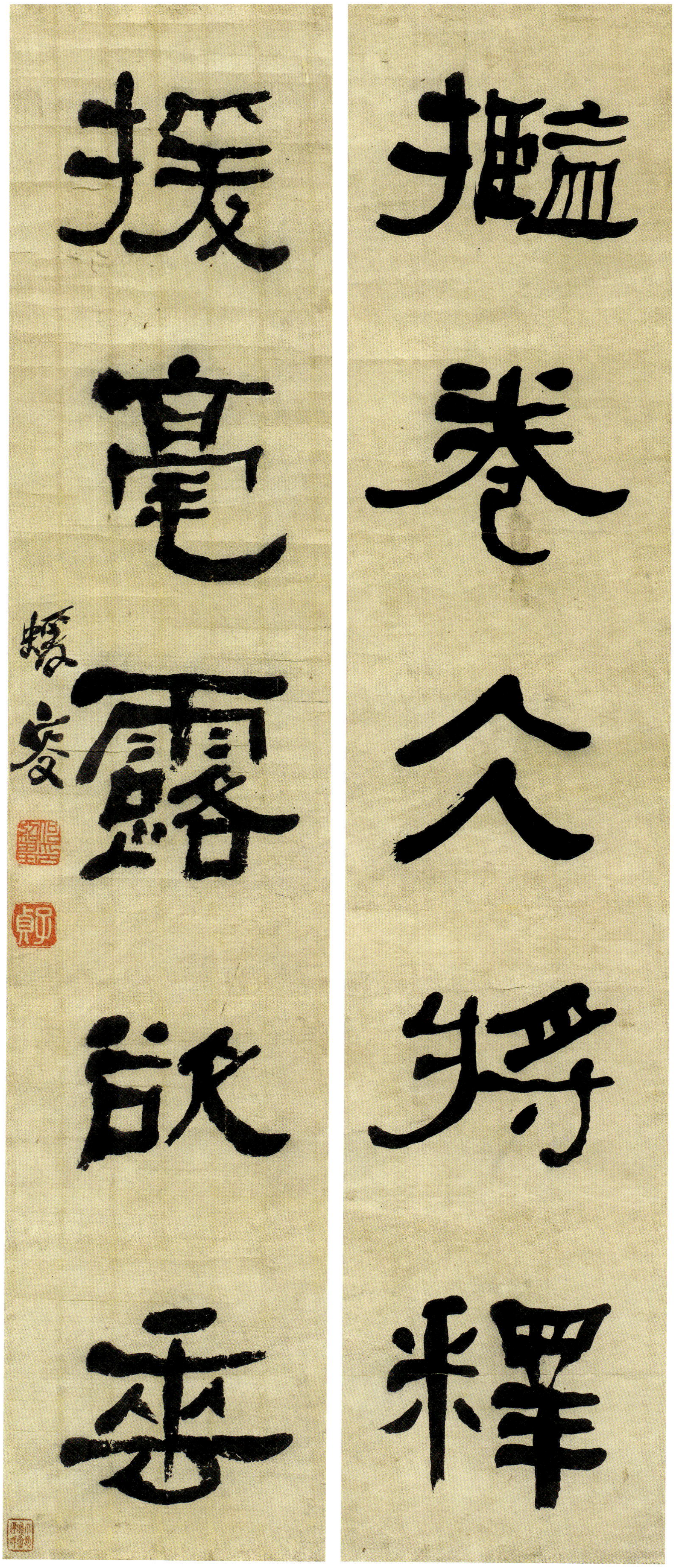
擥卷人將釋
援毫露欲垂
蝯叟

清

何绍基（1799～1873）

隶书 揽卷·援毫五言联

纸本 88×18厘米×2

清
任熊（1823 ~ 1857）
涌金门外小瀛洲扇面
咸丰三年（1853）
纸本 26×57厘米

清
虚谷（1823 ~ 1896）
水仙花扇面
光绪十九年（1893）
纸本 26×53厘米

清
任 颐（1840 ~ 1896）
花鸟扇面
纸本 25×50厘米

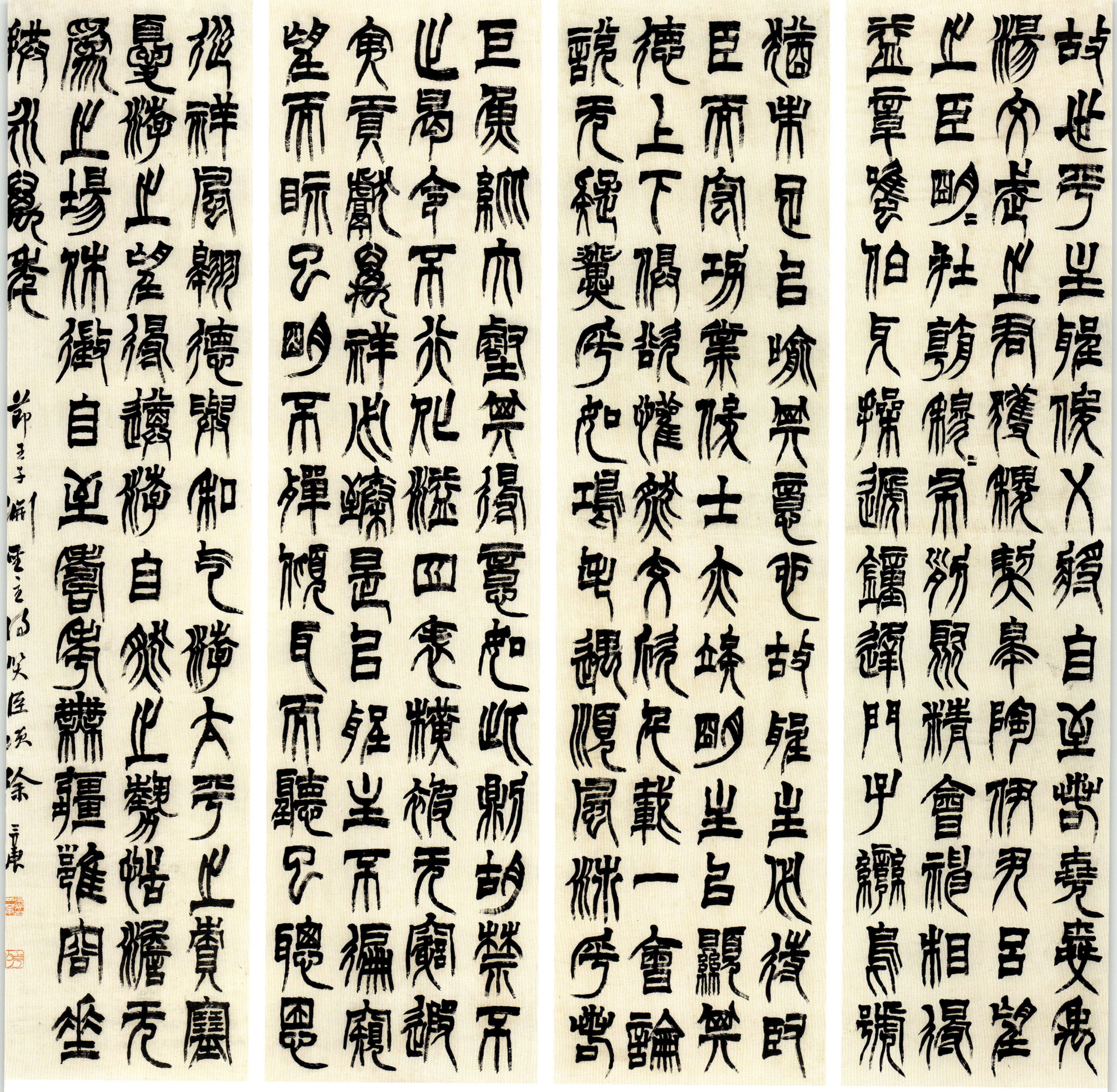

清

徐三庚（1826 ~ 1890）

篆书　节录王褒《圣主得贤臣颂》四屏

纸本　134×34厘米×4

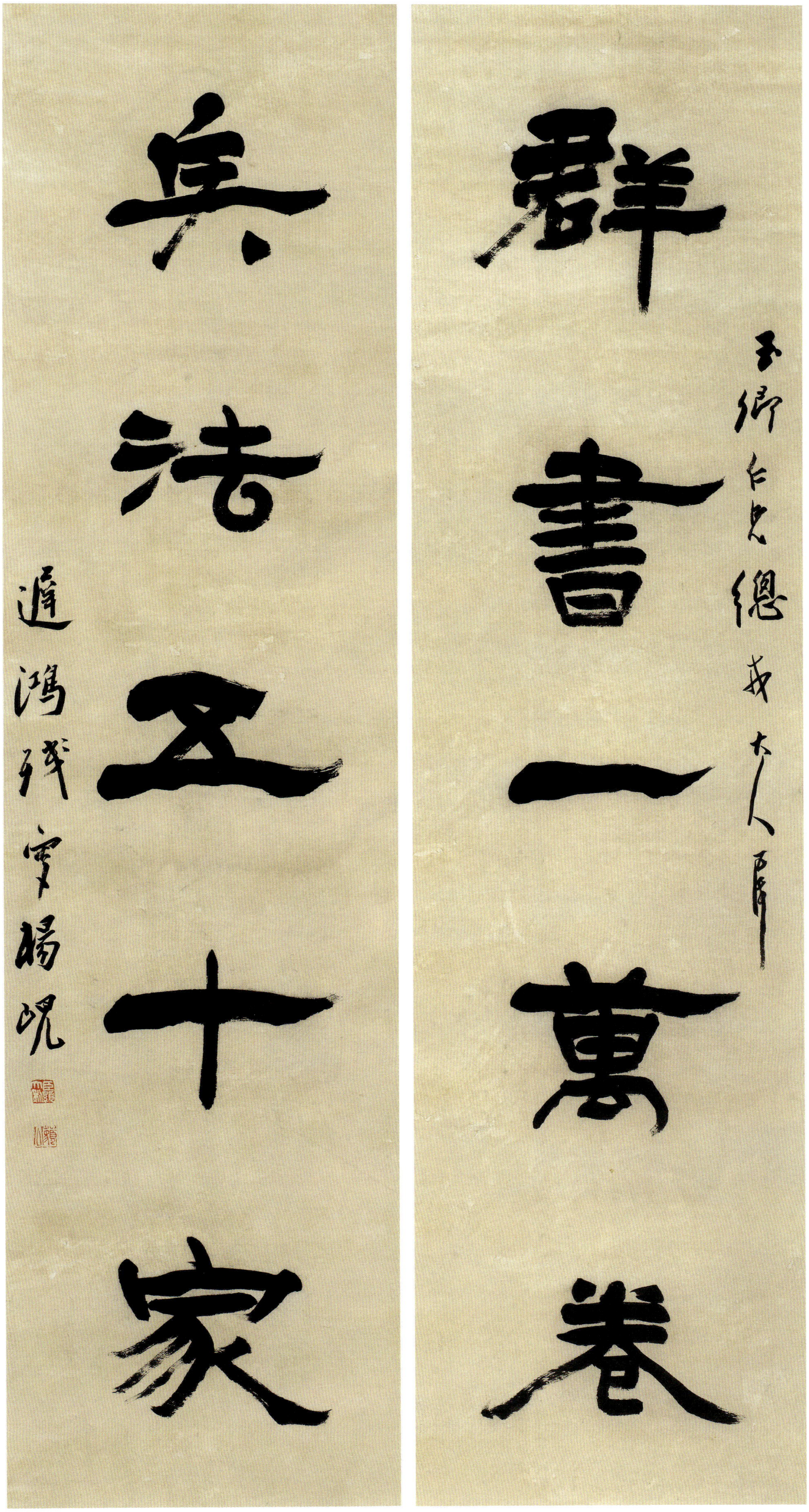
群書一萬卷
玉卿仁兄總戎大人屬
兵法五十家
遲鴻殘叟楊峴

清

杨岘（1819～1896）

隶书 群书·兵法五言联

纸本 146×38厘米 ×2

清
虚谷（1823～1896）
黄菊松鼠图
纸本 34×45.5厘米
顾澹明旧藏

清
虚谷（1823～1896）
松鼠葡萄图
光绪十八年（1892）
纸本 96×34厘米

天下之物莫柔弱于水然而大
不可極深不可測脩極于無窮
遠淪于無厓息耗減益通于不
訾上天則為雨露下地則為潤
澤萬物弗得不生百事不得不
成大包群生而無好憎澤及蚑

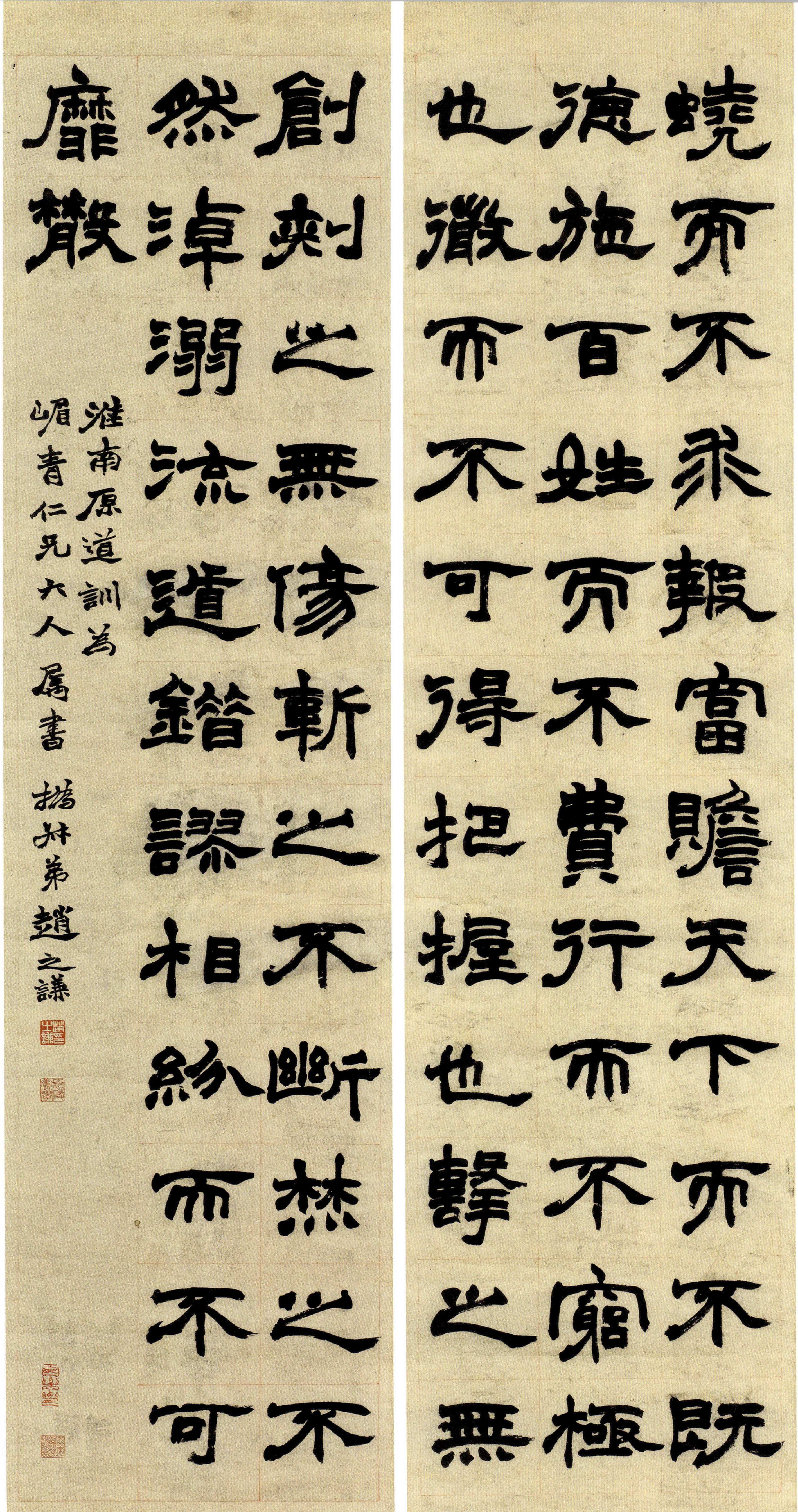
蟯而不求報富贍天下而不既
德施百姓而不費行而不窮極
也微而不可得把握也擊之無
創刺之無傷斬之不斷焚之不
然淖溺流遁錯繆相紛而不可
靡散
淮南原道訓為
嵋青仁兄大人屬書
撝叔弟趙之謙

清

赵之谦（1829 ~ 1884）

隶书 节录《淮南子·原道训》四屏

纸本 182.5×46.5 厘米 ×4

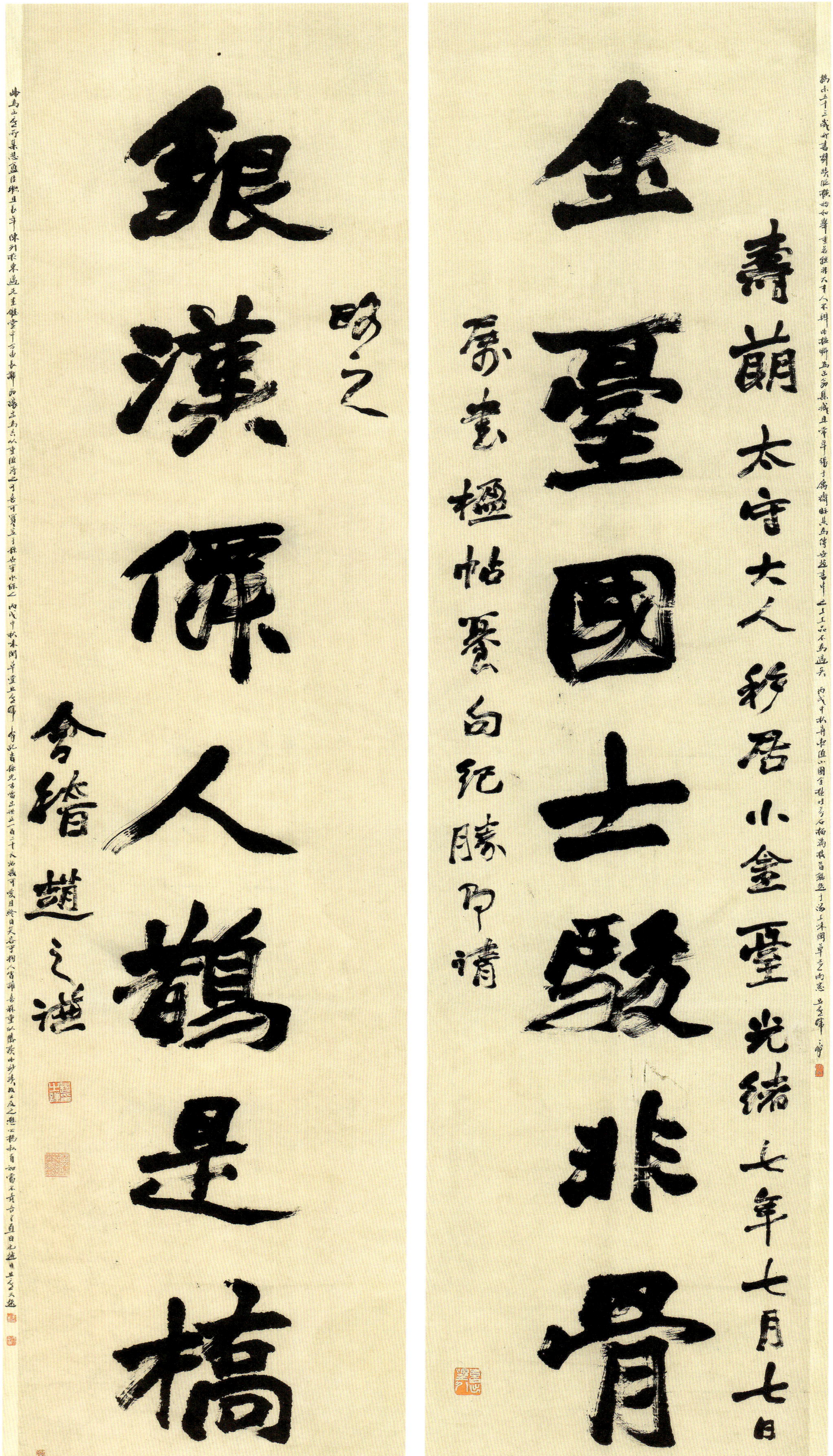
金臺國士駿非骨
銀漢僊人鵲是橋
會稽趙之謙

清
赵之谦（1829～1884）
行书 金台·银汉七言联
光绪七年（1881）
纸本 177×44厘米 ×2

三侠伯年先生早年时作盖纯守章法也
吴君仲熊贻我因志不忘 悲鸿 辛未

清
任颐（1840～1896）
风尘三侠
纸本 135×33厘米
黄胄旧藏
题跋 徐悲鸿

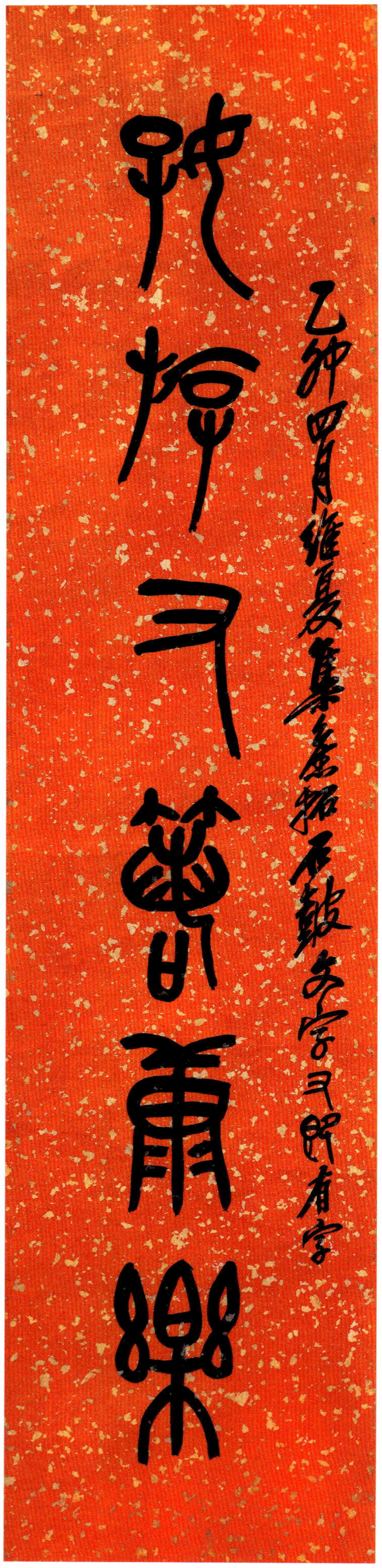

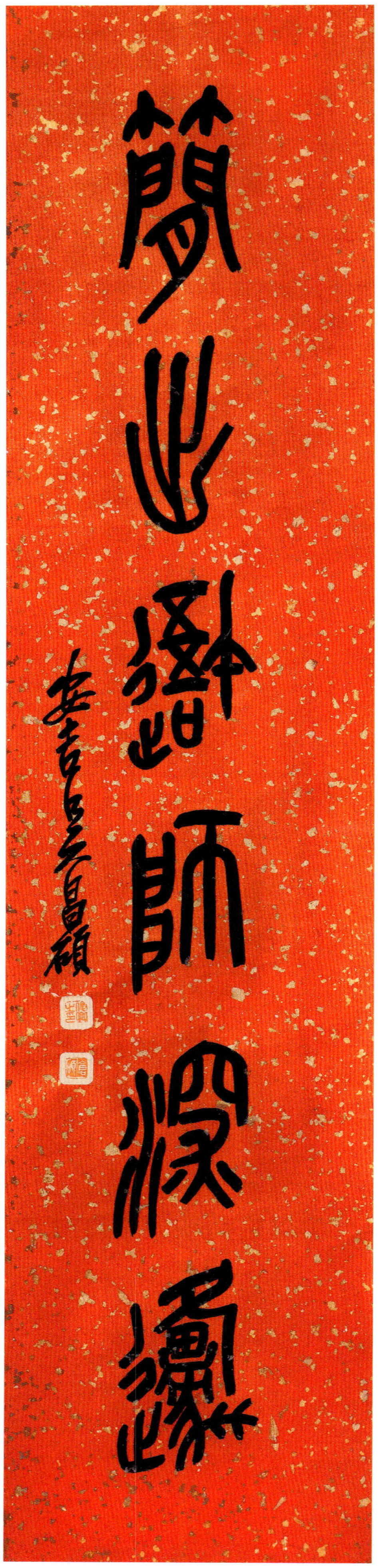

清
吴昌硕（1844～1927）
篆书 好游·简出六言联
1915年
纸本 152×36厘米×2

清
吴昌硕（1844～1927）
石榴图
1915年
绫本 137×41厘米

清

吴昌硕（1844～1927）

紫藤图

1920年

纸本 131×53.5厘米

清
吴昌硕（1844～1927）
篆书 棕柏·柳花七言联
1923年
纸本 144×33厘米×2

清

吴昌硕（1844 ～ 1927）

春岗芦屋山庄诗画

1923 年

绫本 60×36 厘米

诗塘 善翁、长尾甲

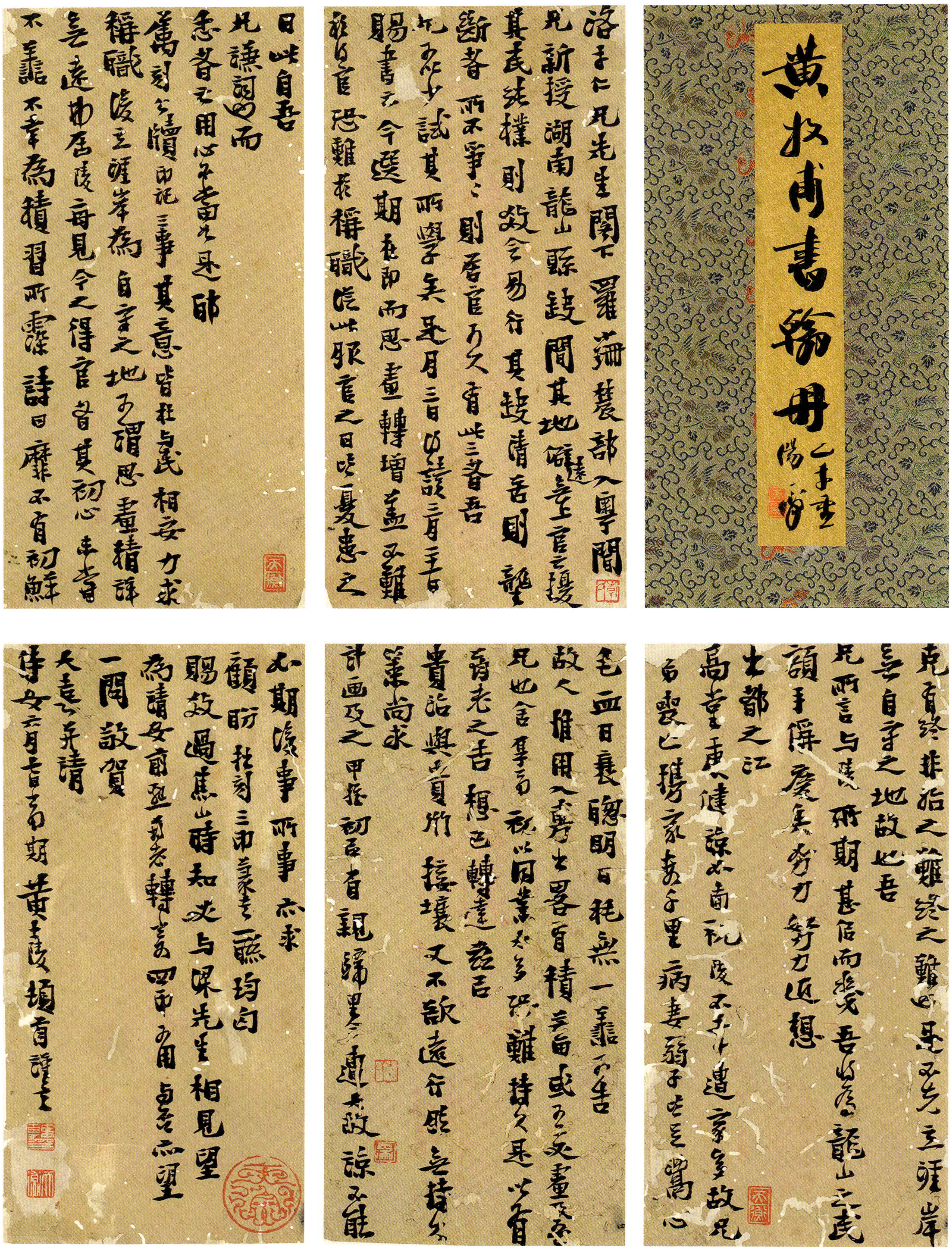

清

黄牧甫（1849～1908）

书翰册页

纸本 25×12.5厘米 ×5开

题跋 韩天衡

隃麋陶陵共廚銅鼎一合
容一斗升
重十斤
汧共廚銅鼎容一斗
重六斤一兩第廿
漢陶陵鼎揚州阮氏拓本

清
黄牧甫（1849～1908）
兰花博古图
纸本 81×34厘米

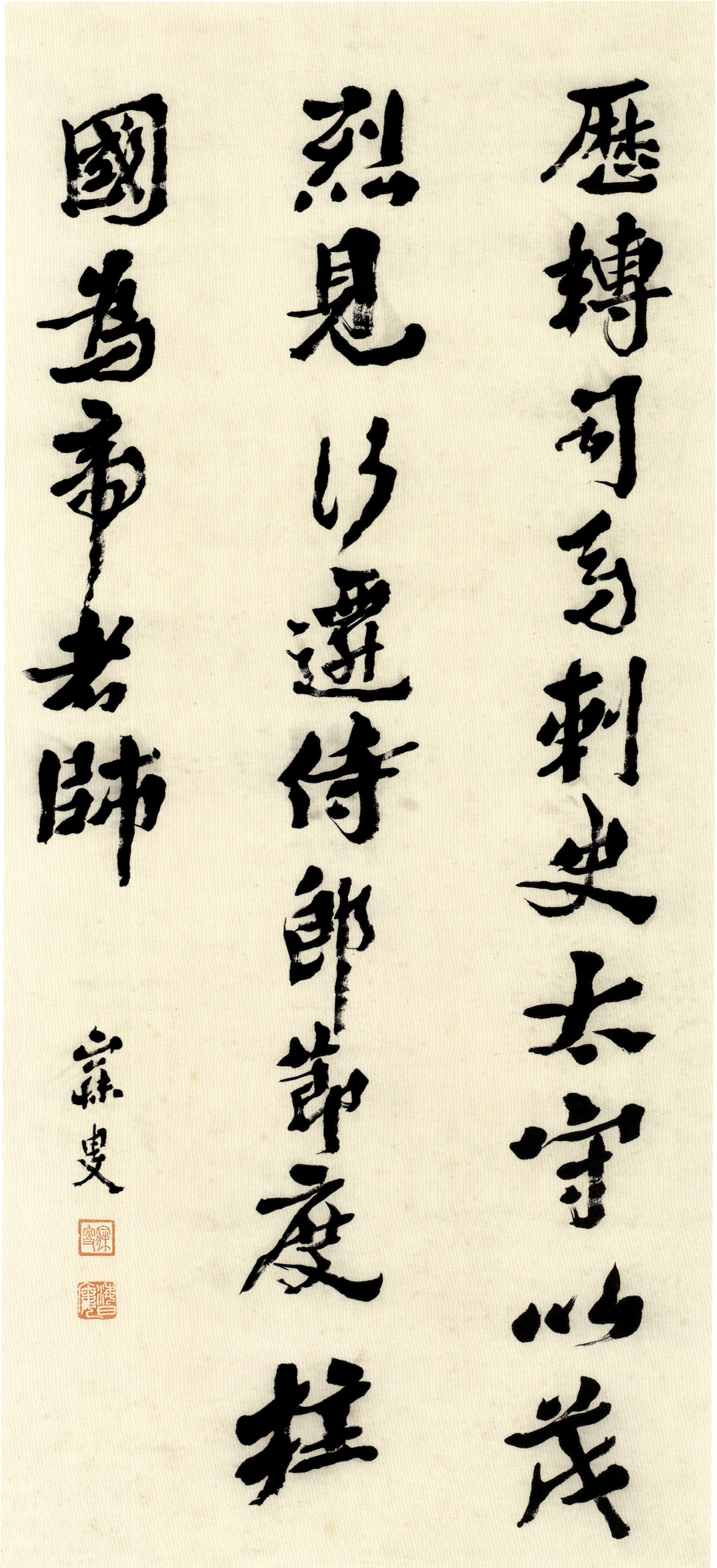

清
沈曾植（1850 ~ 1922）
行书 历转·行迁十二言联句
纸本 116×52 厘米

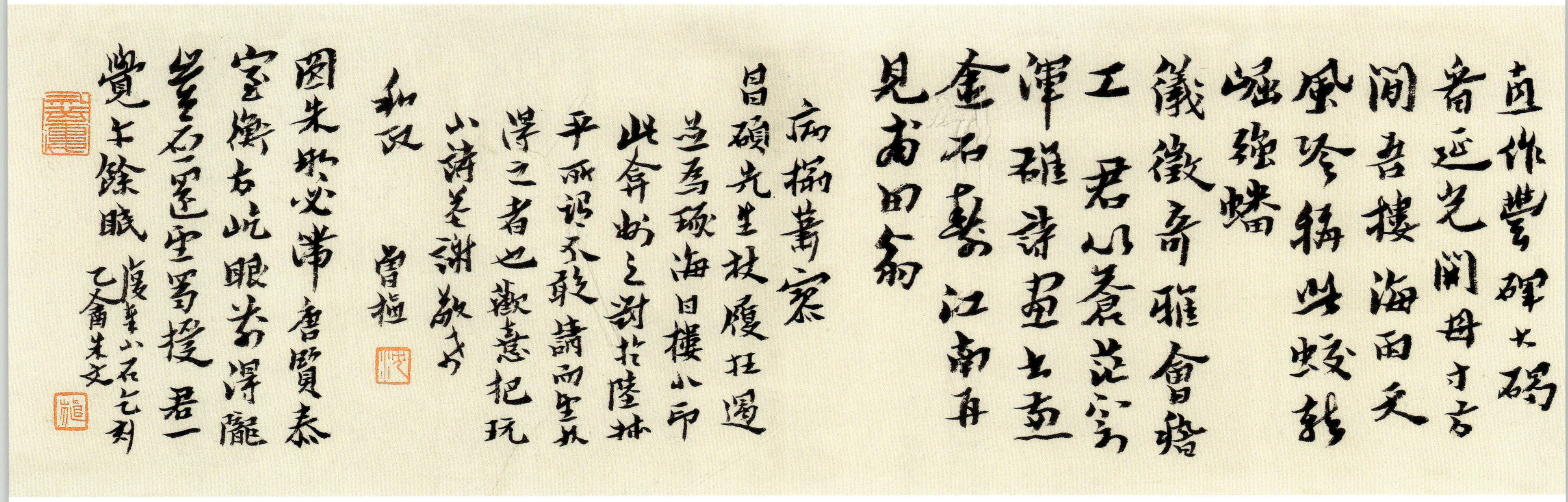

清

沈曾植（1850～1922）
行书 七言绝句二首
纸本 16×51 厘米

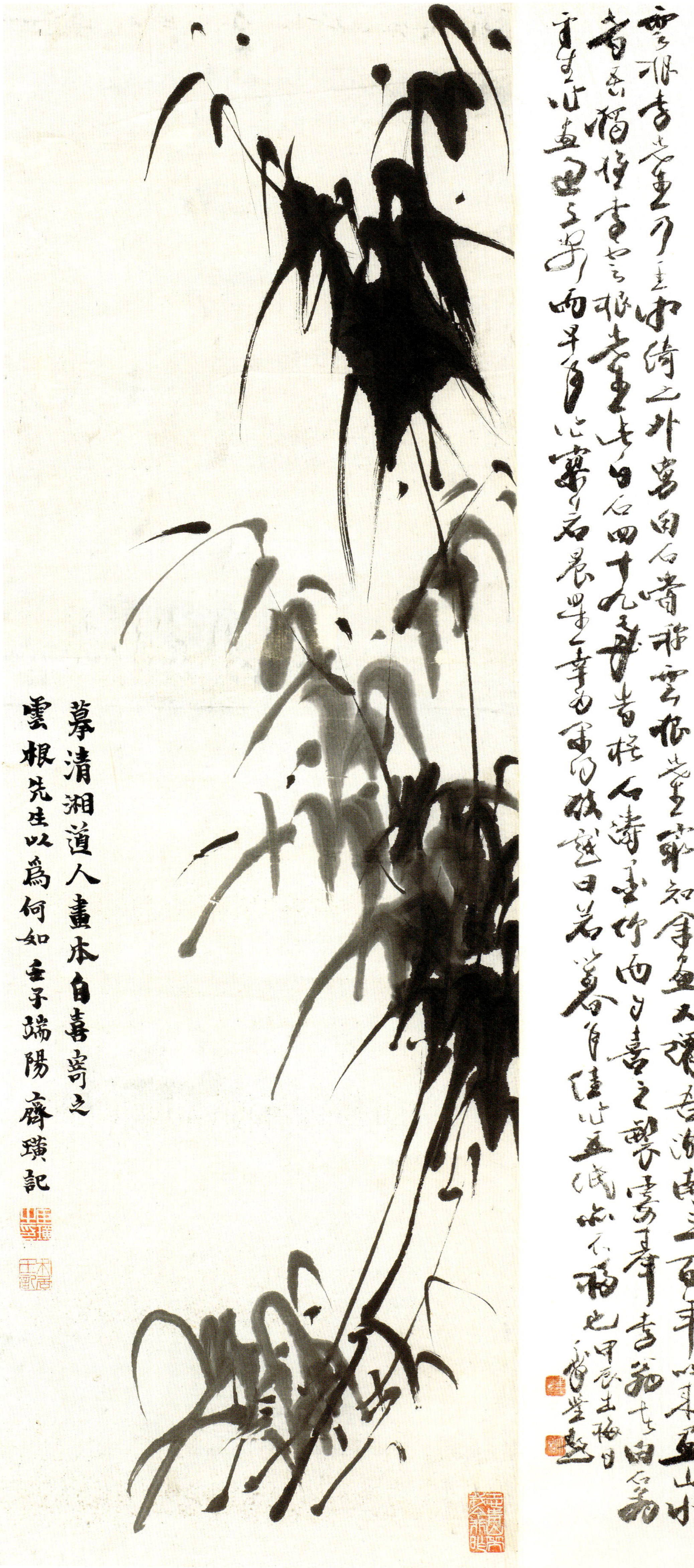
摹清湘道人畫本自喜寄之
雲根先生以爲何如 壬子端陽 齊璜記

现代
齐白石（1864～1957）
墨竹图
1912年
纸本 88×29厘米
题跋 韩天衡

白石翁
野菊纵横自开自落惟陶家篱下所不屑寄宁取媚于富贵者乎
庚午首夏
勿秋馆主伯英戏题

现代
齐白石（1864～1957）
安居乐业图
1930年
纸本 86×49.5厘米
题跋 张伯英

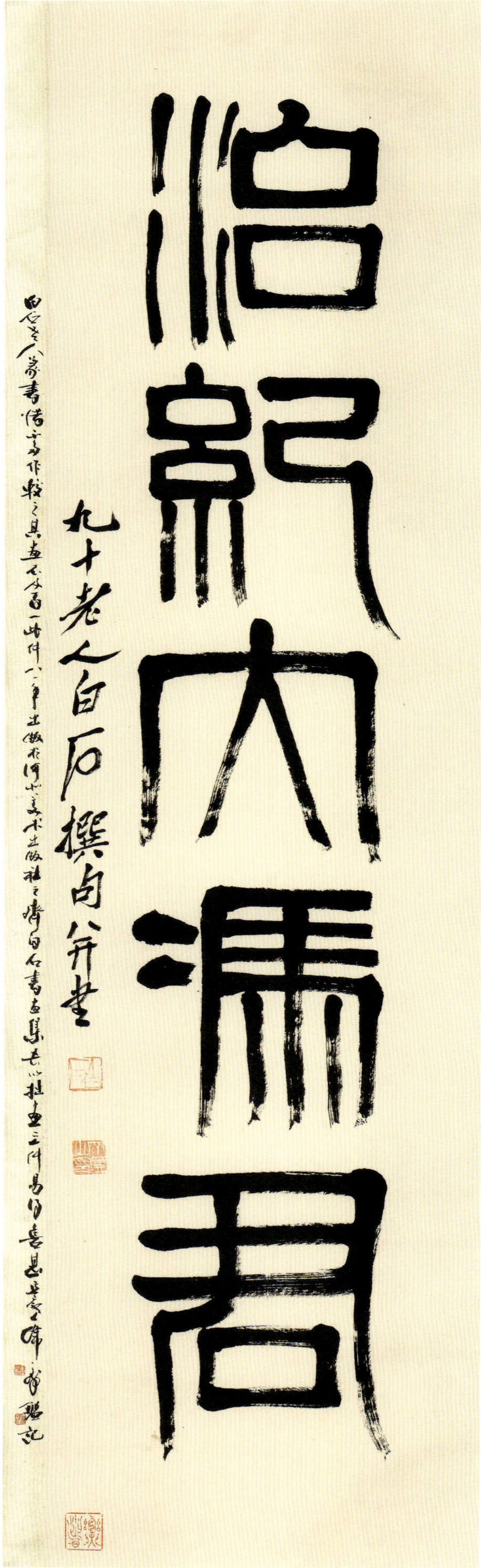

戊子八十八歲齊白石作于京華

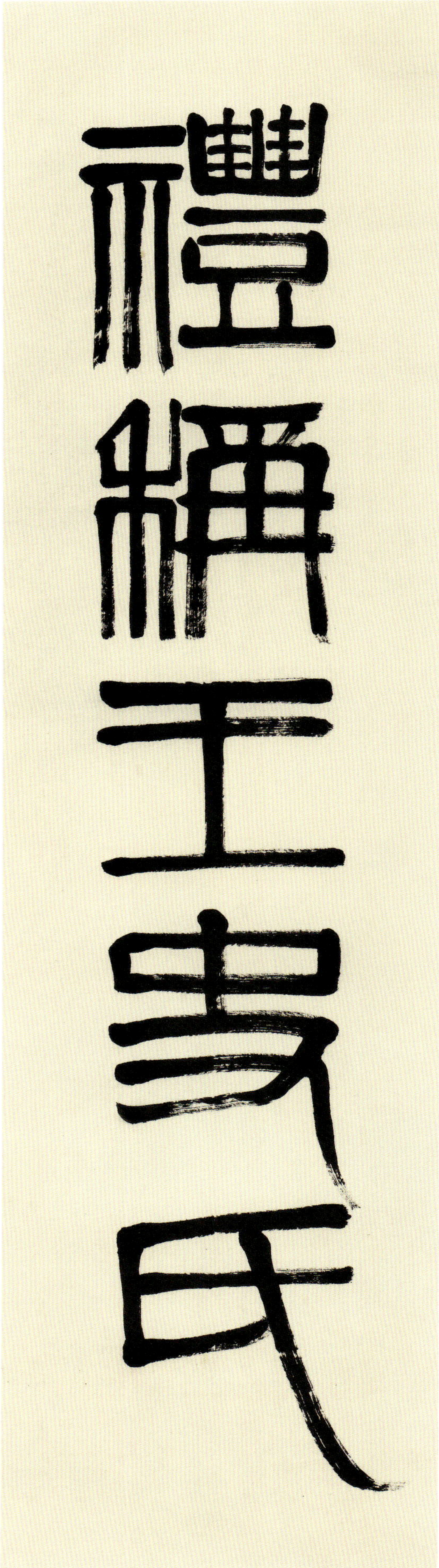

现代
齐白石（1864～1957）
竹鸡啄蝶图
1948年
纸本 137×35厘米

现代
齐白石（1864～1957）
篆书 礼称·治纪五言联
1950年
纸本 157×43厘米×2

现代
齐白石（1864～1957）
松鹰图
纸本 180×39厘米
题跋 韩天衡

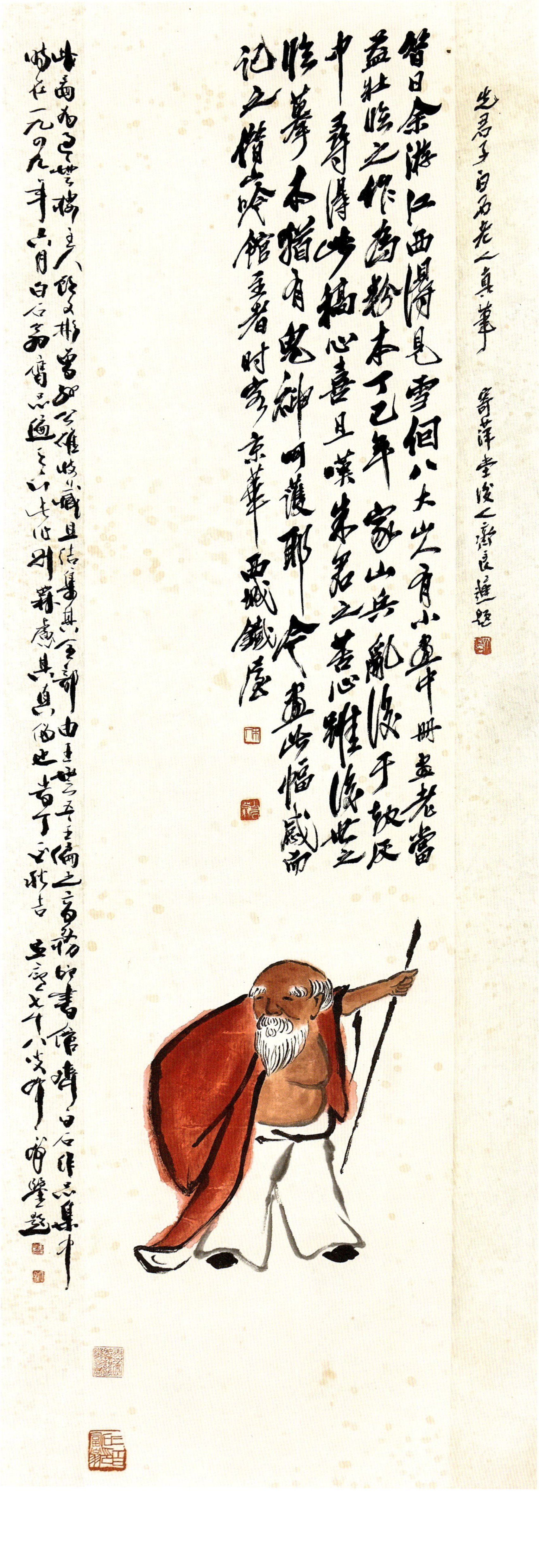

现代
齐白石（1864～1957）
老当益壮图
纸本　137×34厘米
题跋　齐良迟、韩天衡

现代
齐白石（1864 ~ 1957）
草虫团扇
绢本 高26厘米

现代

黄宾虹（1865～1955）

古艳图

纸本 43×35厘米

题跋 王个簃

淺瀨平沙三兩家門前
清影樹交加凌霜绀
有丹黄葉不是爭妍
二月花
辛卯賓虹
年八十八

现代
黄宾虹（1865～1955）
平沙清影图
1951年
纸本 105×41厘米
题跋 韩天衡

现代
黄宾虹（1865 ~ 1955）
高岭图
1953年
纸本 112×63厘米
题跋 钟天铎

现代
沈尹默（1883～1971）
行书 录题画诗扇面
纸本 19.2×48.5厘米

现代
林徽因（1904～1955）
楷书 恽寿平绝句十首扇面
1928年
洒金笺 23×51.1厘米

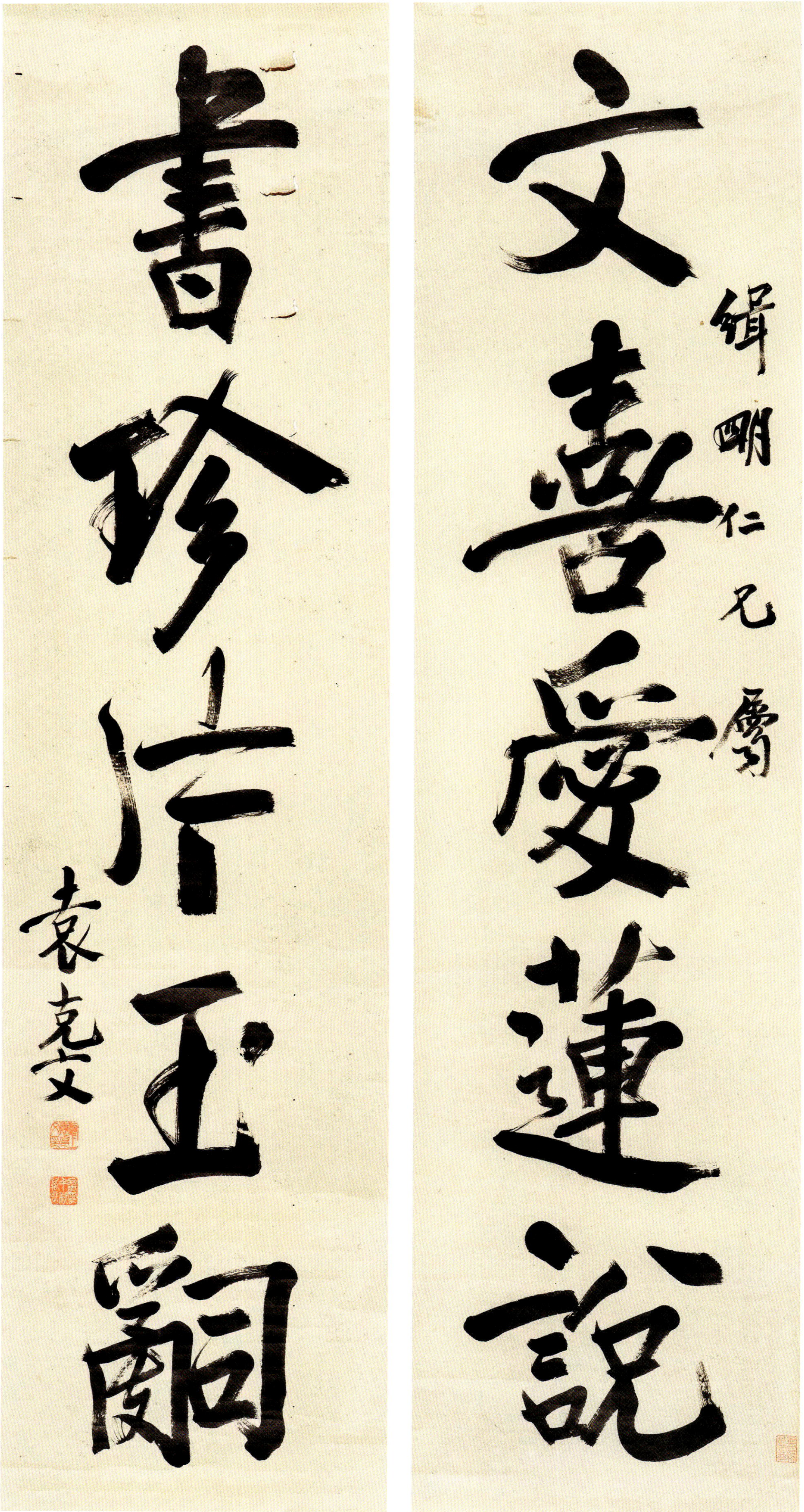
文喜愛蓮說
緝明仁兄屬
書珍片玉圖
袁克文

近代
袁克文（1890～1931）
行书 文喜·书珍五言联
纸本 132×34厘米×2

芥藍隨地青幽人盈襜采九月
霜氣寒根葉終不改
芥藍北方謂之擘藍葉可擘而食之故名
九月劚根葉味勝於蘿菔南地見此賦詩
寫之己亥秋西山逸士溥儒記

现代
溥心畬（1896～1963）
芥蓝图
纸本 52×30.5厘米

现代
潘天寿（1897～1971）
腴松荒屋图
纸本 65×39厘米

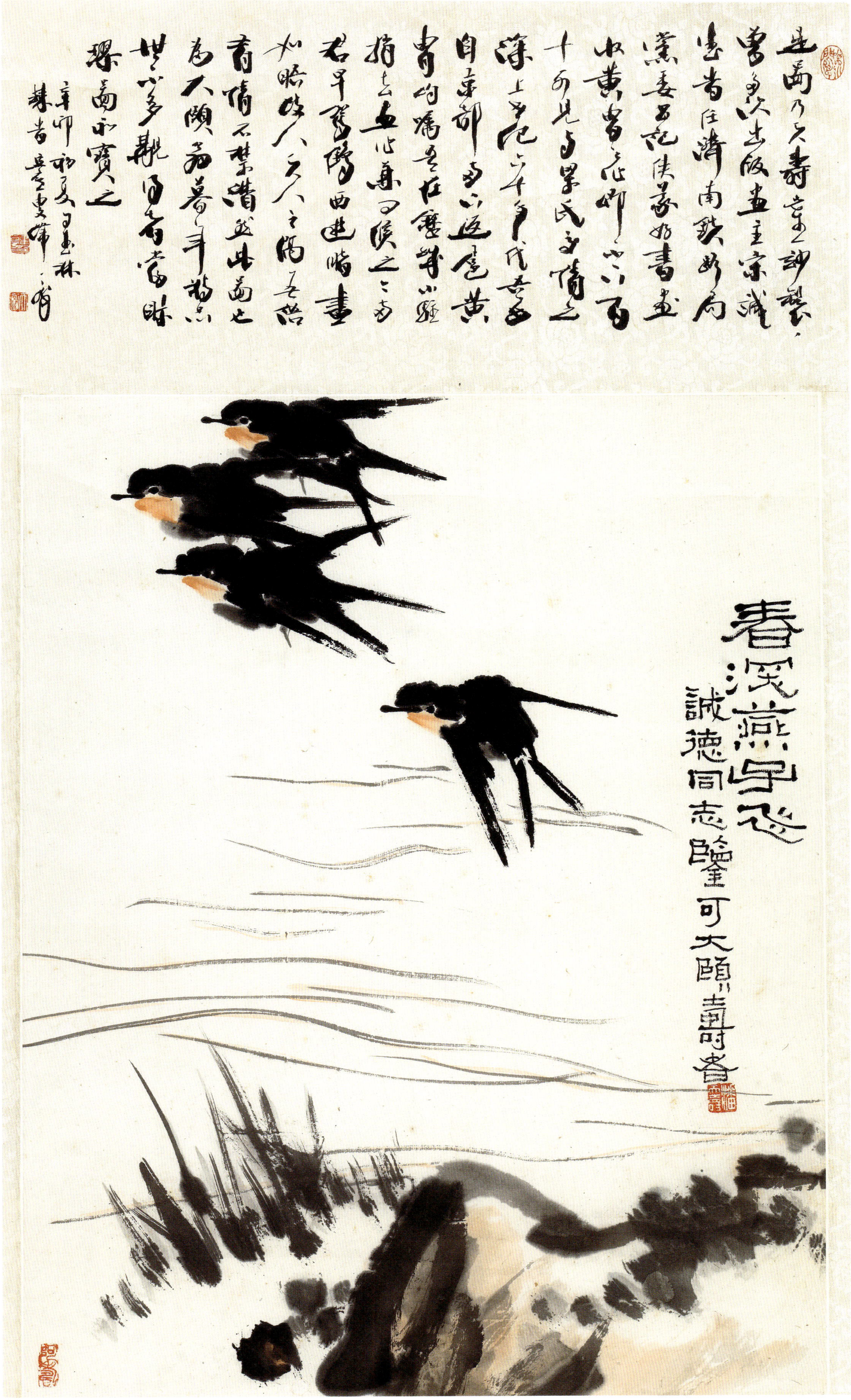
春溪燕子飛
誠德同志鑒可
大頤壽者

现代

潘天寿（1897～1971）

春燕图

纸本 102×52厘米

题跋 韩天衡

烟江叠嶂

烟江叠嶂图

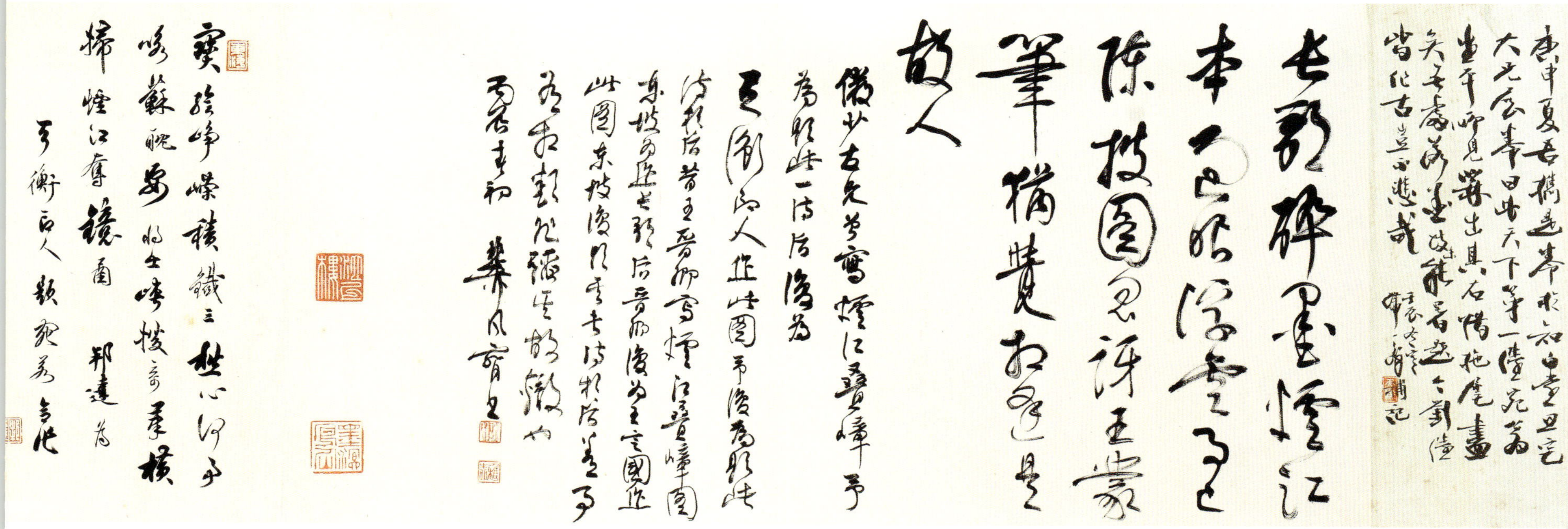

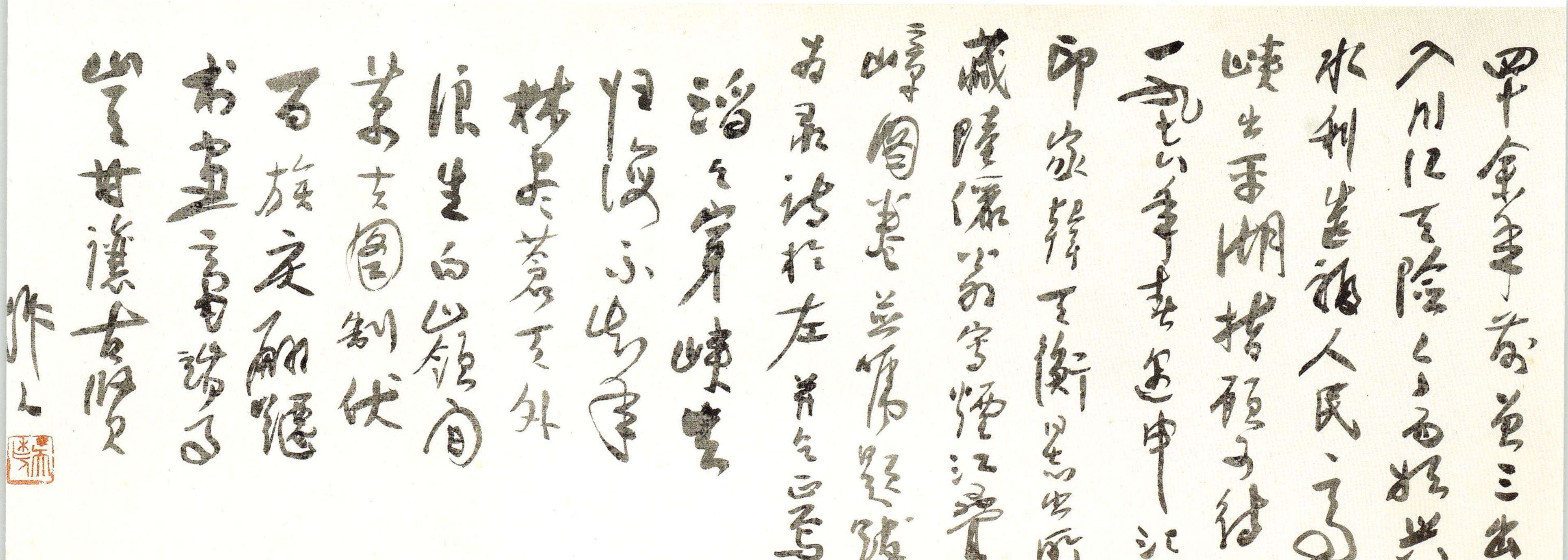

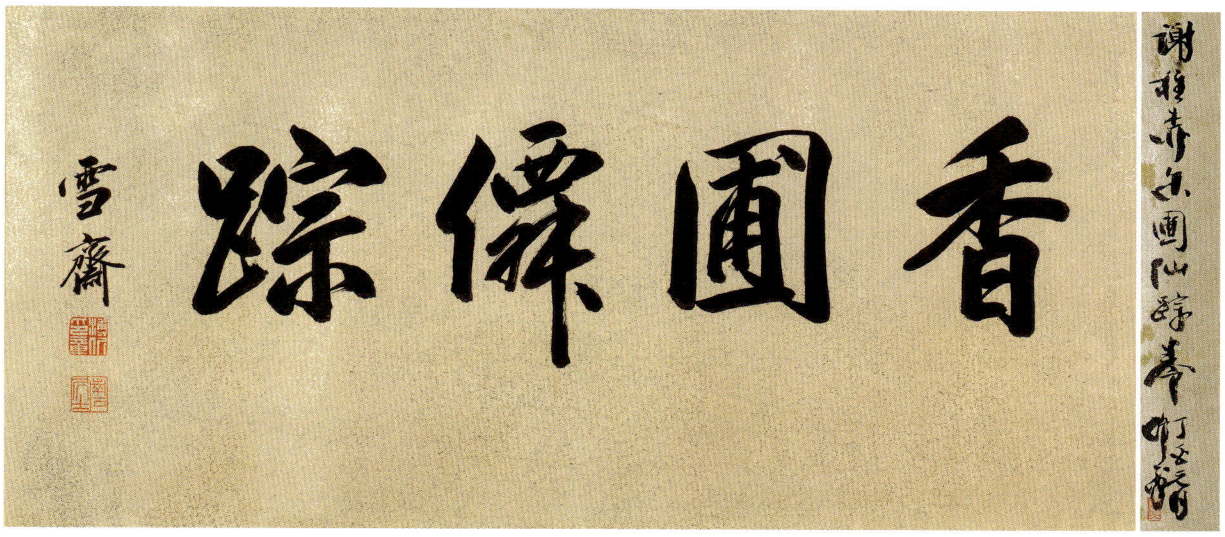
香圃僊踪
雪齋

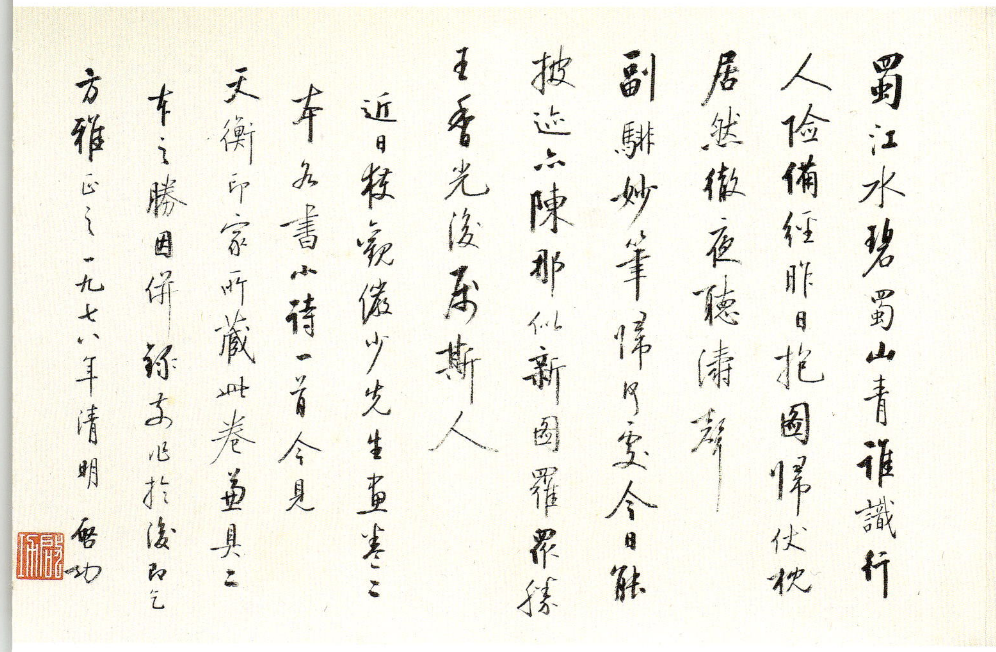

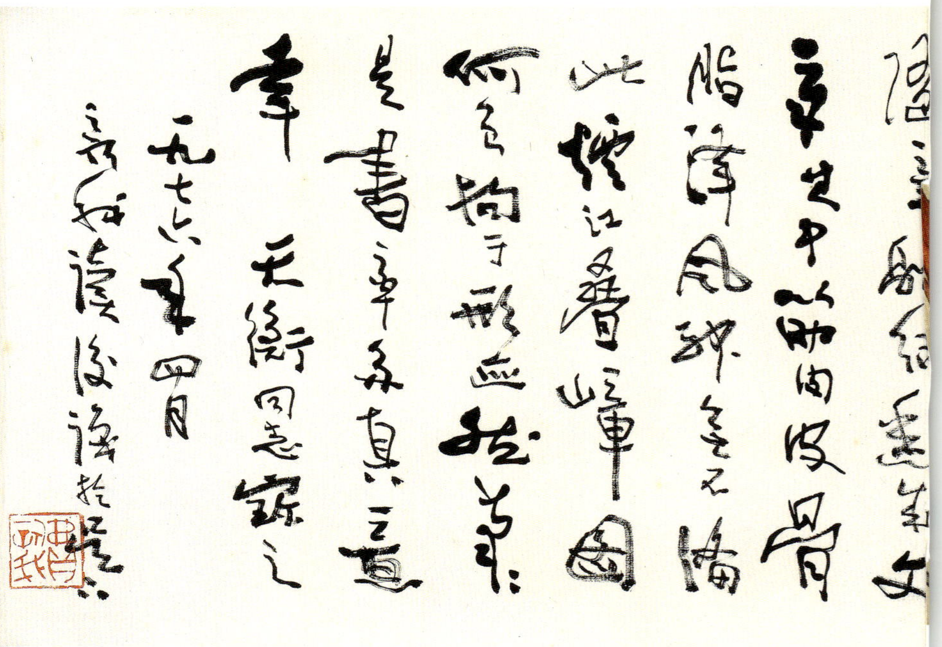

现代

陆俨少（1909～1993）

烟江叠嶂图卷

纸本 250×30厘米

引首 程十发

题跋 韩天衡、谢稚柳、徐邦达

苏渊雷、张辛稼、启 功

费新我、吴作人、方济众

陆维钊、林散之

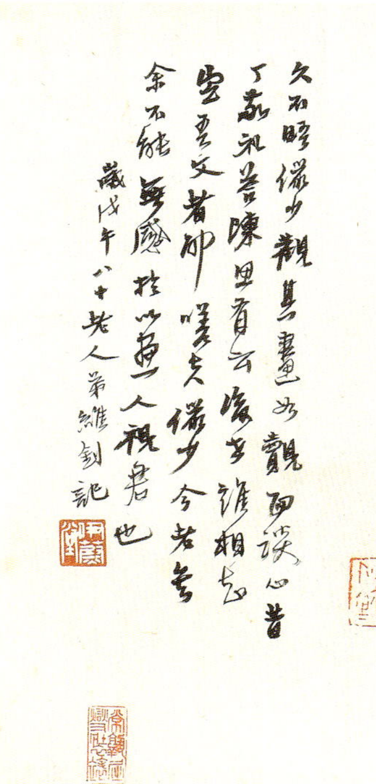

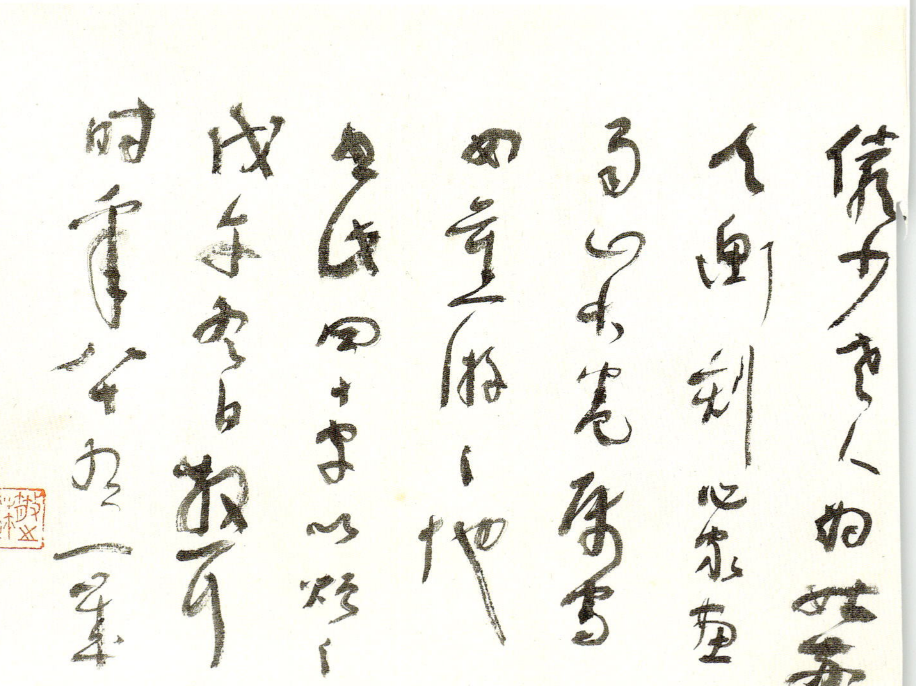

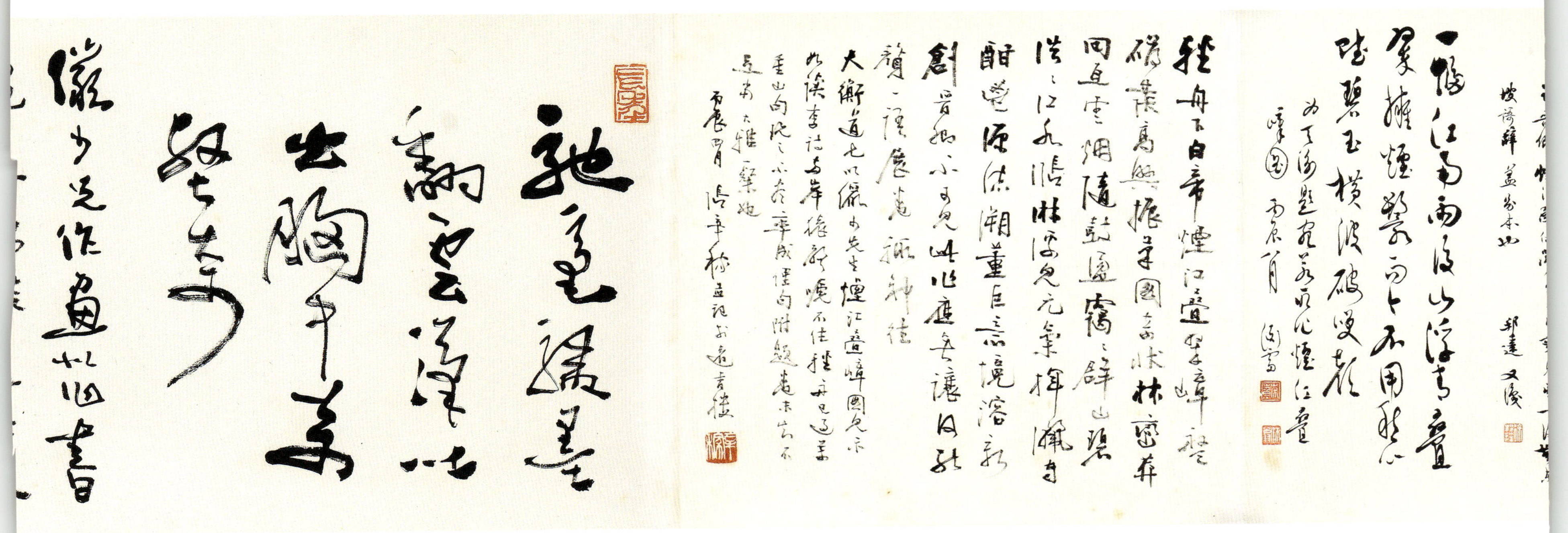

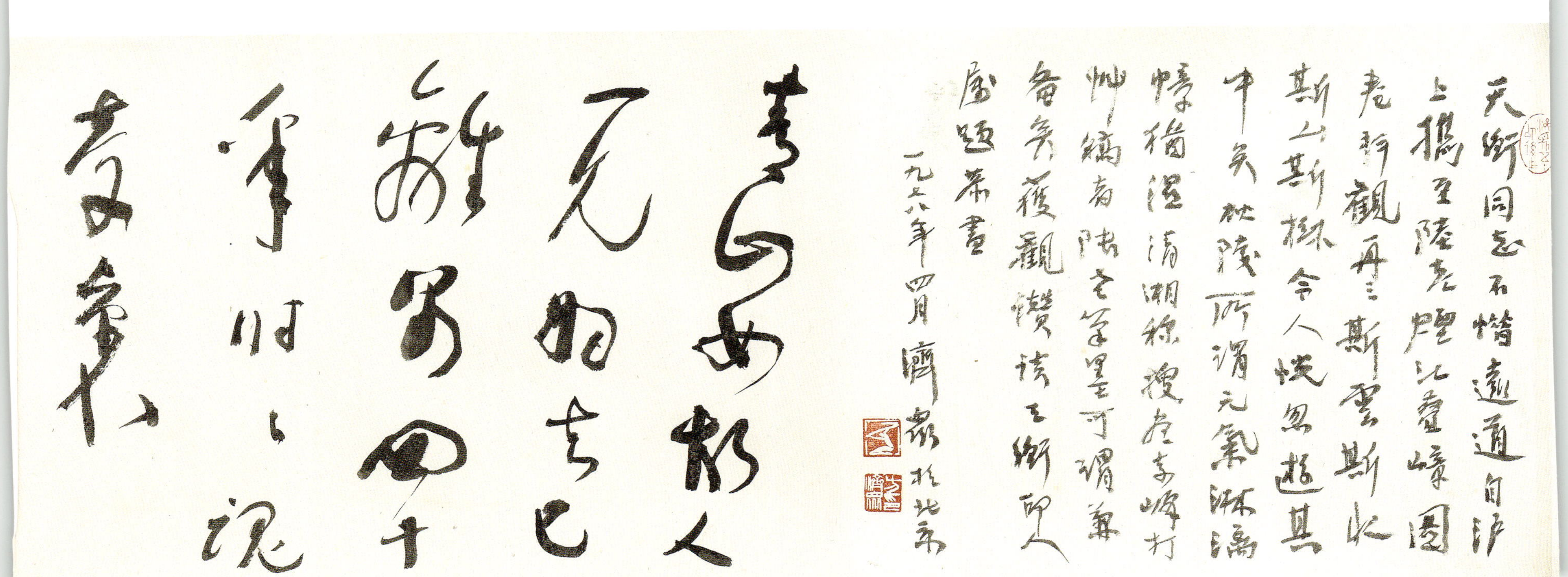
一九七八年四月

现代

谢稚柳（1910～1997）

香圃仙踪卷

绢本 267×27厘米

引首 溥雪斋

题跋 韩天衡

乙酉暮春寫

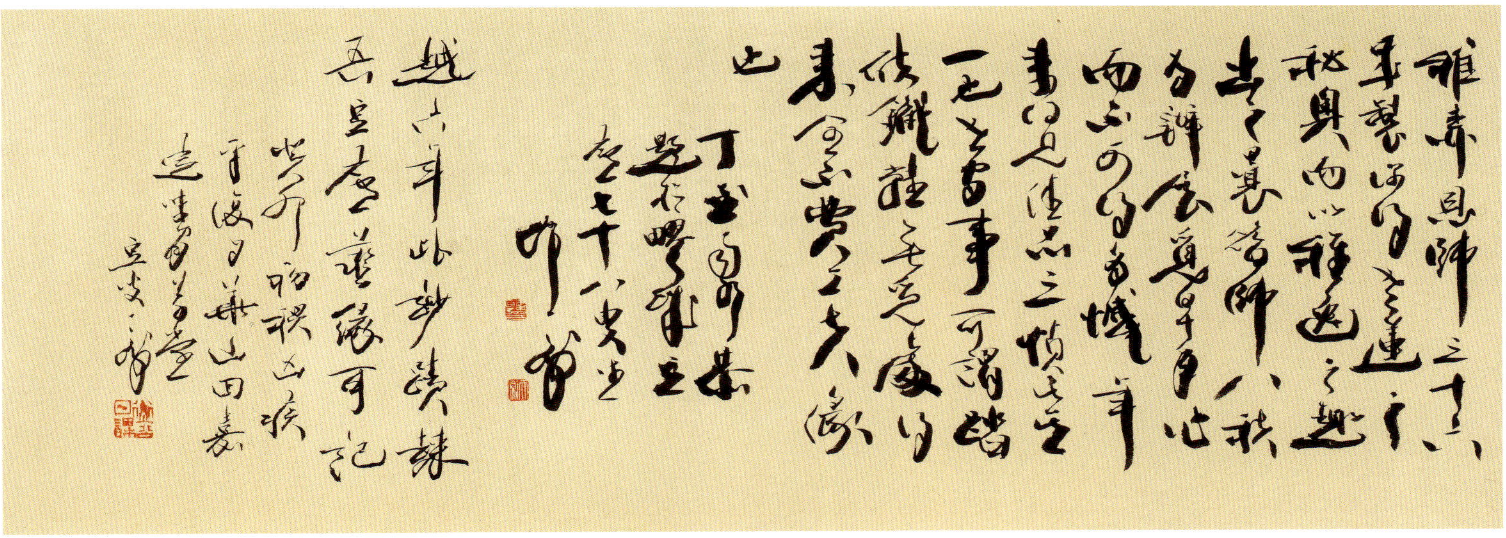

明

明黄色描金团龙蜡笺

纸　64×218厘米

清 康熙

朱砂红金银绘博古图绢笺

绢 233×52.5厘米

上海韩天衡美术馆藏

清　乾隆

胡宝泉（1694～1763）呈进龙花宣（局部）

纸　168×86厘米

清　乾隆
麹尘绿洒银蜡笺
纸　205×102.5厘米

清　乾隆
发笺
纸　108×74厘米

清　乾隆

仿澄心堂纸　缥碧绿描金银杂宝蜡笺

纸　158×87厘米

清 乾隆
描金银百花百福珊瑚红绢
绢 129×77厘米

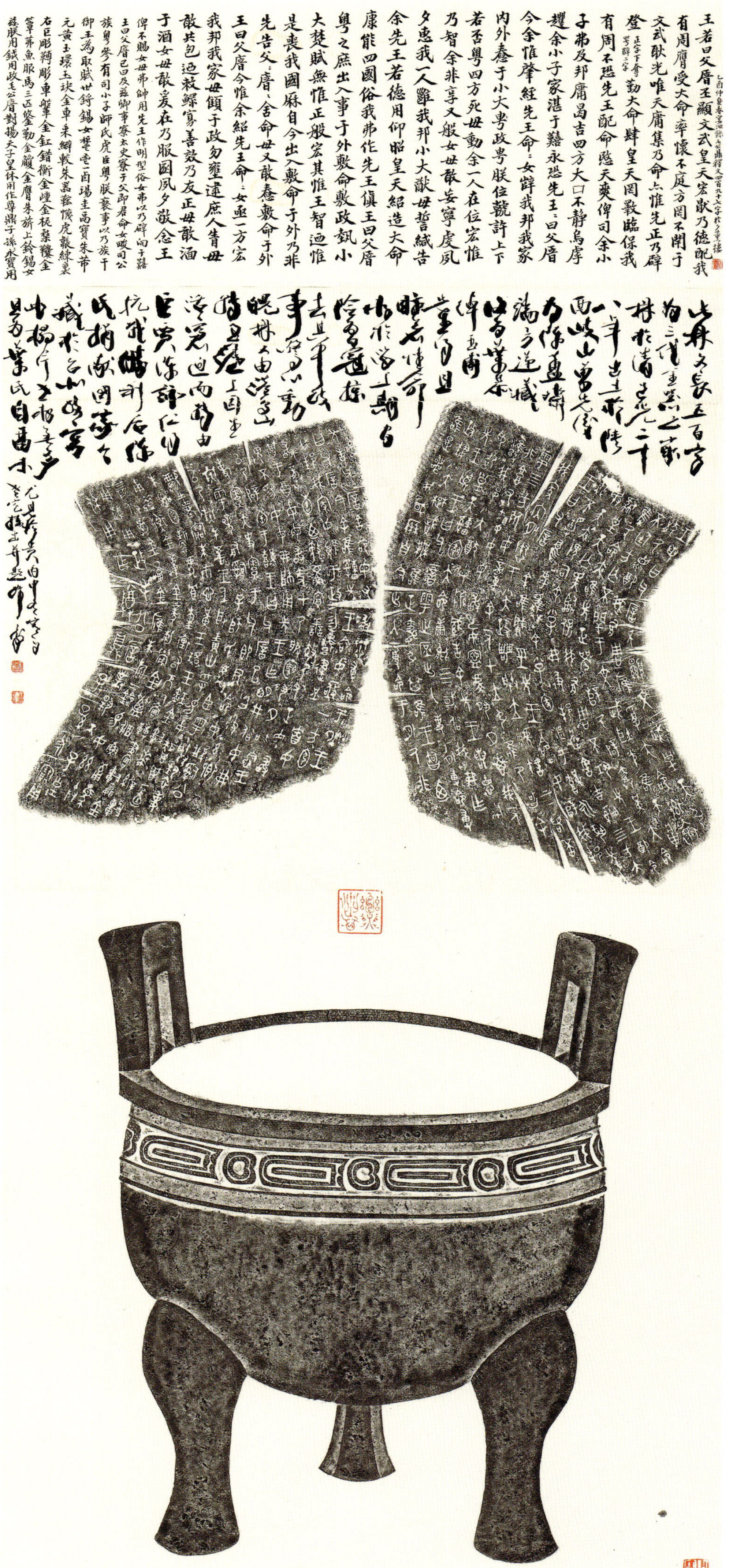

西周

毛公鼎清全形拓

纸本 161×67厘米

叶恭绰藏

题跋 凌宴池、韩天衡

西周

《虢季子白盘铭》清拓片

纸本 62×44厘米

题跋 韩天衡

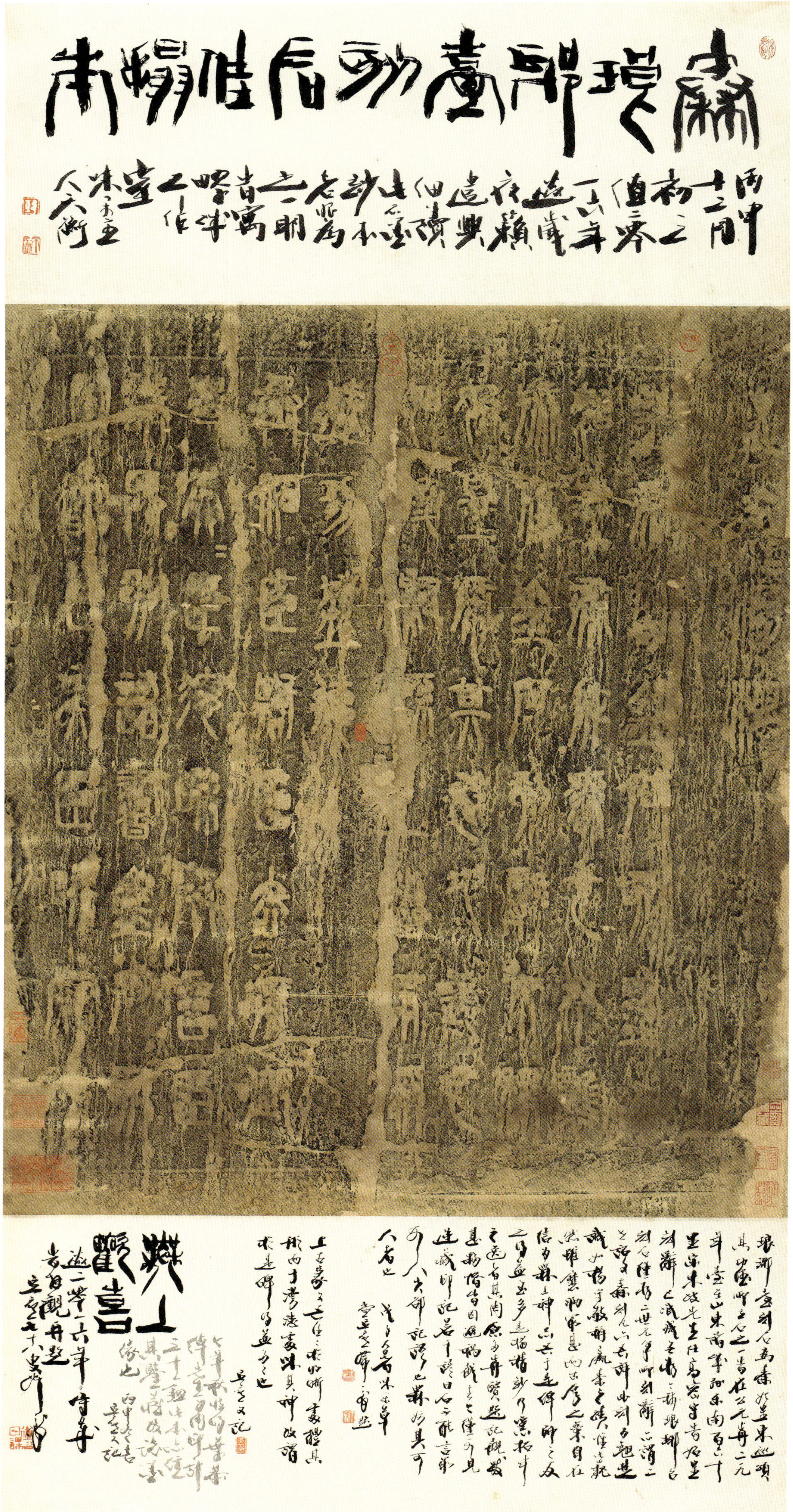

秦

《琅琊台刻石》清拓本

纸本 131×68厘米

题跋 韩天衡

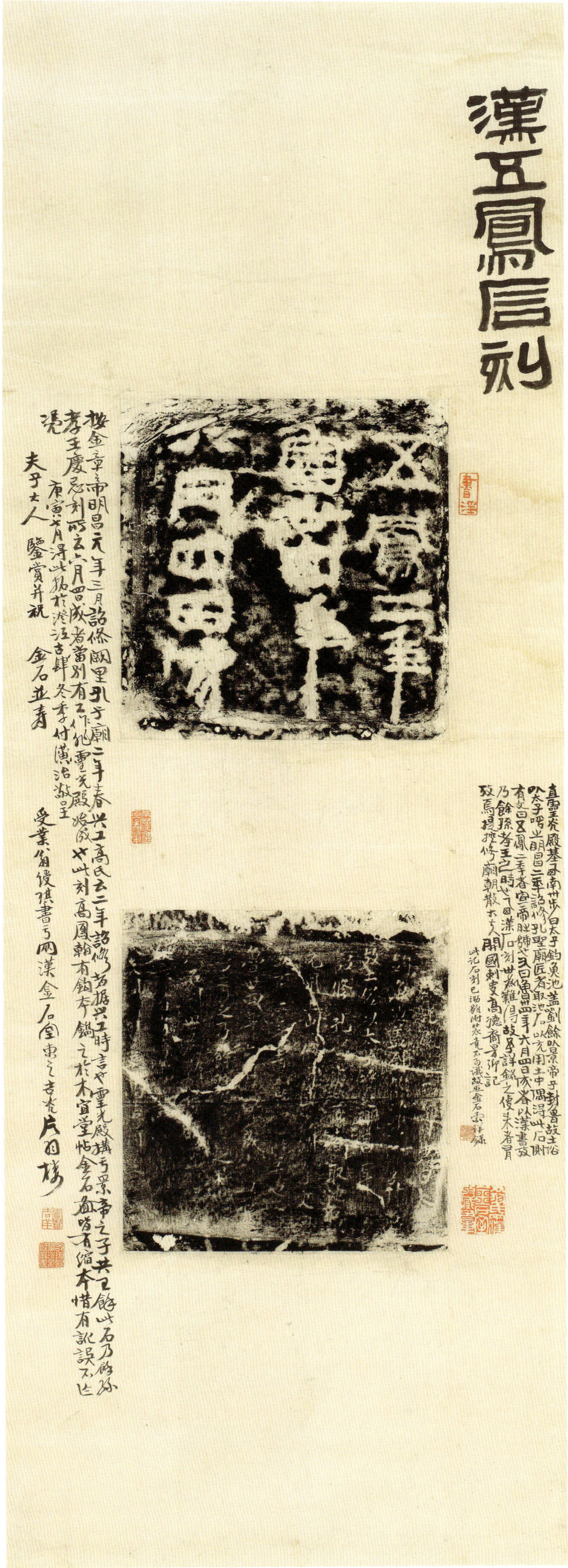

汉

《五凤石刻》清拓本

纸本 123×44厘米

题跋 高德裔、翁绶祺

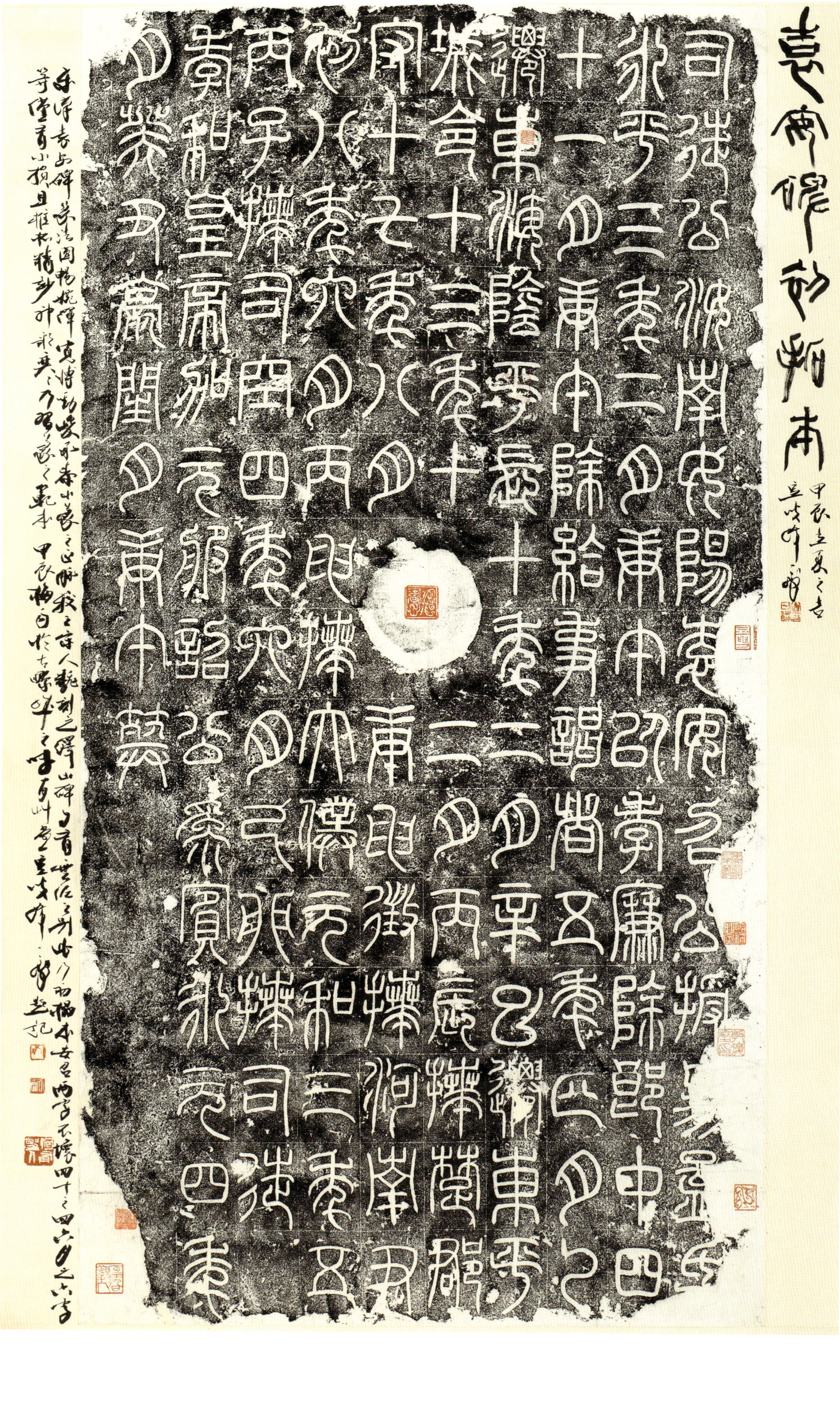

汉

《袁安碑》清拓片

纸本 140×72厘米

题跋 韩天衡

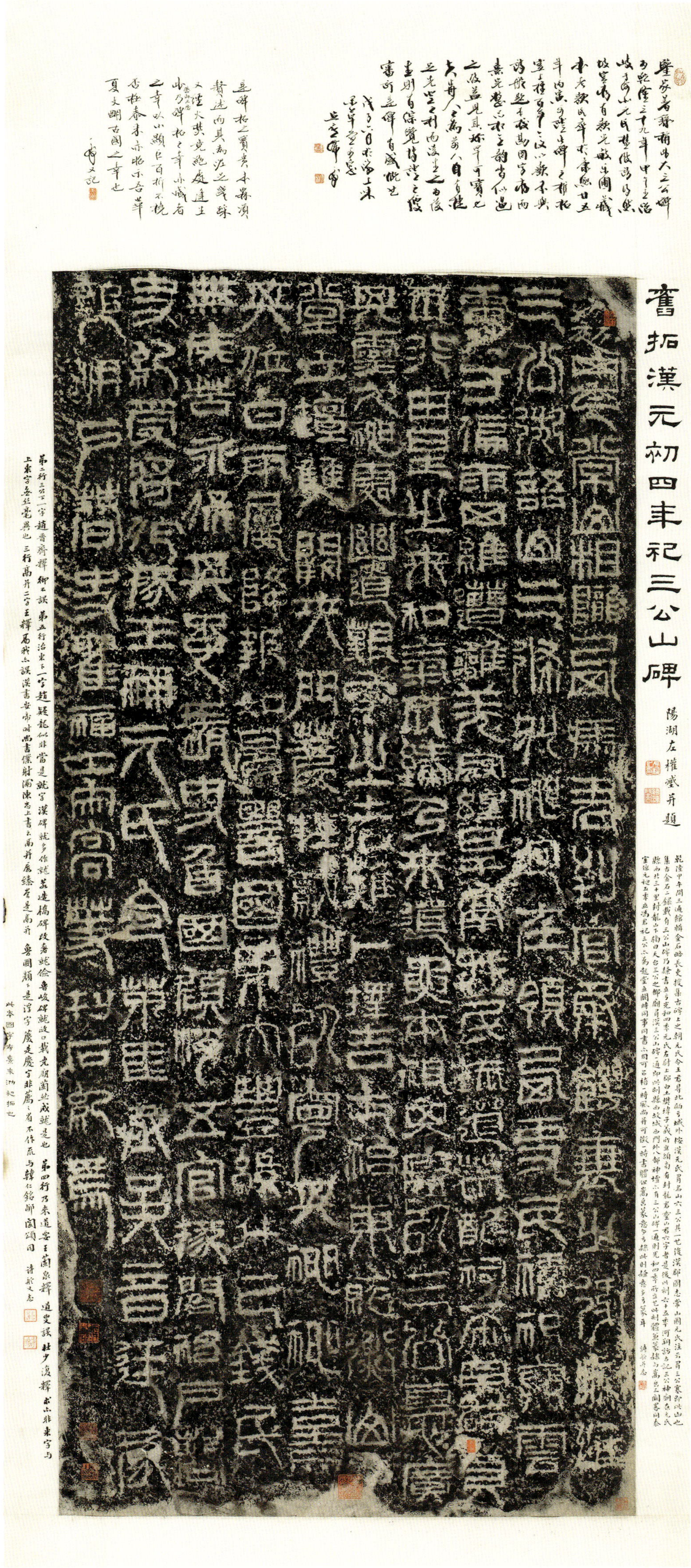

汉

《祀三公山碑》清拓本

纸本 146×67厘米

题跋 左权、韩天衡

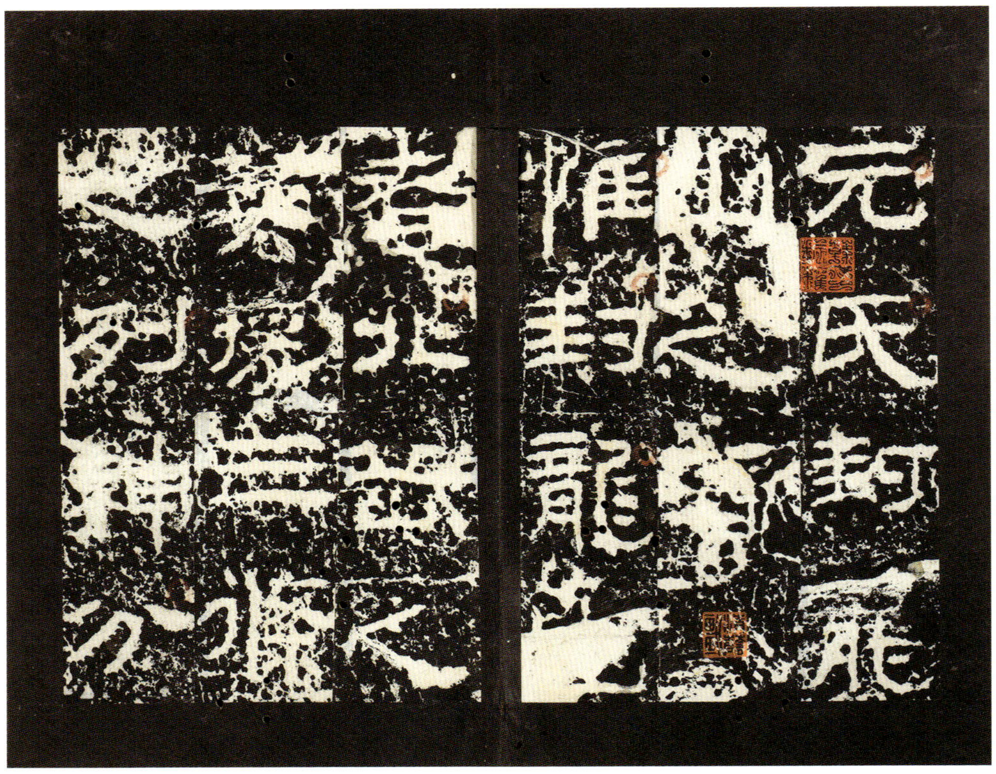

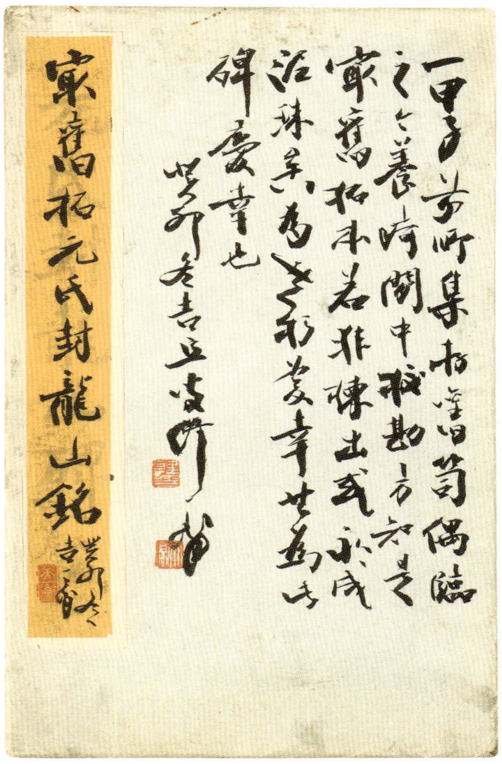

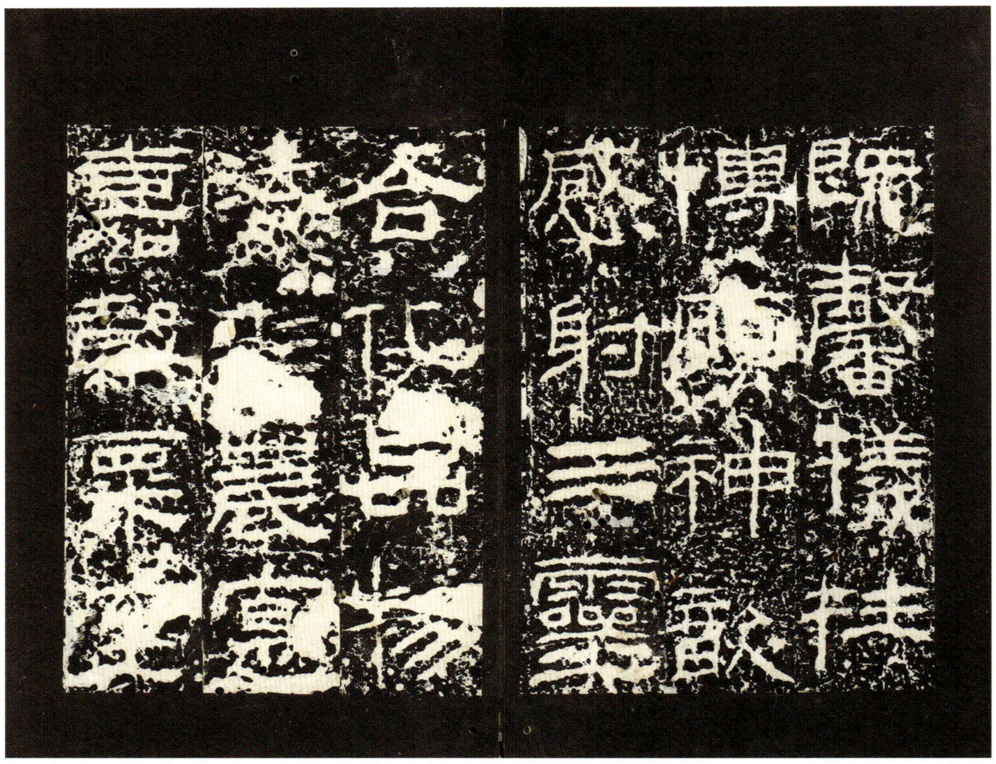

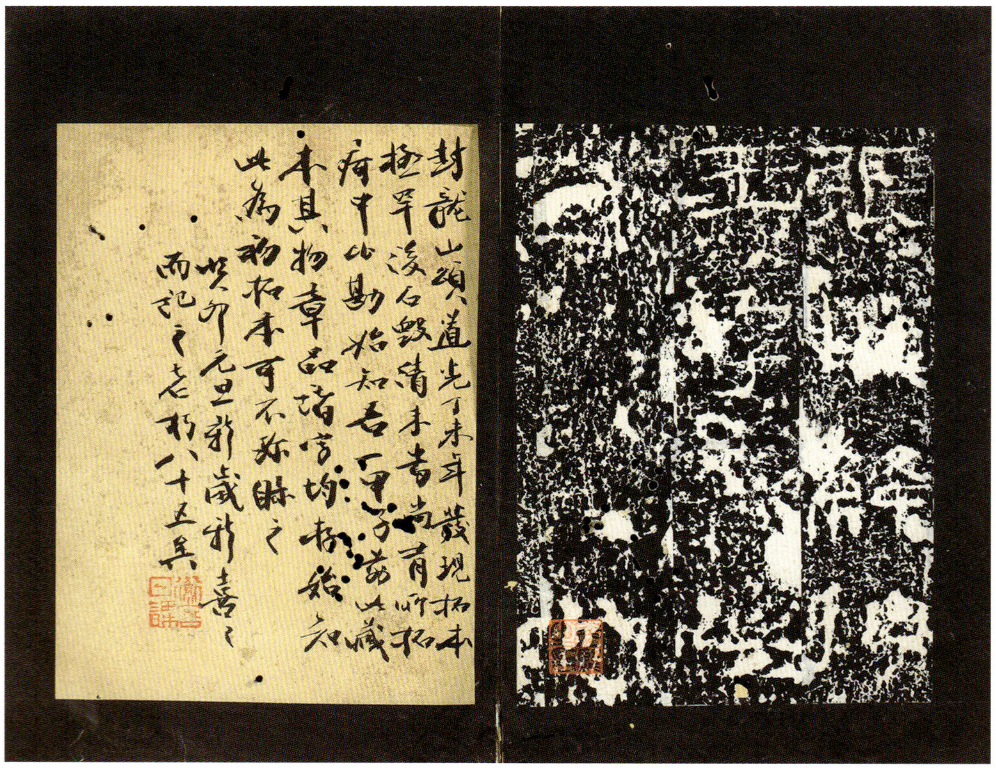

汉

《元氏封龙山颂》清拓本（局部）

纸本 23×16.5厘米×27开

题跋 韩天衡

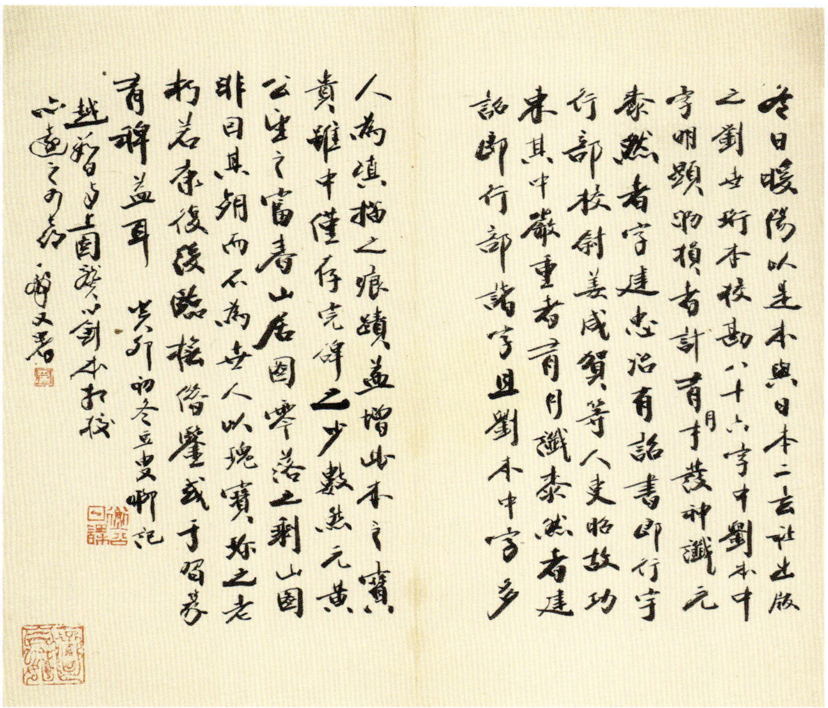

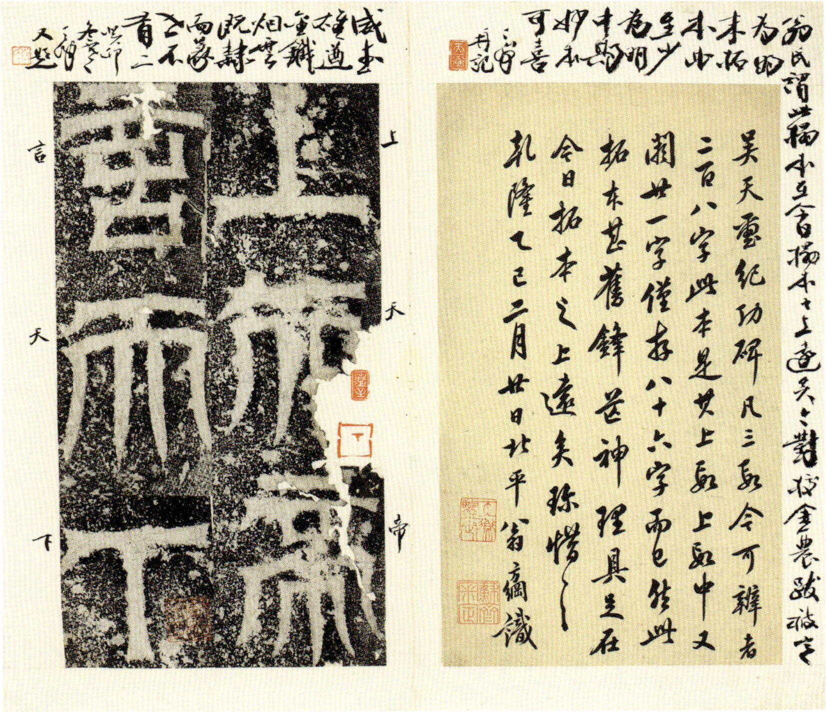

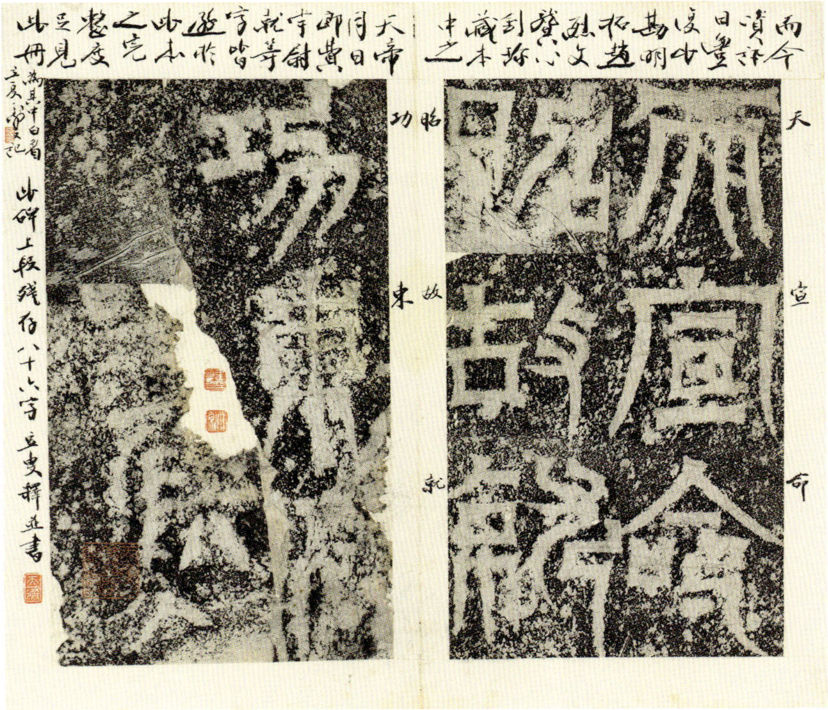

三国
《吴天发神谶碑》明拓本（局部）
纸本 30×17厘米 ×15开
题跋 翁方纲、韩天衡跋

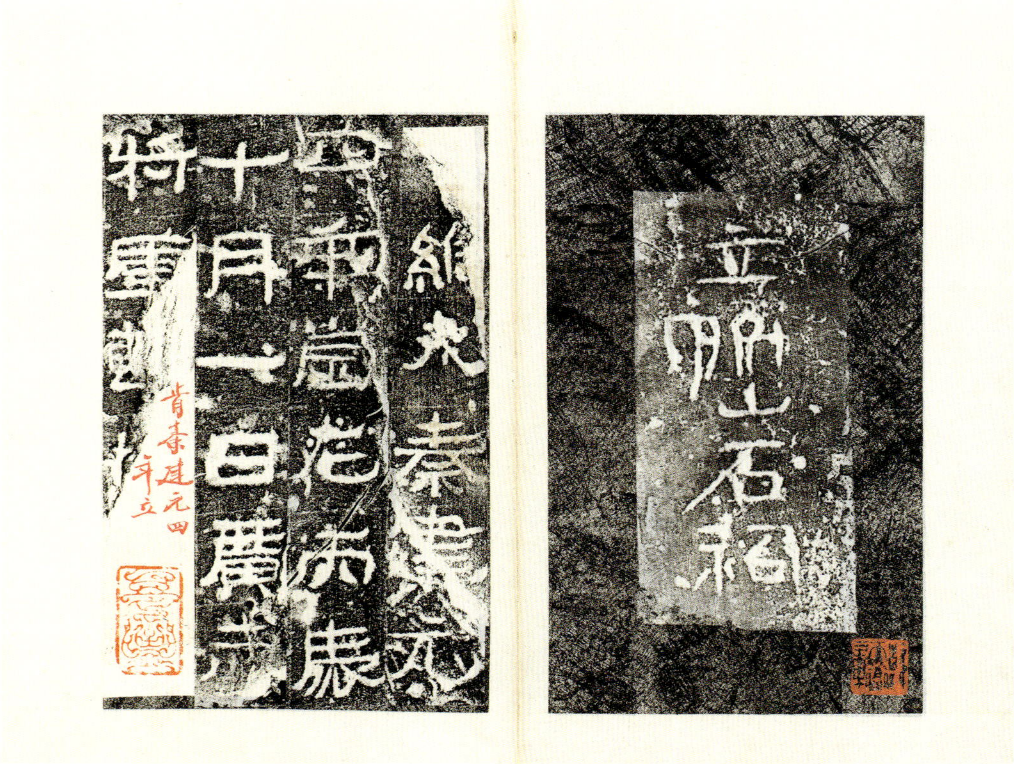

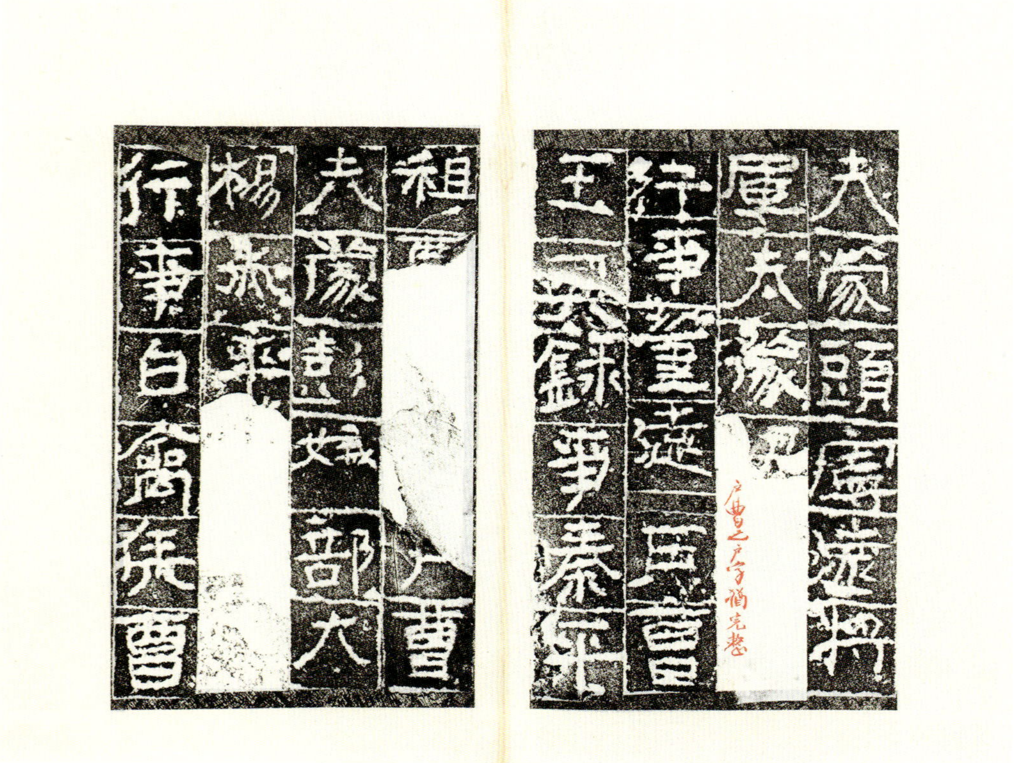

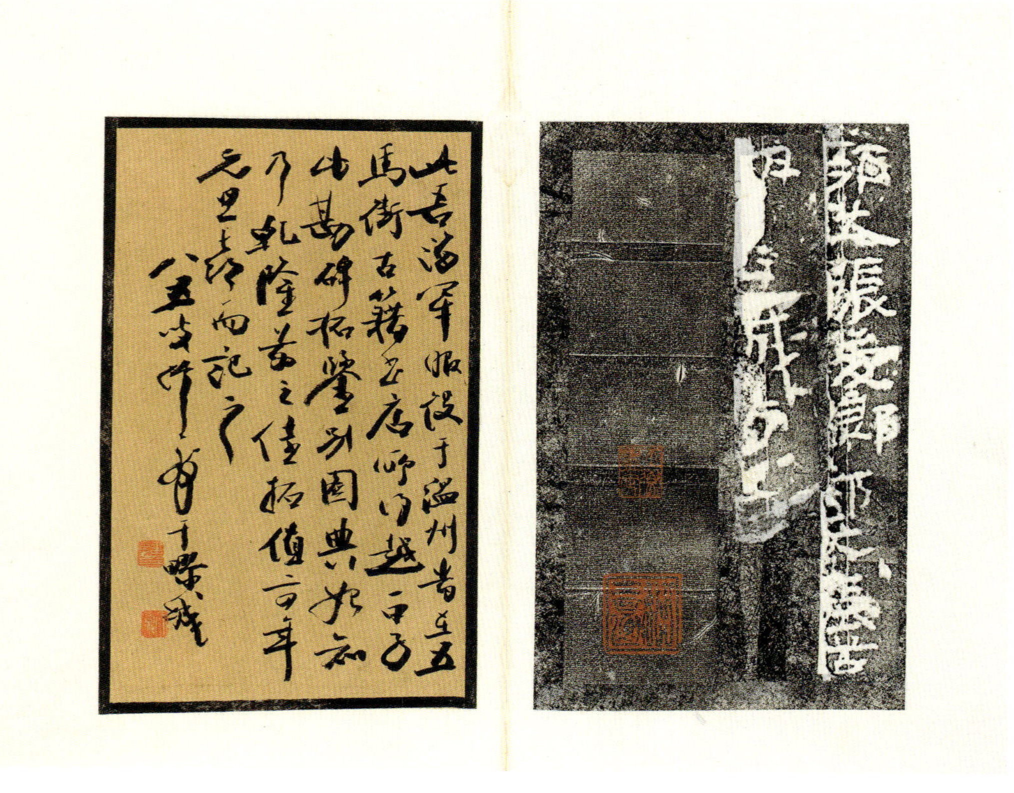

前秦

《广武将军碑》清拓本（局部）

纸本 25.5×16厘米 ×51开

乾隆前拓本

题跋 韩天衡

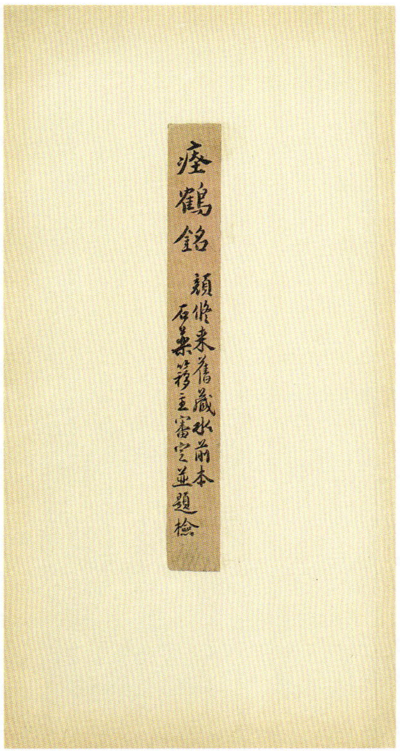
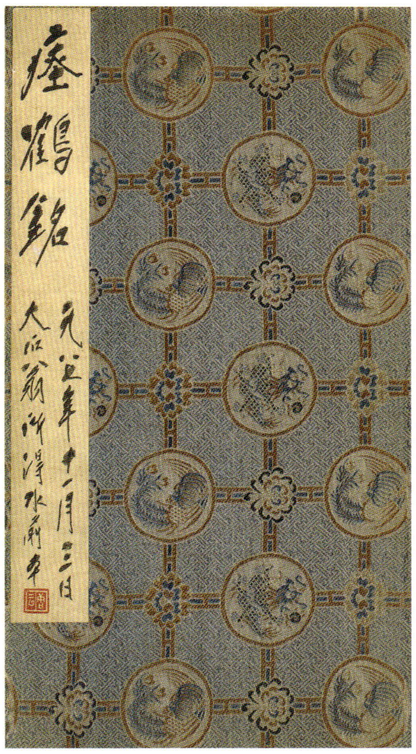

南朝

《瘗鹤铭》水前拓本（局部）

纸本 27×14厘米 ×43开

题签 唐云

题跋 秦更年、韩天衡

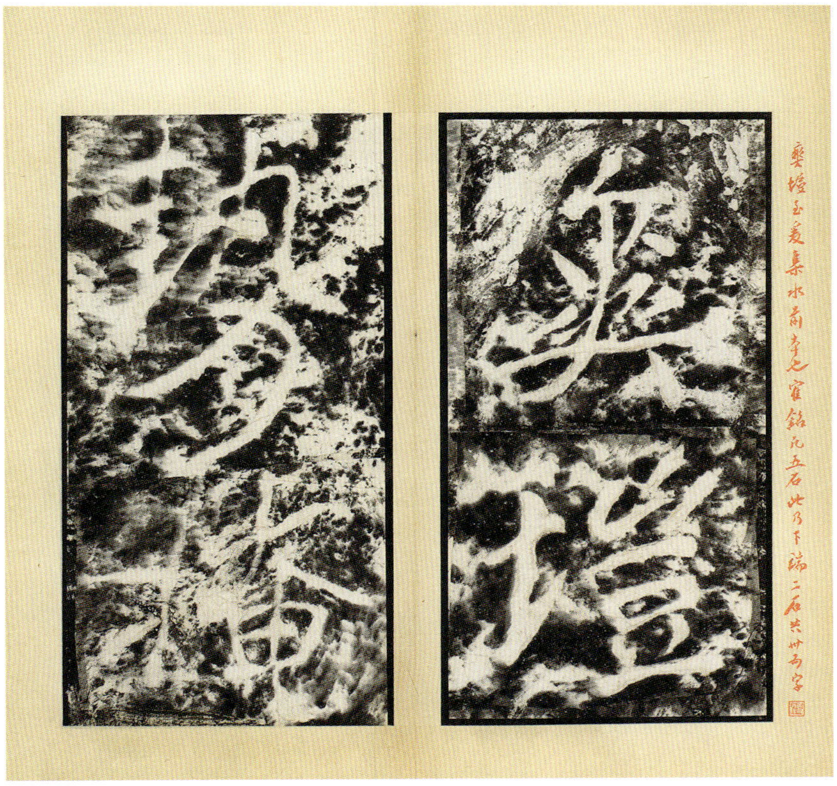
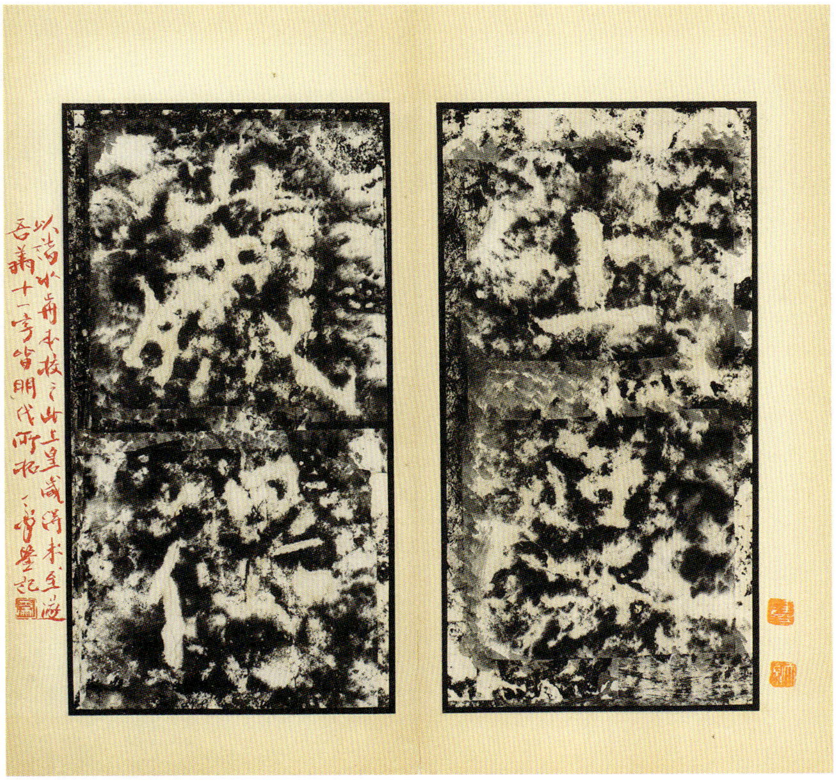
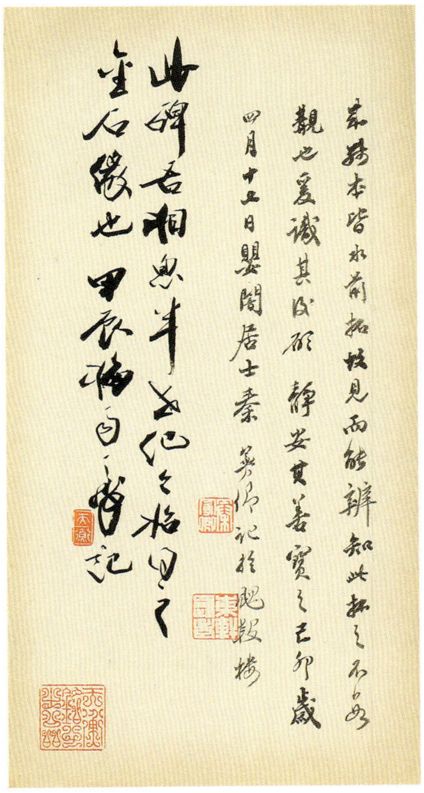
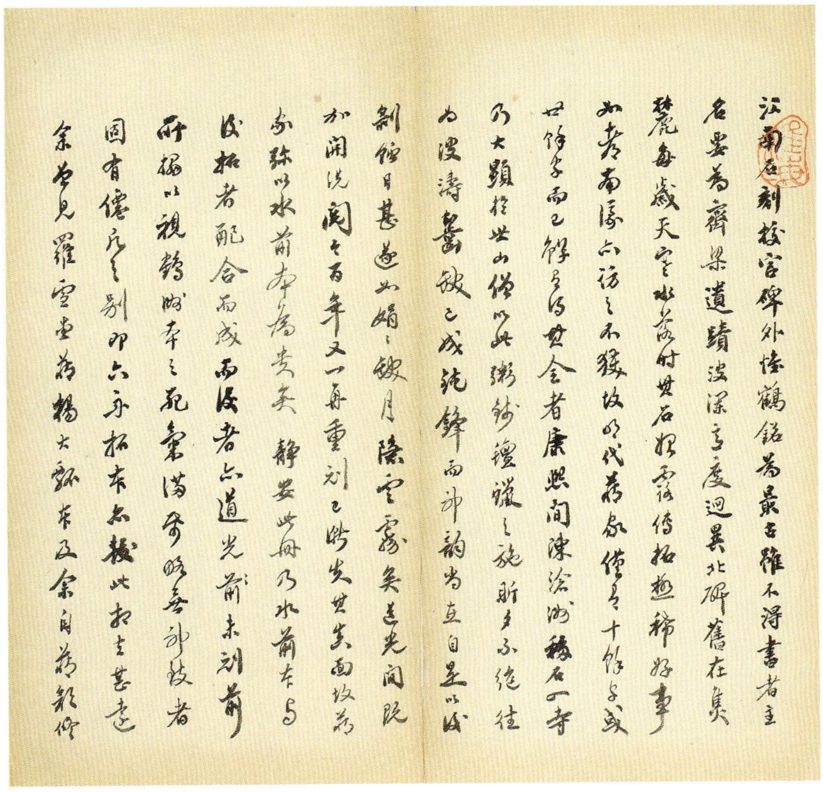
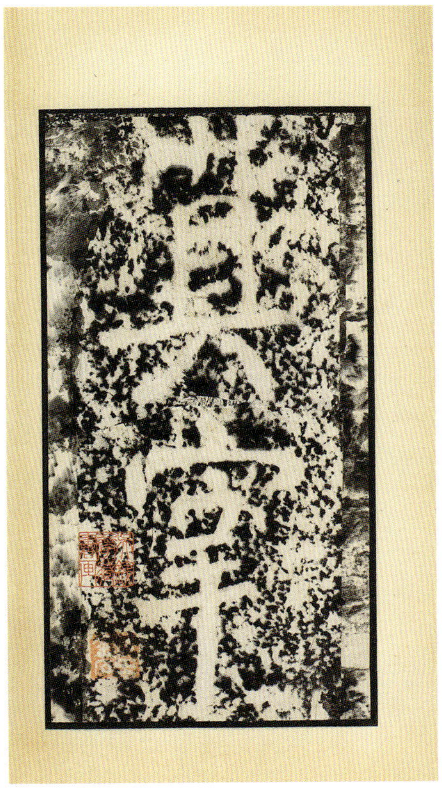

北魏

《曹望憘造像记》清拓本

纸本 154×67厘米

题跋 褚德彝、凌宴池、韩天衡

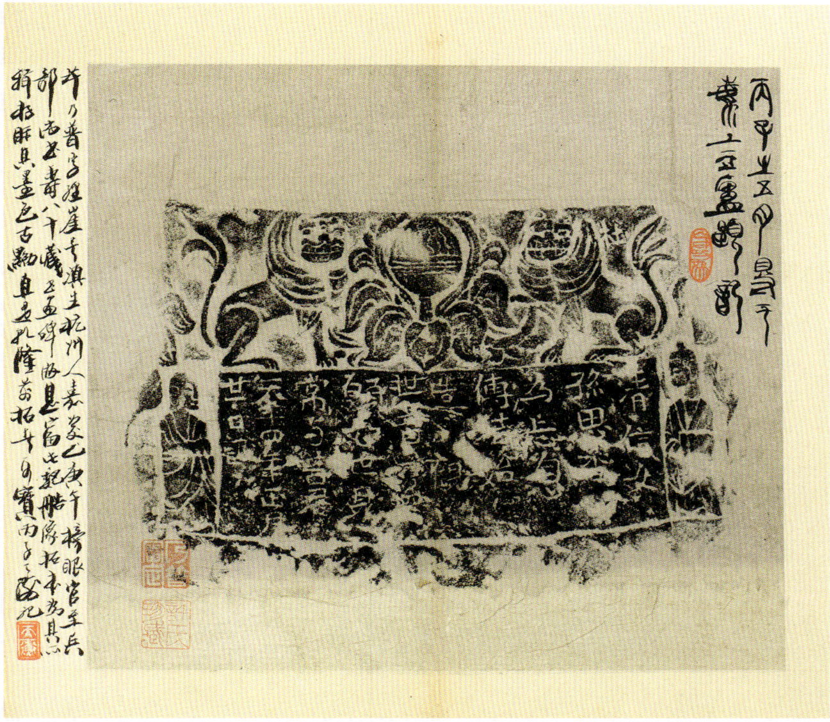

北魏
造像清拓本（局部）
纸本 28×24.5厘米 ×24开
许乃普旧藏

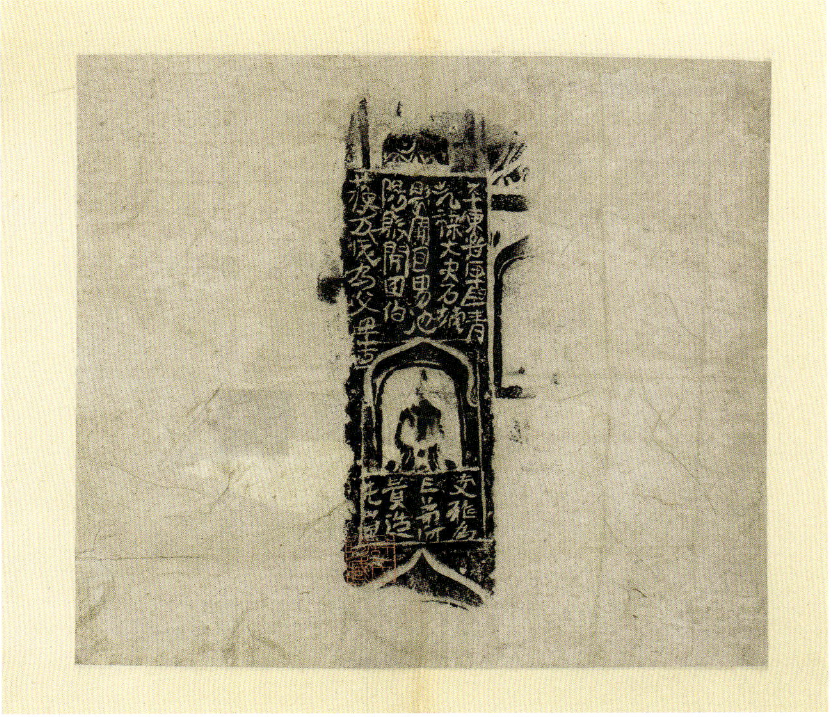

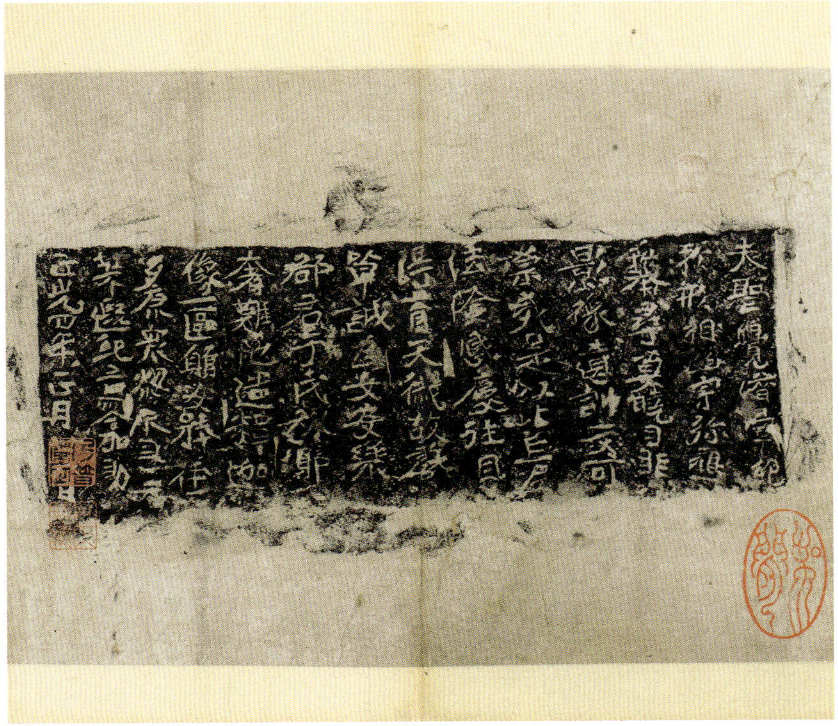

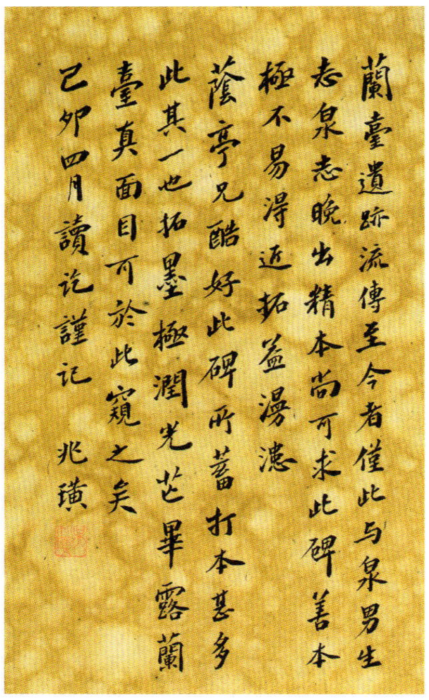

唐

欧阳通《道因法师碑》明拓本（局部）

纸本 24×14.5厘米×62开

题画 32.5×40厘米

题签 陆俨少、潘伯鹰

题画 陆俨少

题跋 吴兆璜、黄曾越

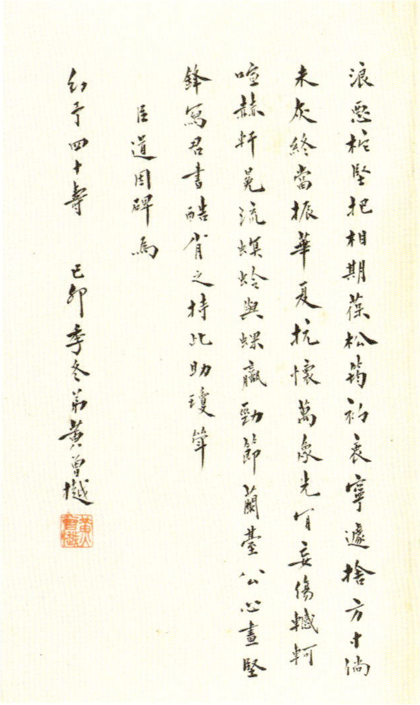
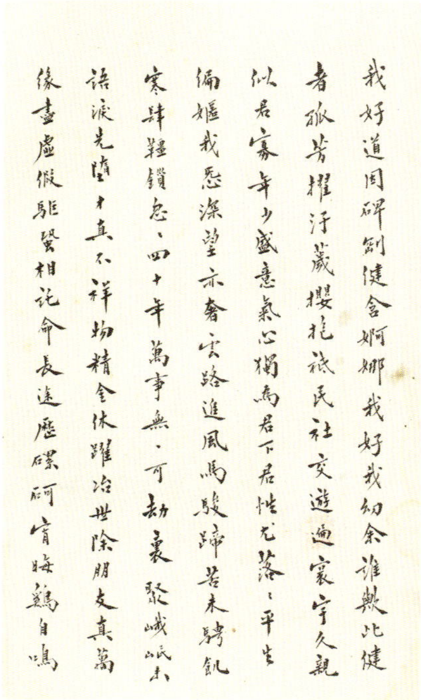
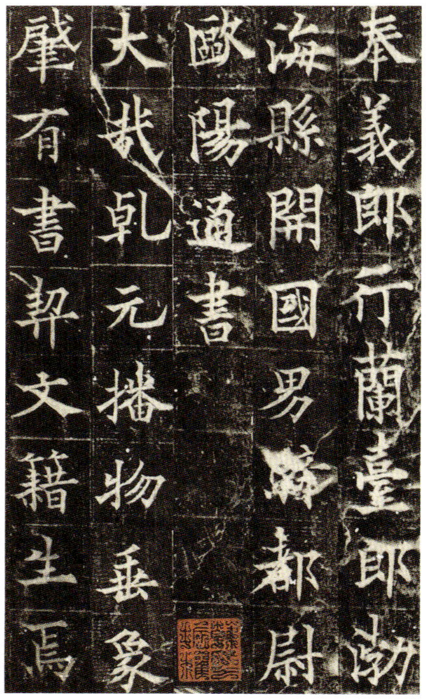
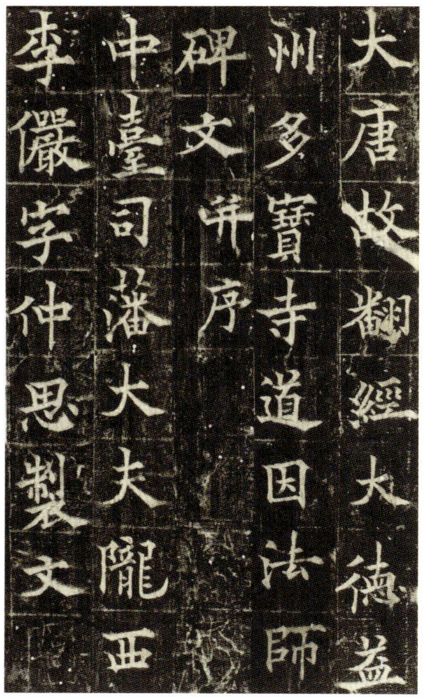

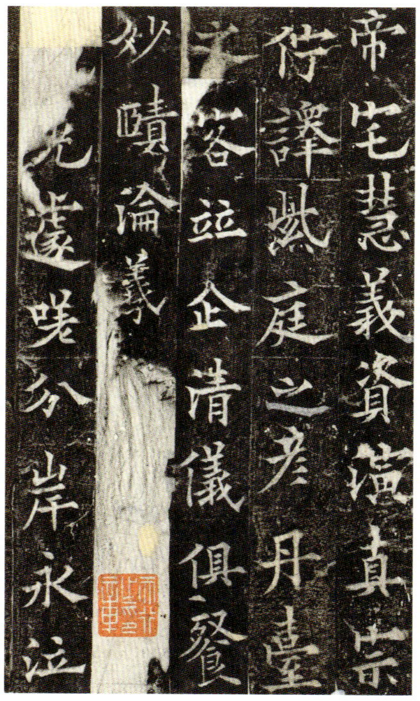
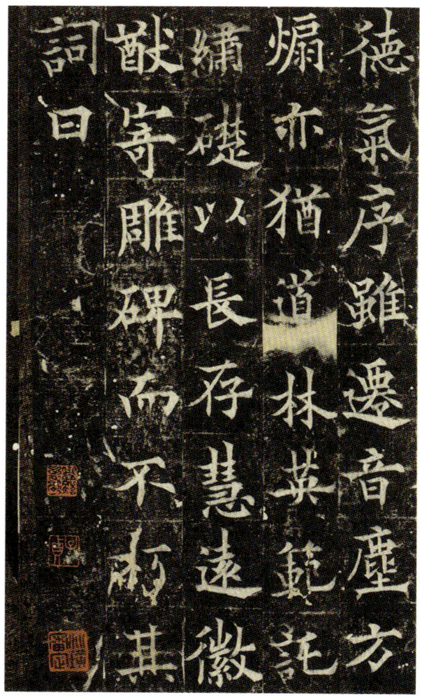

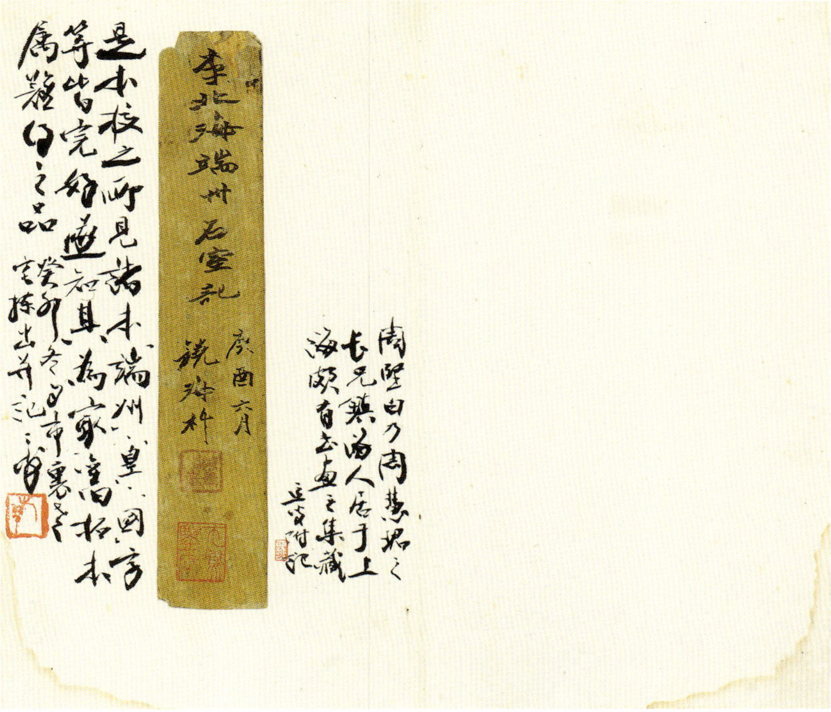

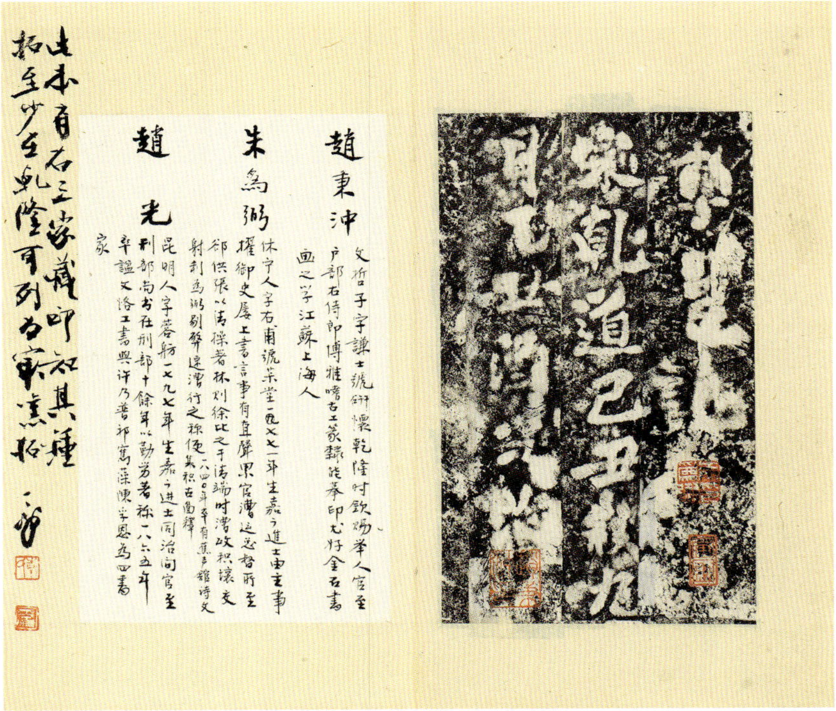

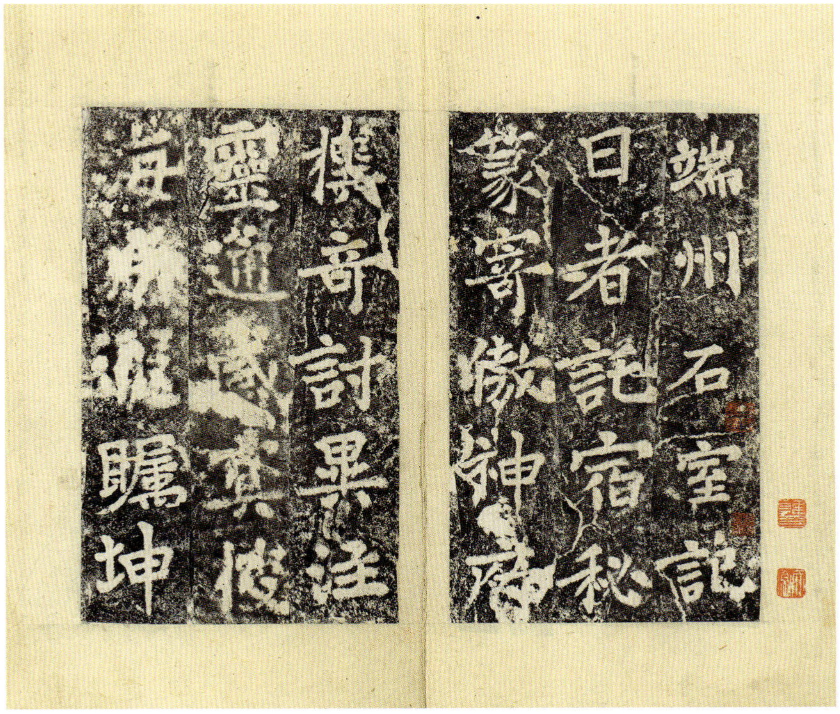

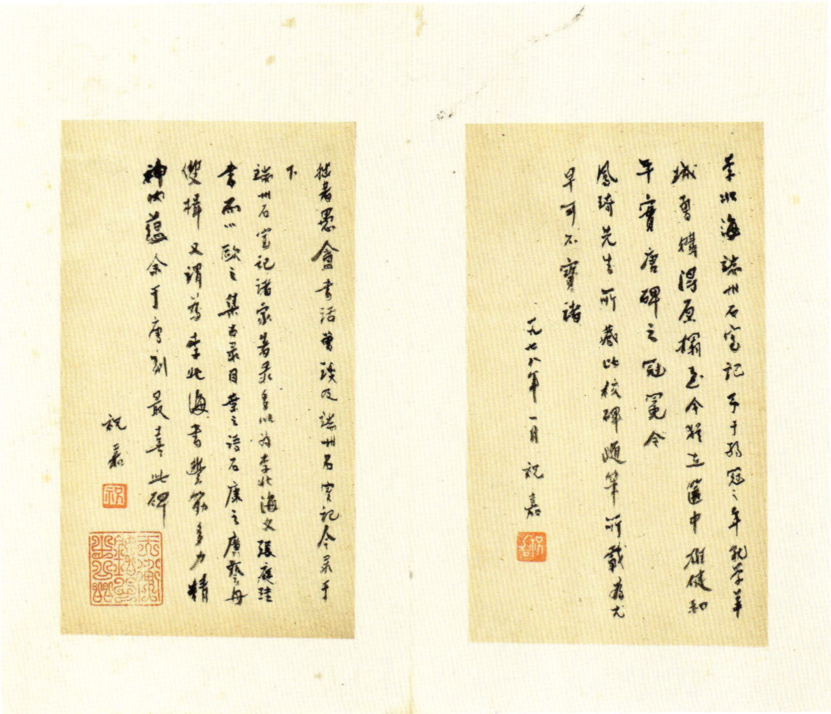

唐

李邕《端州石室记》清拓本（局部）

纸本 20×12厘米×23开

题签 周坚白

赵秉冲、朱为弼、赵光旧藏

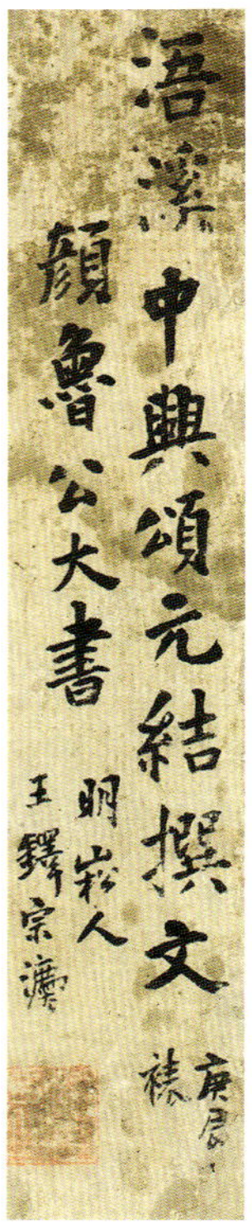

唐

颜真卿书《大唐中兴颂》明拓本（局部）

纸本 30.5×16.5厘米 ×42开 ×2

题签 王铎

题画 陆俨少

唐

《集王圣教序碑》之七佛像清拓本

纸本 26×14厘米 ×4开

题跋 伊秉绶、韩天衡

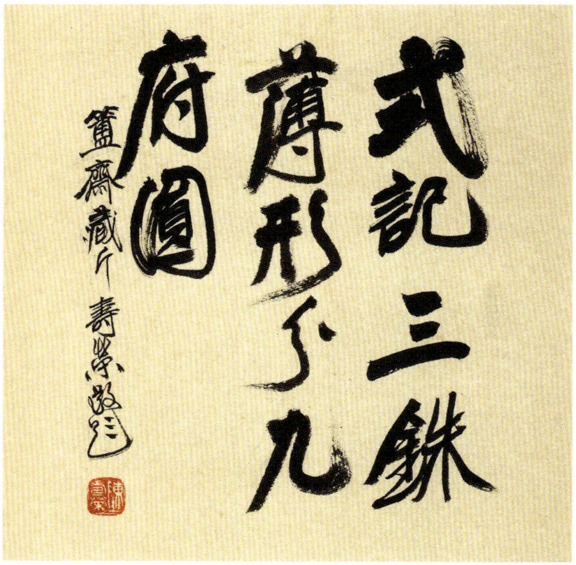

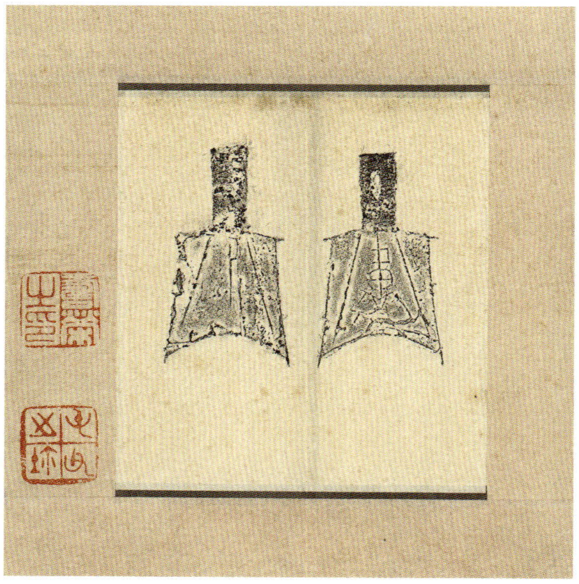

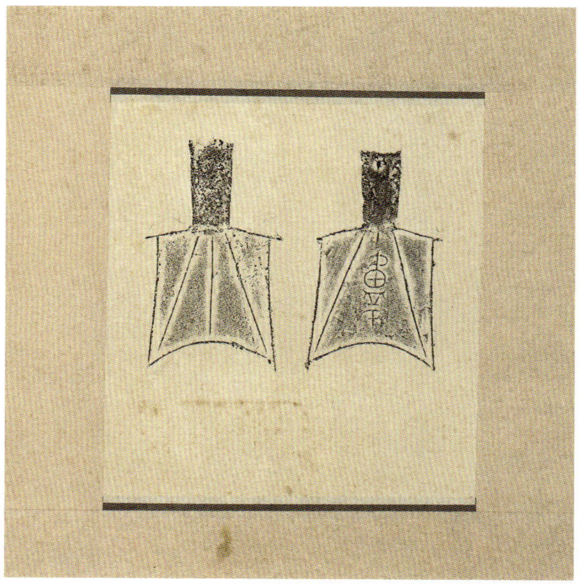

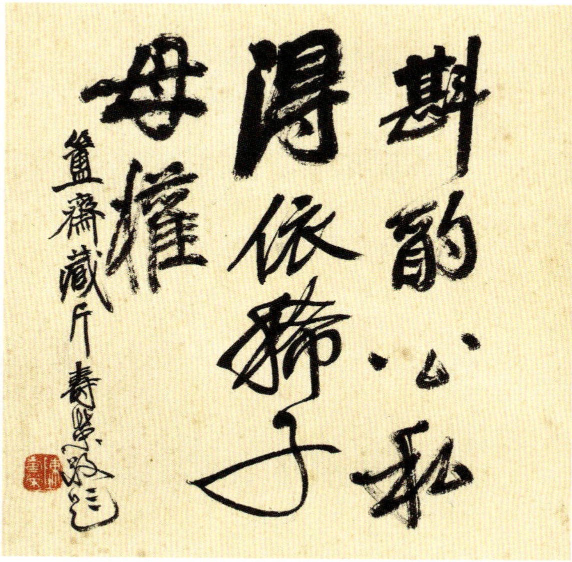

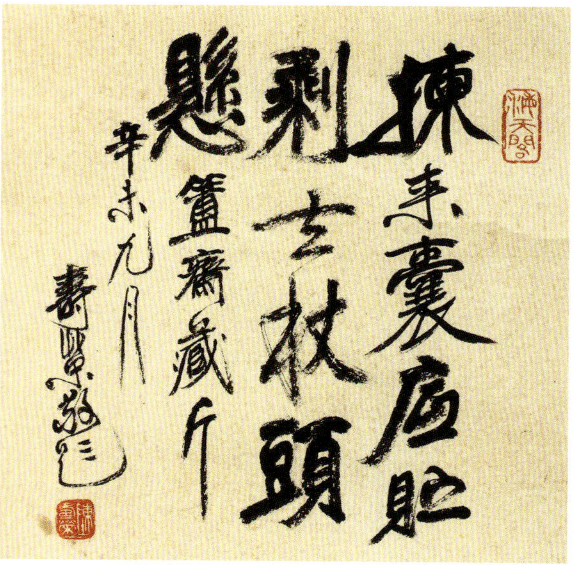

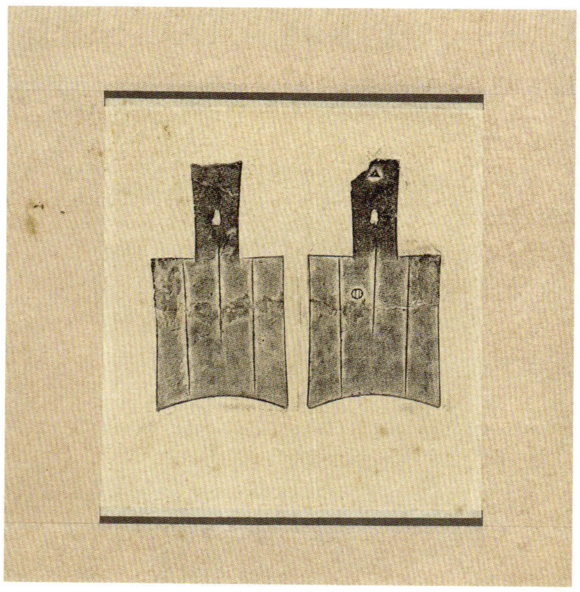

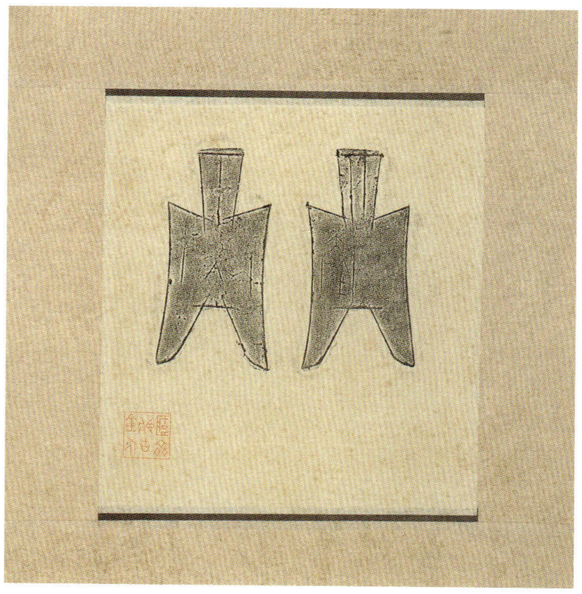

清

簠斋藏斤拓片

纸本 52×23厘米 ×4开

题跋 陈寿荣

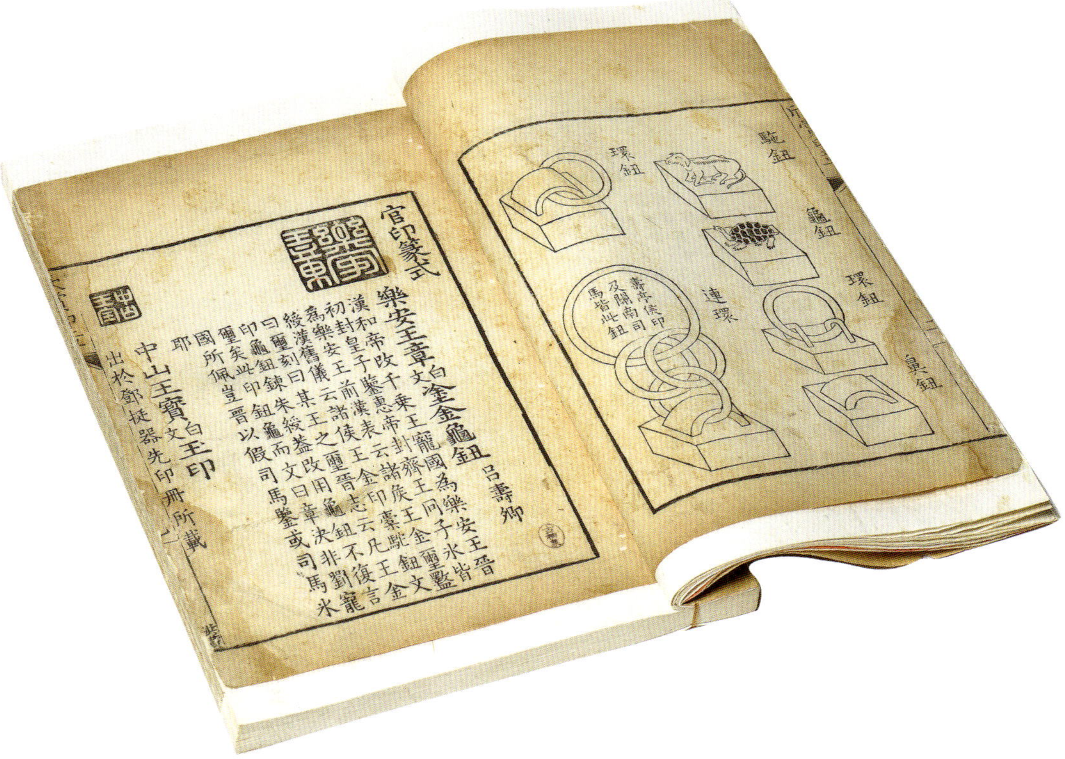
官印篆式
樂安王章
中山王寶
駞鈕
龜鈕
環鈕
連環
鼻鈕

明

沈润卿

沈润卿刻谱

正德十年（1515）

纸本　一函一册　26.2×17.2厘米

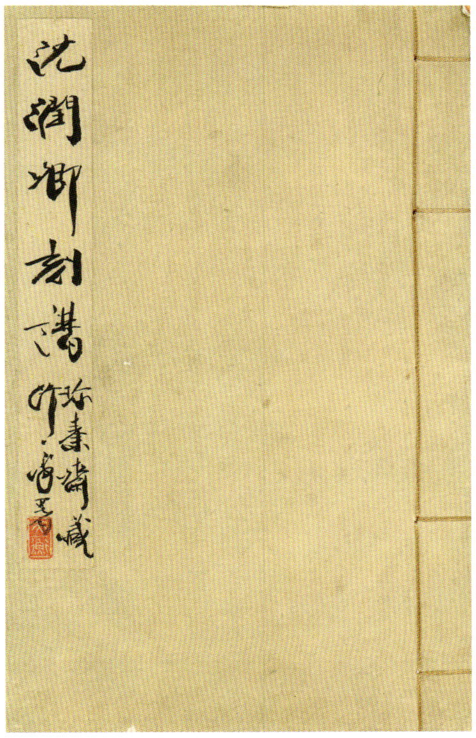
沈潤卿刻譜

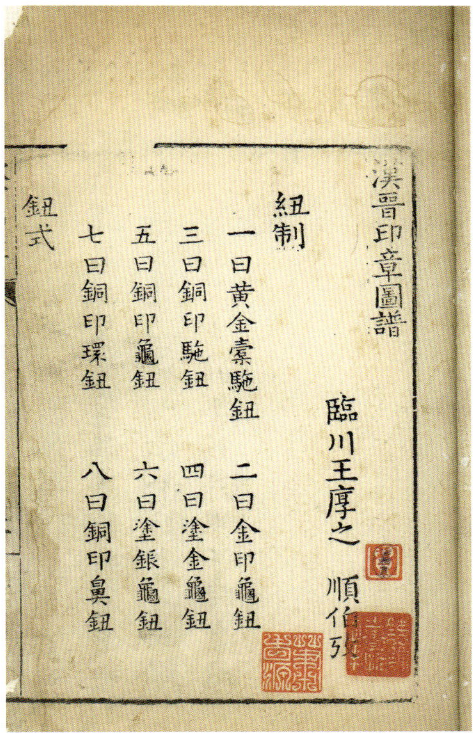
漢晉印章圖譜
臨川王庠之
紐制
一曰黄金橐駝鈕　二曰金印龜鈕
三曰銅印駞鈕　四曰塗金龜鈕
五曰銅印龜鈕　六曰塗銀龜鈕
七曰銅印環鈕　八曰銅印鼻鈕
鈕式

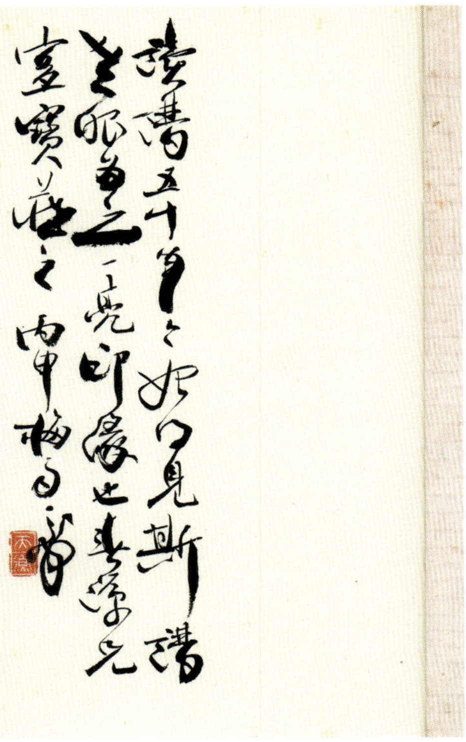

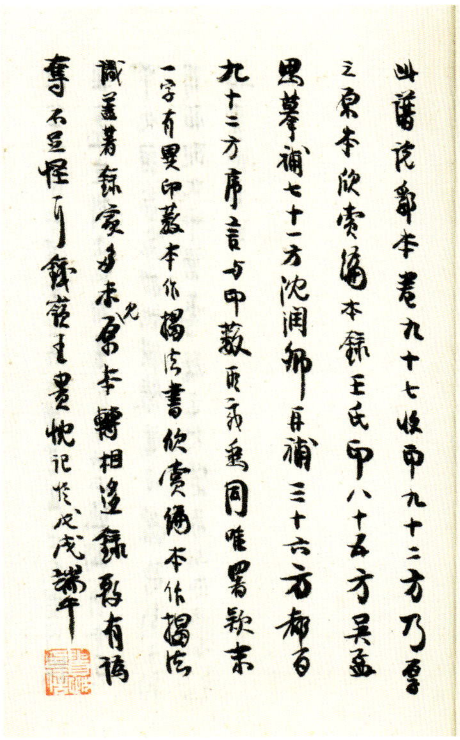

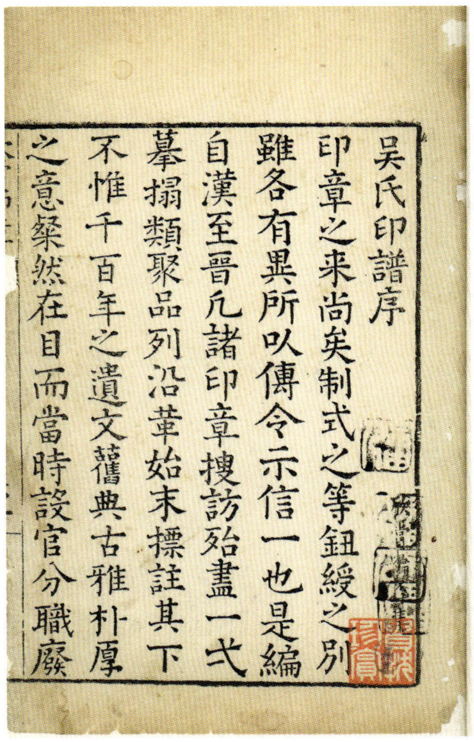
吳氏印譜序
印章之来尚矣制式之等鈕綬之別
雖各有異所以傳令示信一也是編
自漢至晉凡諸印章搜訪殆盡一弌
摹搨類聚品列沿革始末標註其下
不惟千百年之遺文舊典古雅朴厚
之意粲然在目而當時設官分職廢

明

张灏

承清馆印谱母本

约明万历四十三年（1615）

纸本 一函四册 29.6×18.3厘米

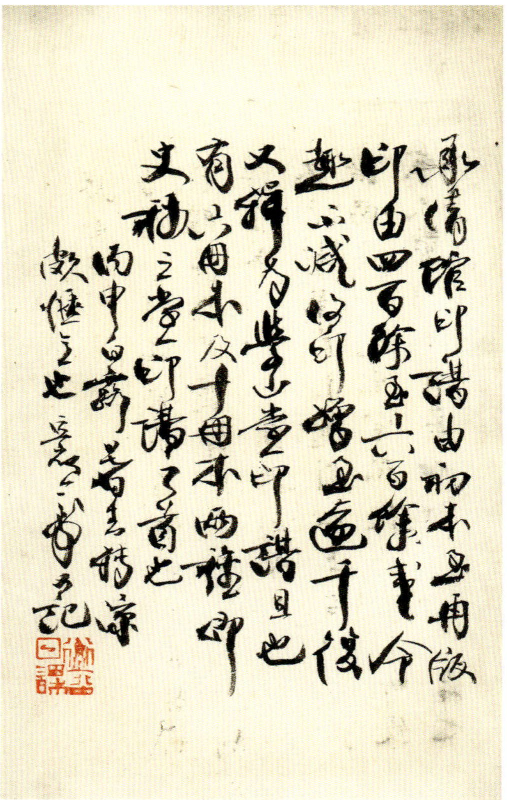

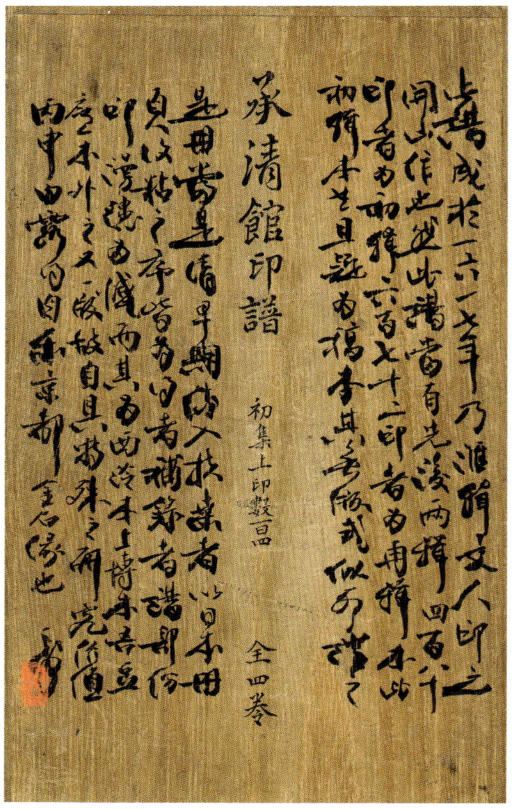
承清館印譜
初集上印數百品
全四卷

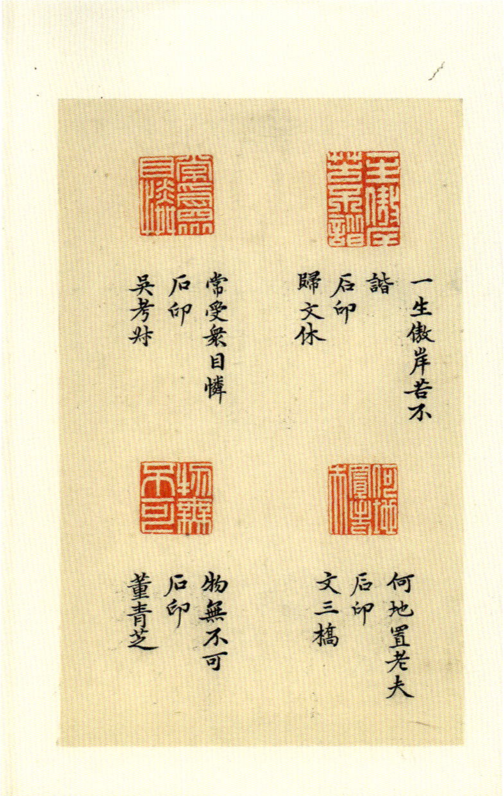

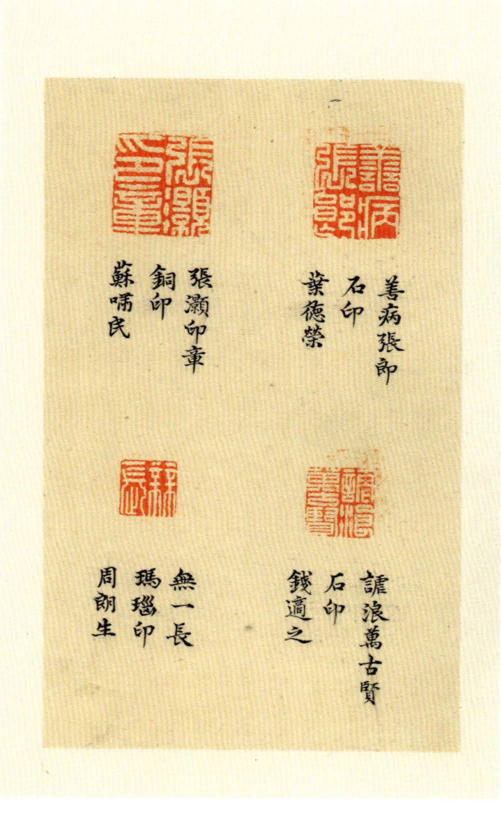

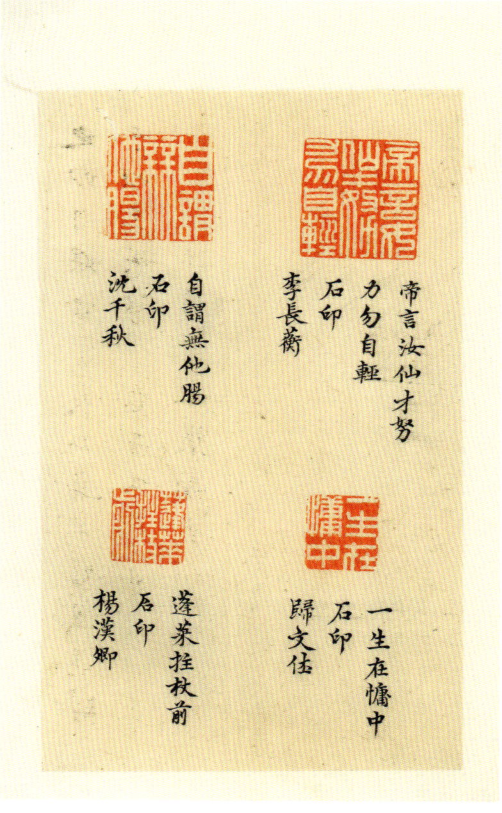

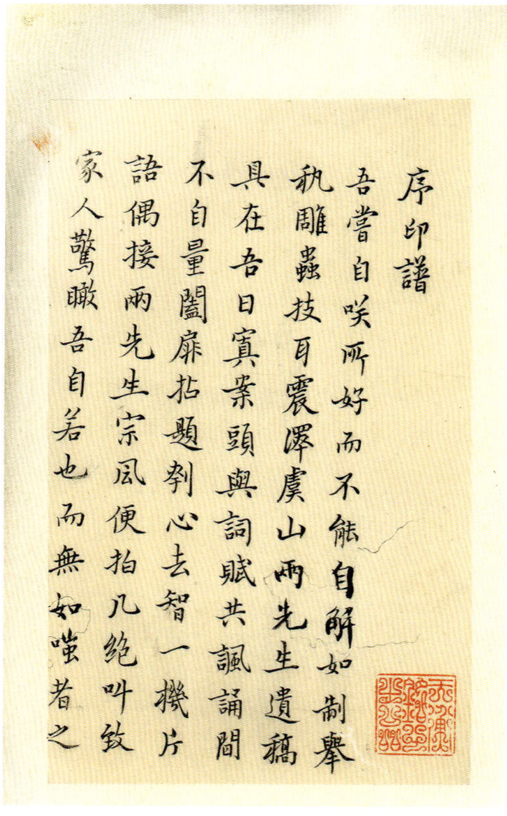
序印譜
吾嘗自咲所好而不能自解如制舉
執雕蟲技耳震澤虞山兩先生遺稿
具在吾日寘案頭與詞賦共諷誦間
不自量闔扉拈題刳心去智一㩦片
語偶接兩先生宗風便拍几絶叫致
家人驚瞰吾自若也而無如嗤者之

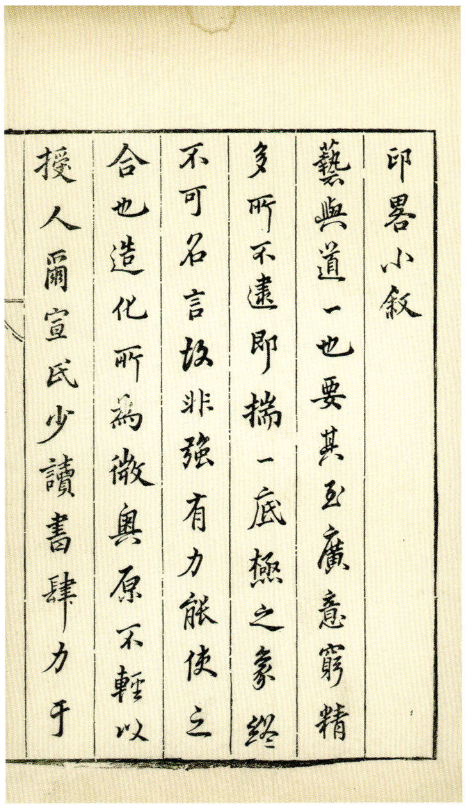

印畧小叙

藝與道一也要其至廣意窮精
多所不遠即揣一底極之象絕
不可名言故非強有力能使之
合也造化所為徹奧原不輕以
授人爾宣氏少讀書肆力于

明

苏宣（1553 ~ 1626后）

苏氏印略

万历四十五年(1617)

纸本 一函六册 26.9×17.2厘米

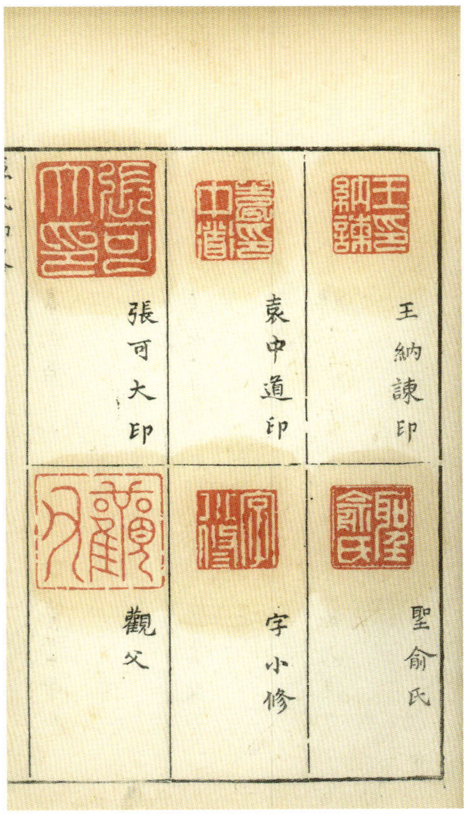

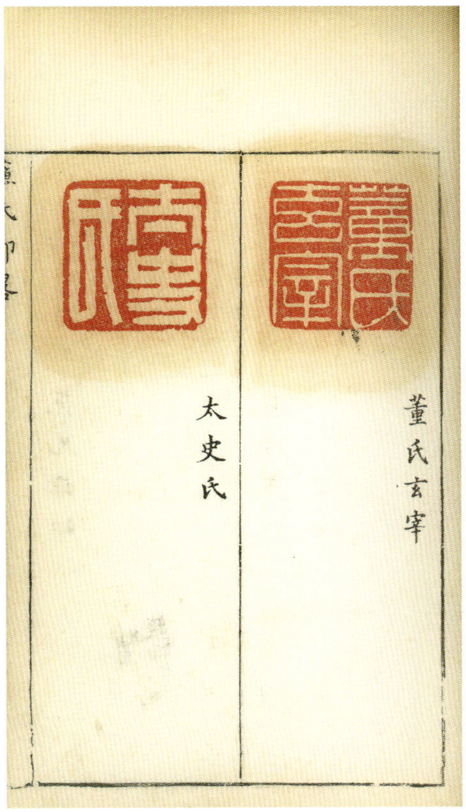

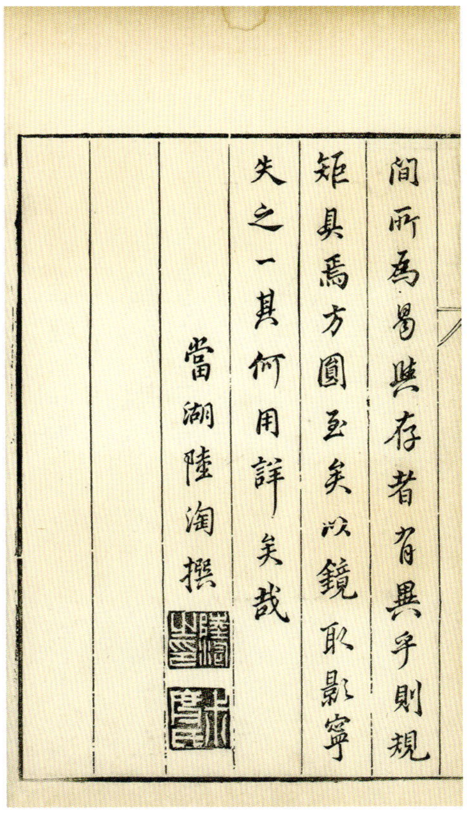

間所為蜀與存者有異乎則規
矩具焉方圓至矣以鏡取影寧
失之一其何用詳矣哉
當湖陸淘撰

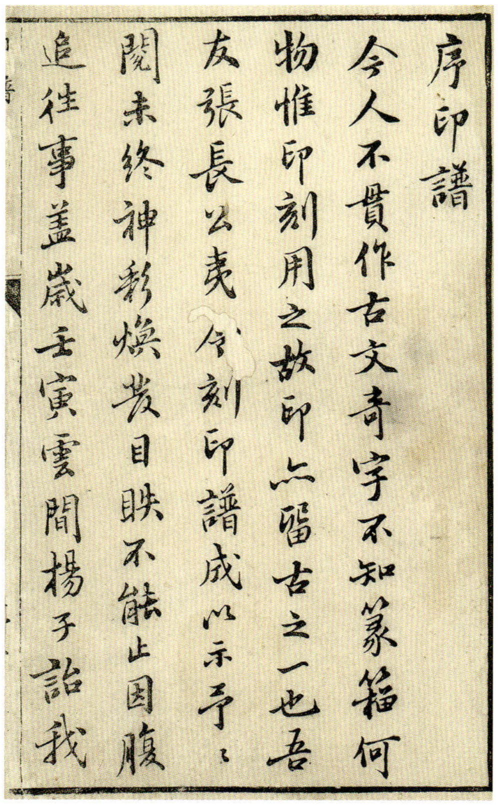
序印譜
今人不貫作古文竒字不知篆籀何
物惟印刻用之故印亦留古之一也吾
友張長公夷令刻印譜成以示予予
閱未終神彩煥發目眩不能止因腹
追往事蓋歲壬寅雲間楊子詒我

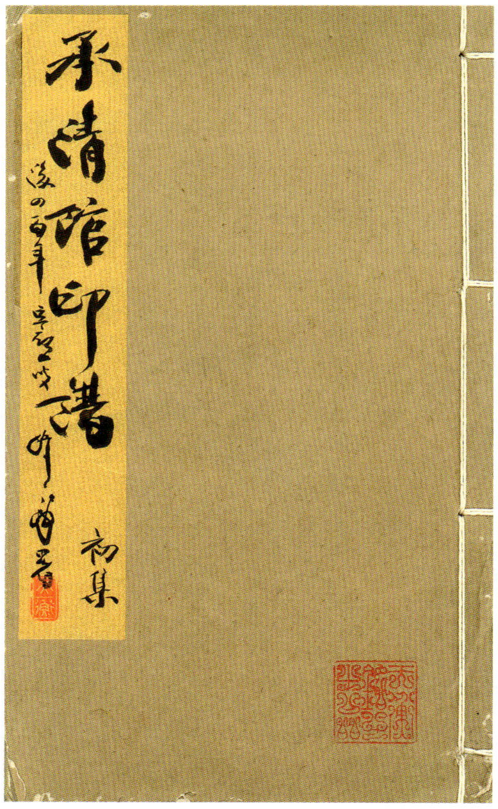

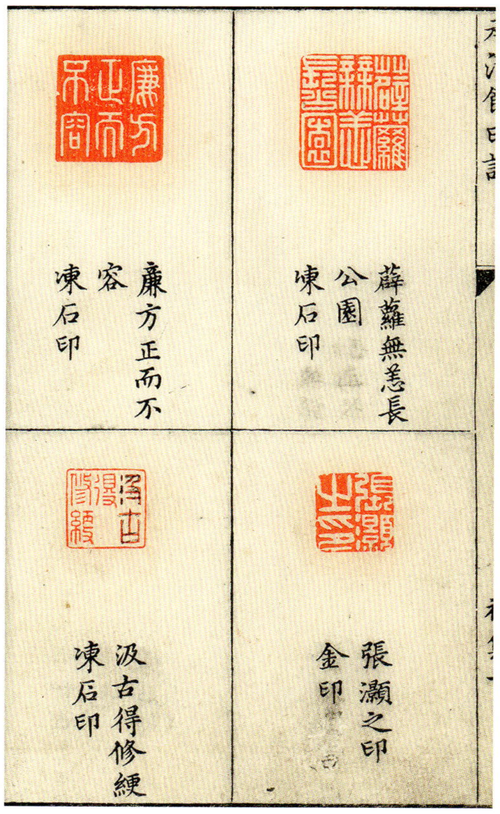
薜蘿無恙長公園　湅石印
廉方正而不容　湅石印
張灝之印　金印
汲古得修綆　湅石印

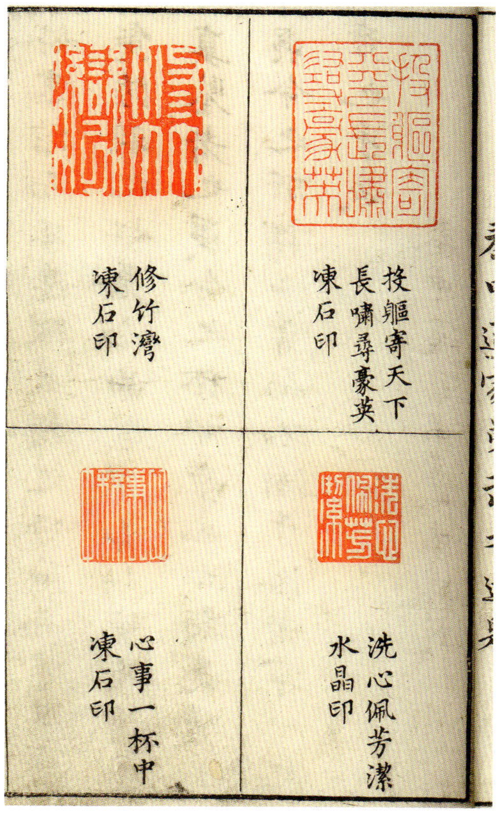
投軀寄天下長嘯尋豪英　湅石印
修竹灣　湅石印
洗心佩芳潔　水晶印
心事一杯中　湅石印

明
张灏
承清馆印谱初续集
天启六年（1626）
纸本　一函两册　27.4×16.7厘米

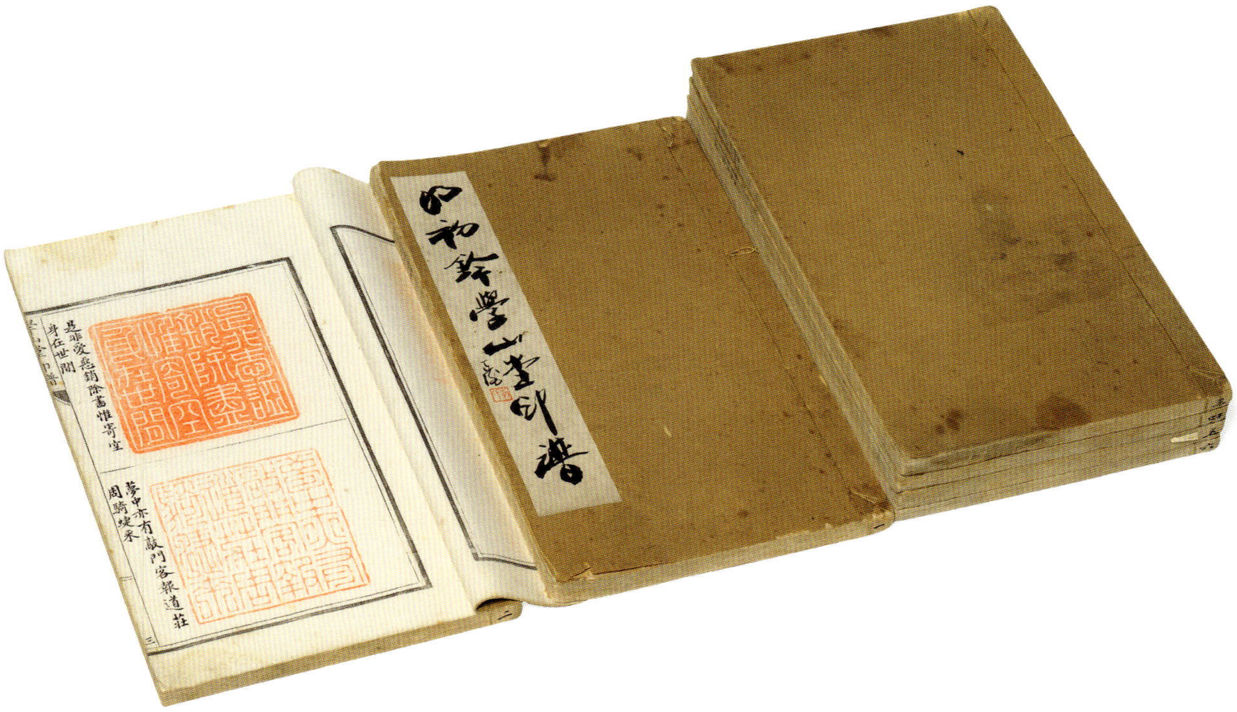

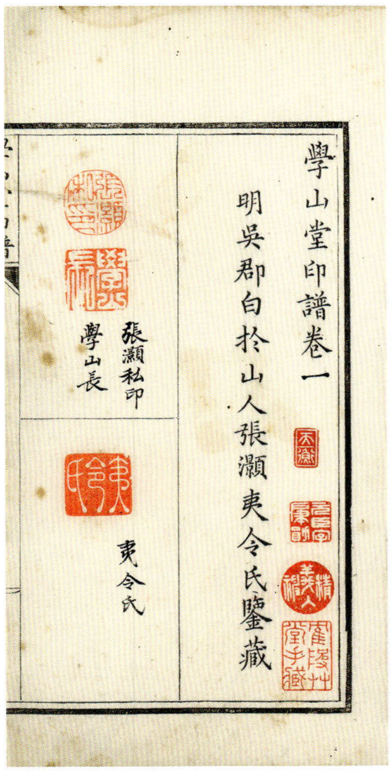
學山堂印譜卷一
明吳郡白拎山人張灝夷令氏鑒藏
張灝私印
學山長
夷令氏

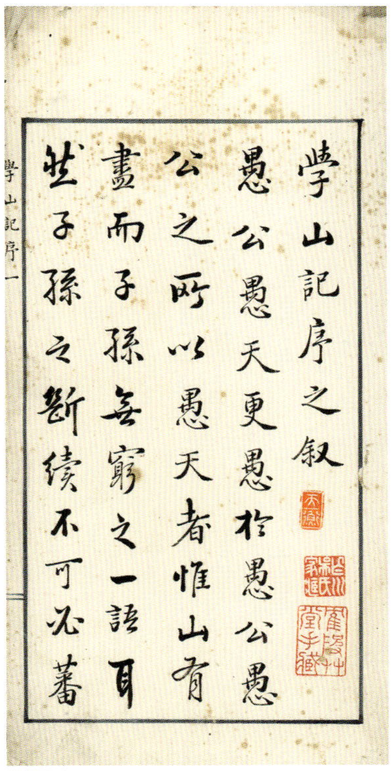

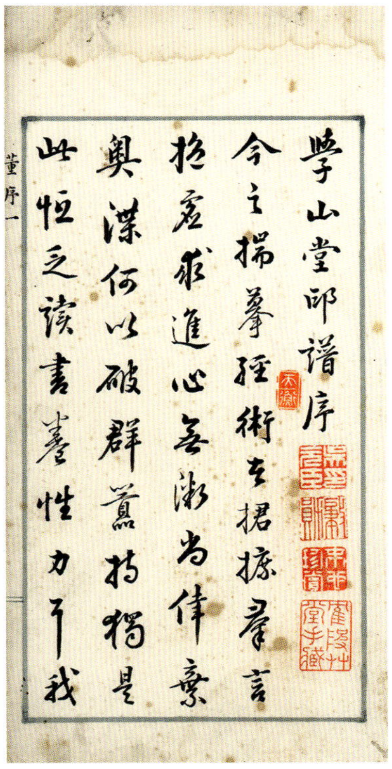

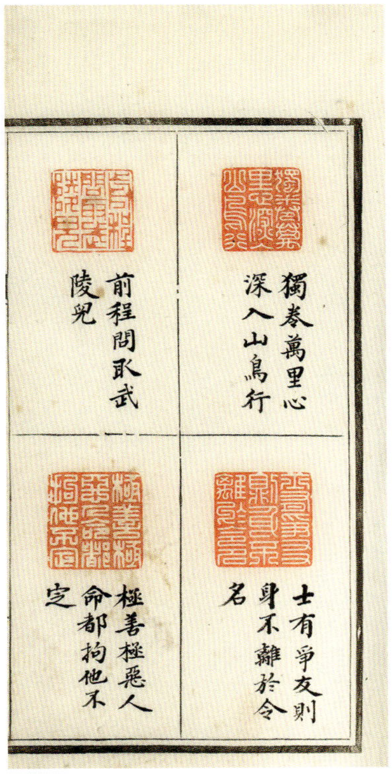
獨卷萬里心深入山鳥行
前程問取武陵兒
士有爭友則身不離於令名
極善極惡人命都拘他不定

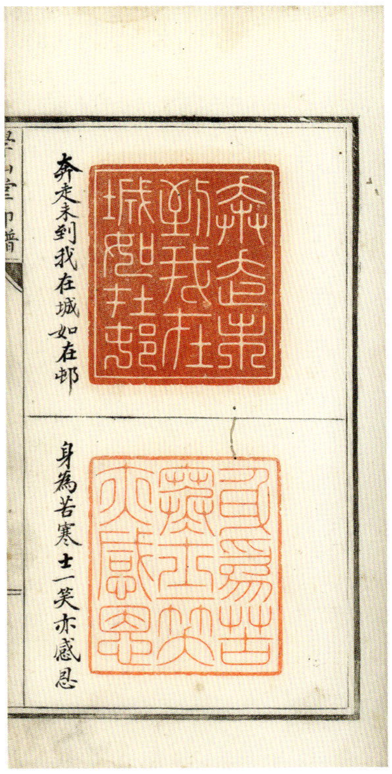
奔走未到我在城如在郊
身爲苦寒士一笑亦感恩

明

张灏

学山堂印谱

崇祯四年（1631）

纸本 一函六册 29.7×17.3厘米

清
周亮工（1612～1672）
赖古堂印谱
康熙六年（1667）
纸本　一函四册　28.3×18.5 厘米

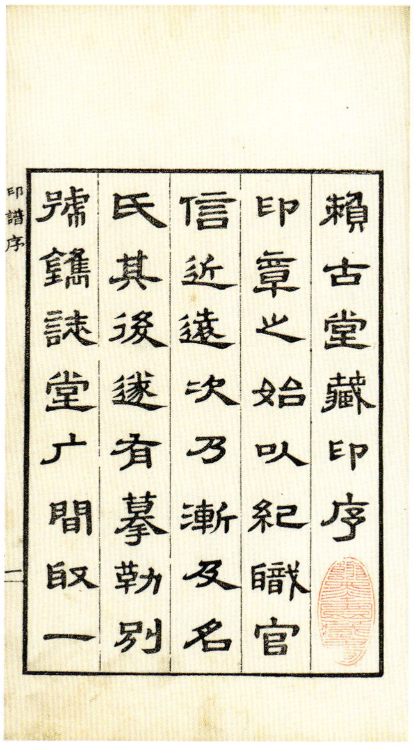
印譜序
賴古堂藏印序
印章之始以紀職官
信近遠次乃漸及名
氏其後遂有摹勒別
號鐫諸堂广間取一

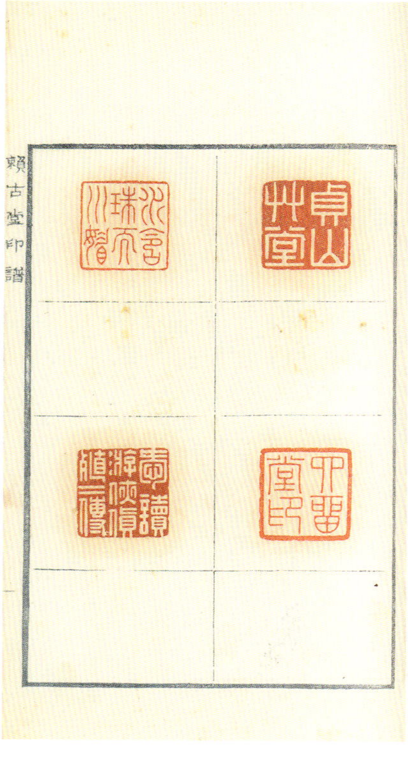

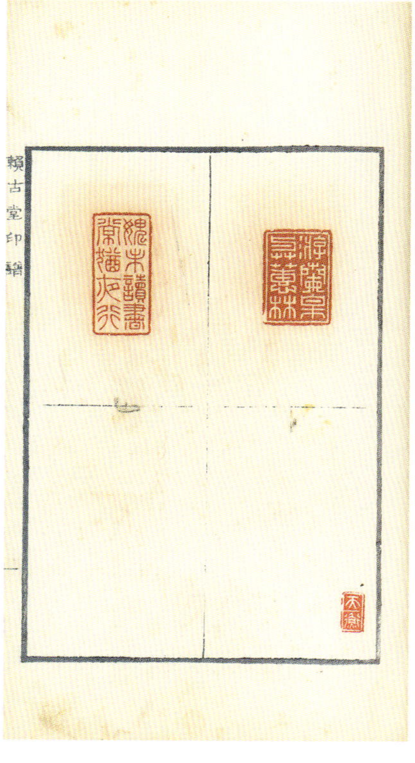

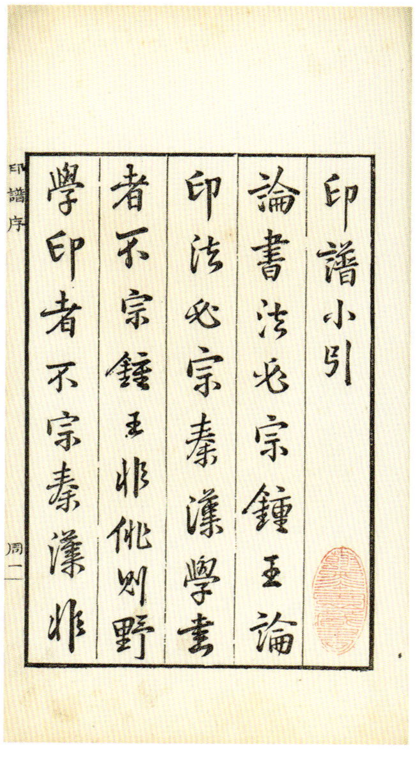
印譜序
印譜小引
論書法必宗鍾王論
印法必宗秦漢學書
者不宗鍾王非傖則野
學印者不宗秦漢非

清

黄树榖（1701～1751）

孝慈堂印谱

雍正十一年（1733）

纸本 一函一册 24×13.5厘米

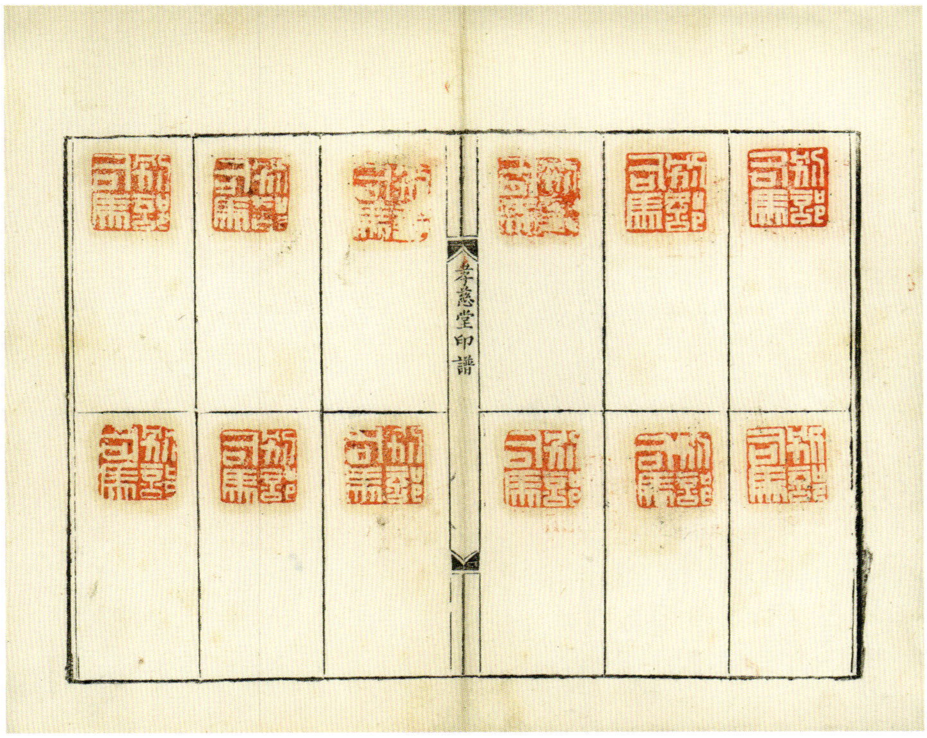

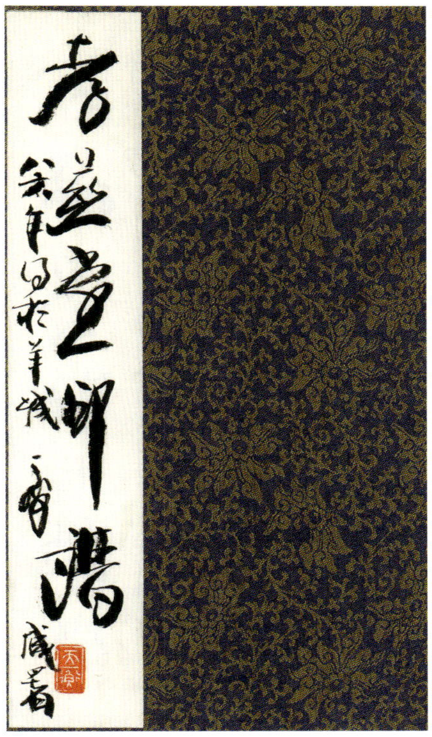

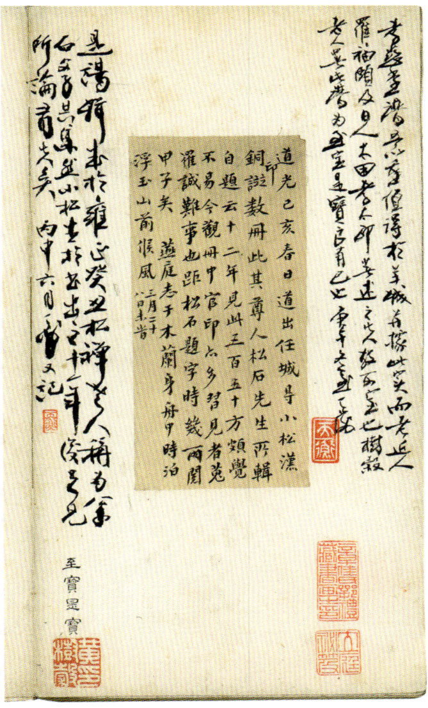

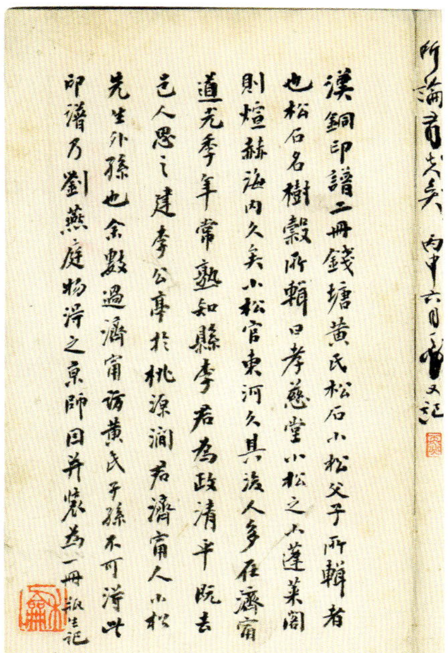

清
汪启淑（1728～1798）
飞鸿堂印谱
乾隆四十一年（1776）
纸本 一函十册 30.5×18.4厘米

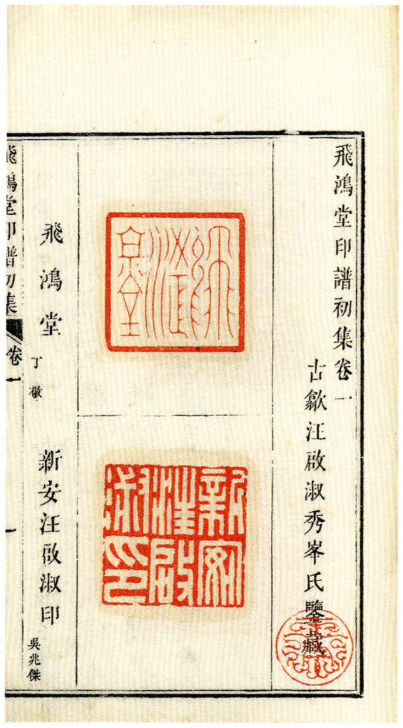
飛鴻堂印譜初集卷一
古歙汪啟淑秀峯氏鑒藏
飛鴻堂
新安汪啟淑印

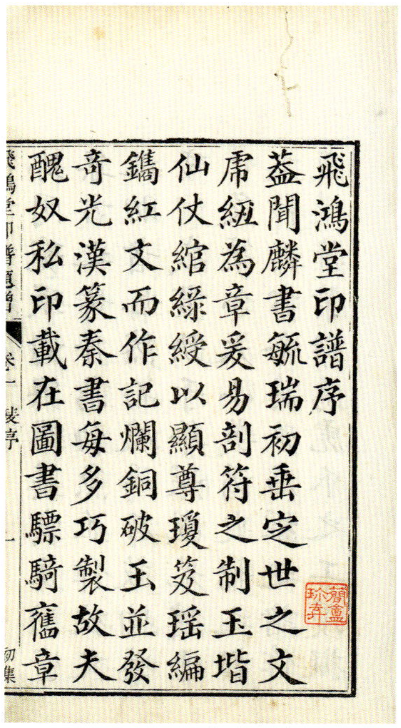
飛鴻堂印譜序

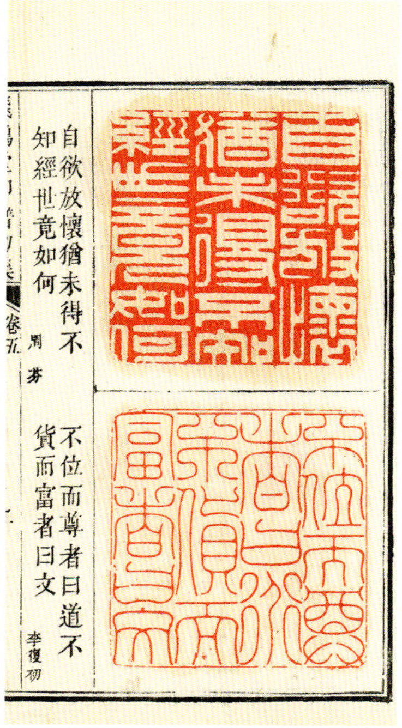
自欲放懷猶未得不知經世竟如何
不位而尊者曰道不貨而富者曰文

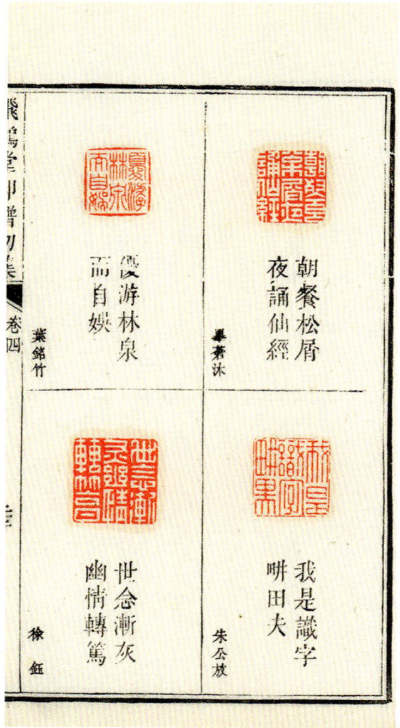
朝餐松屑夜誦仙經
復游林泉而自娛
我是識字畊田夫
世念漸灰幽情轉篤

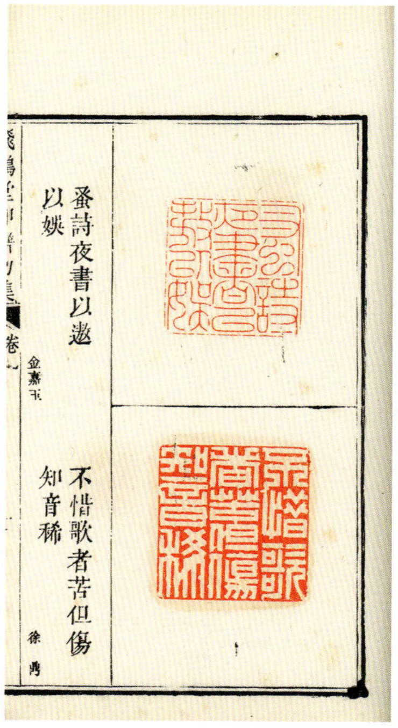
蚤詩夜書以遨以娛
不惜歌者苦但傷知音稀

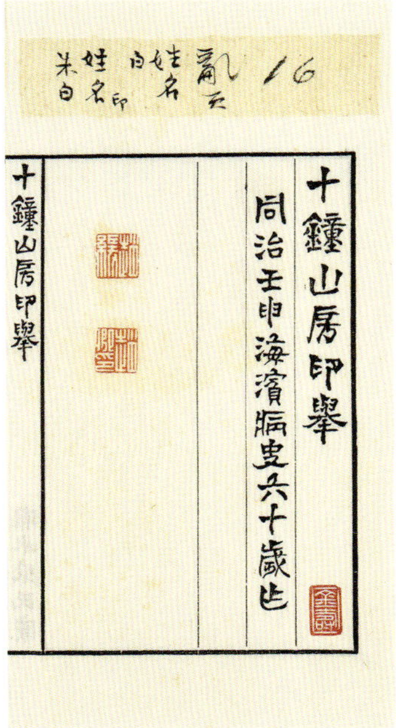

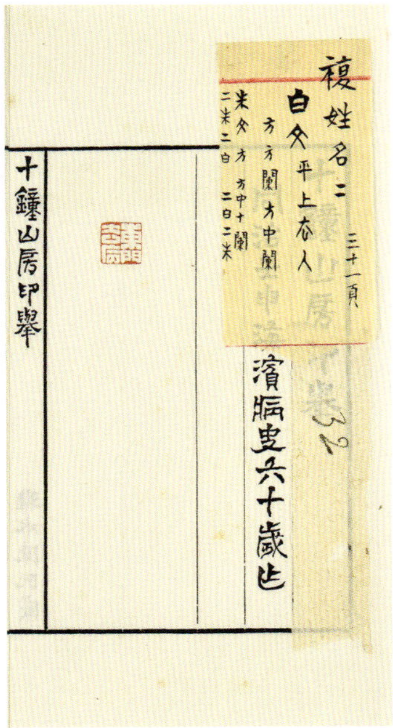

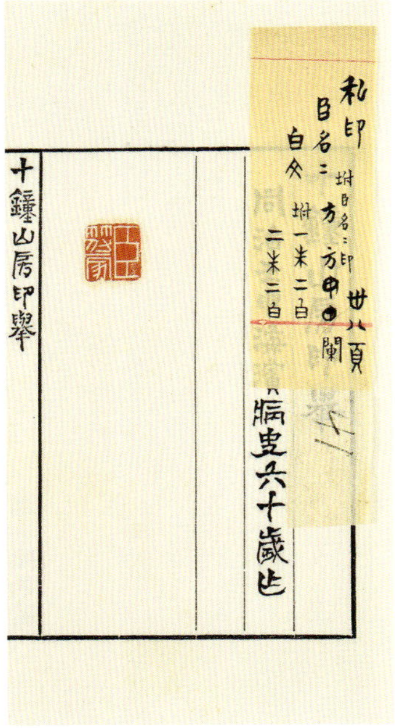

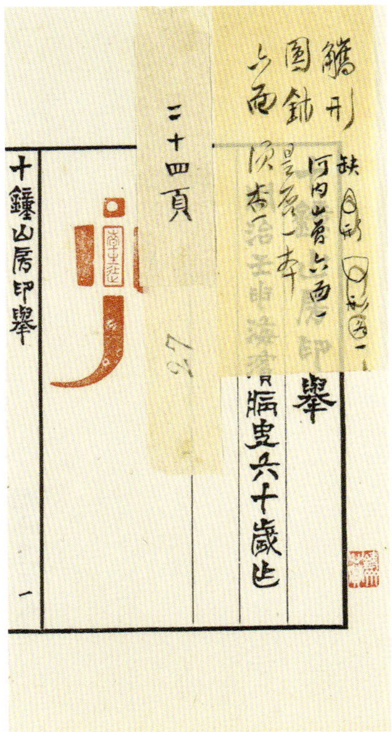

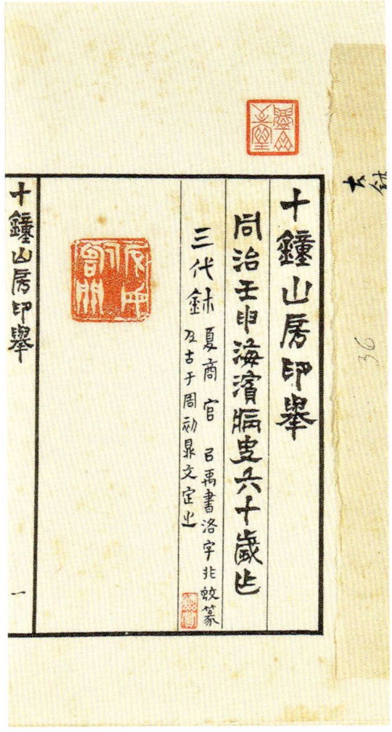

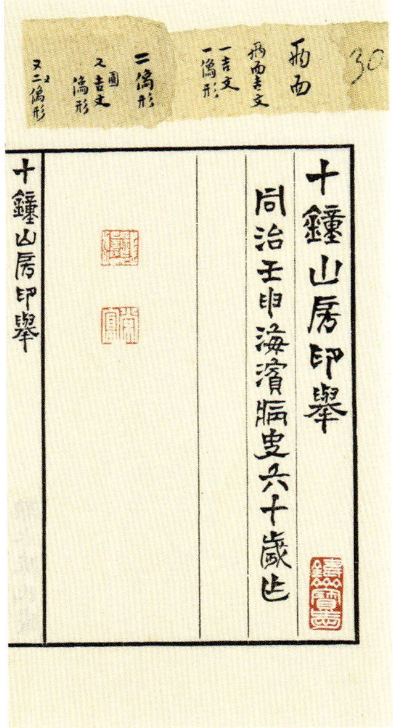

清
陈介祺（1813～1884）
十钟山房印举
同治十一年(1872)
纸本 十函一百零四册 19×11.5厘米

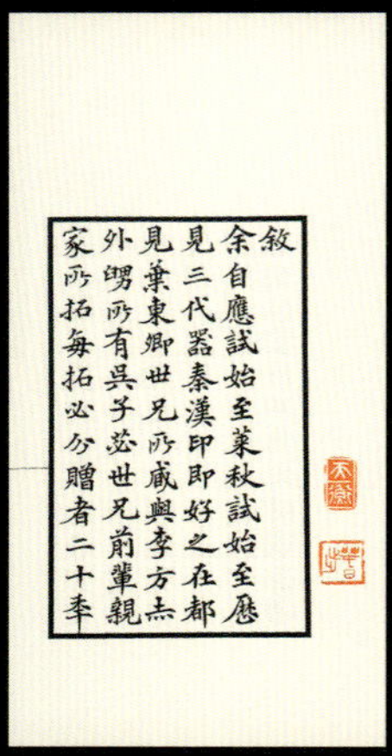

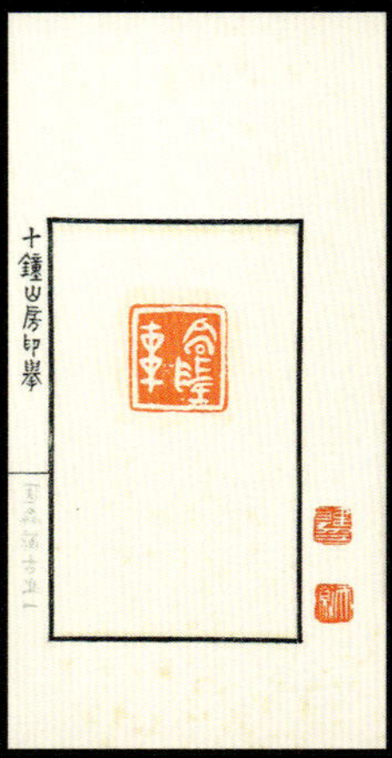

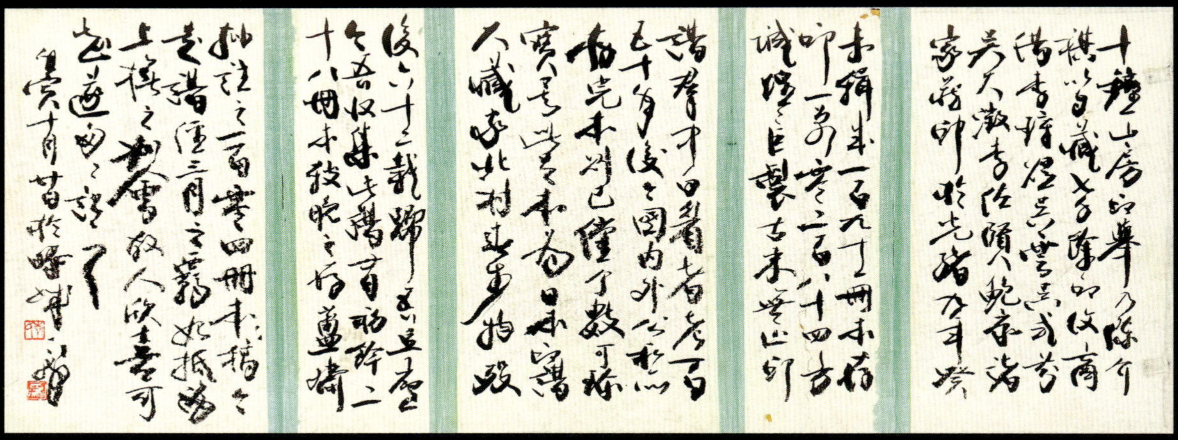

清
陈介祺（1813～1884）
十钟山房印举
同治十一年（1872）
纸本 二十函一百九十一册 22×14.5 厘米

清

陈介祺（1813 ~ 1884）

十钟山房印举

同治十一年（1872）

纸本 两函二十八册 26.6×17.3 厘米

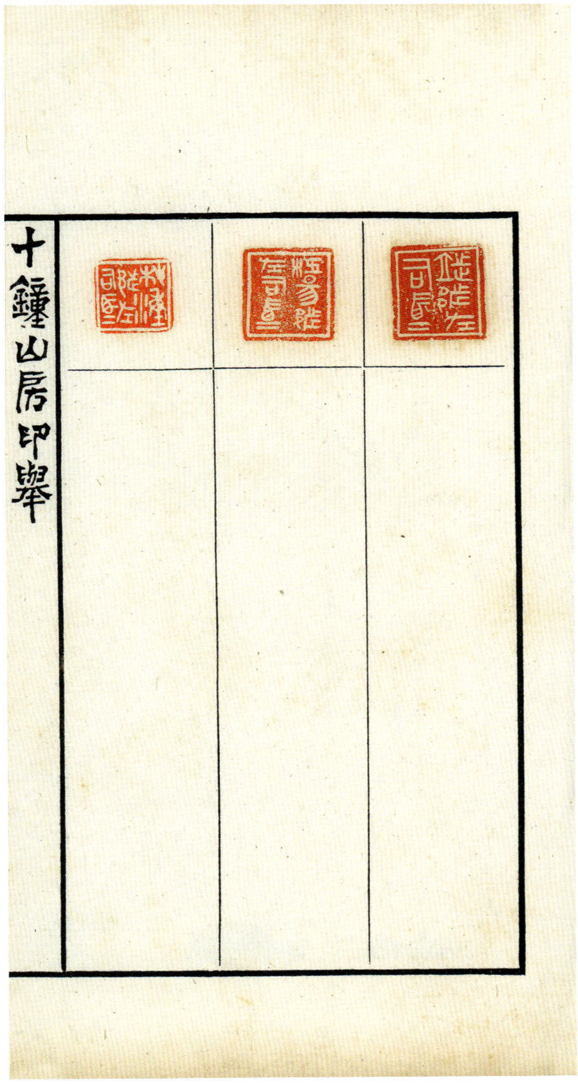

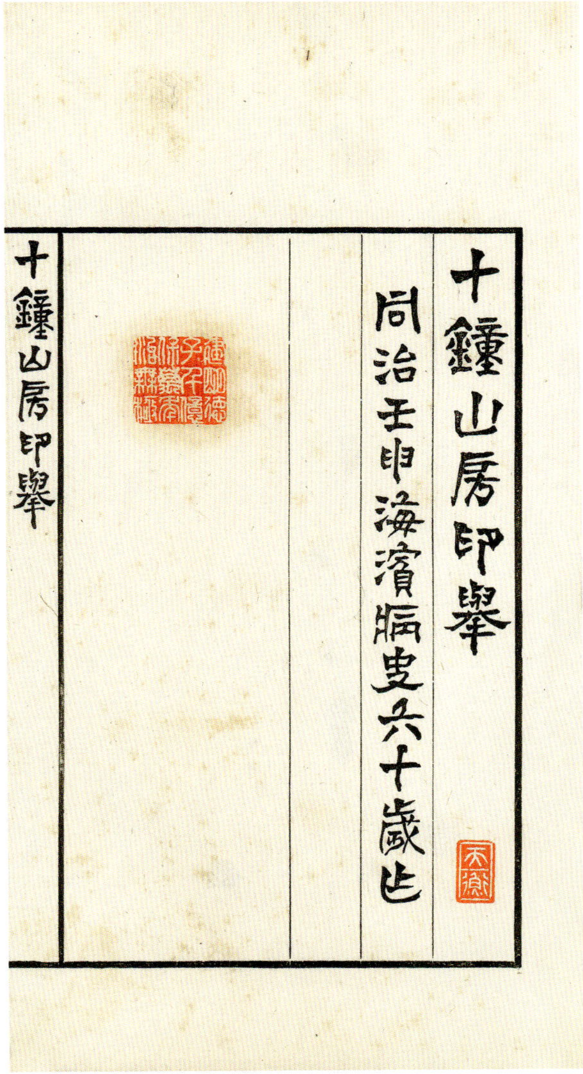

蘭室擷珍

历代文房艺品

器物

Refined Ancient
Stationery
in Scholar's Study

宋
对鸟纹双耳玉杯
高13.5厘米

明
双龙耳白玉杯
高8.5厘米

明
文会图大玉杯
高22厘米

明

蟠松竹杯

高16厘米

明
高士玉杯
高7厘米

明
鹦鹉桃型玉杯
高10厘米
沐文堂旧藏

清
山水奇楠杯
高7厘米

清

花中君子竹杯

高7厘米

元

剔犀心型纹笔

长22厘米

上海韩天衡美术馆藏

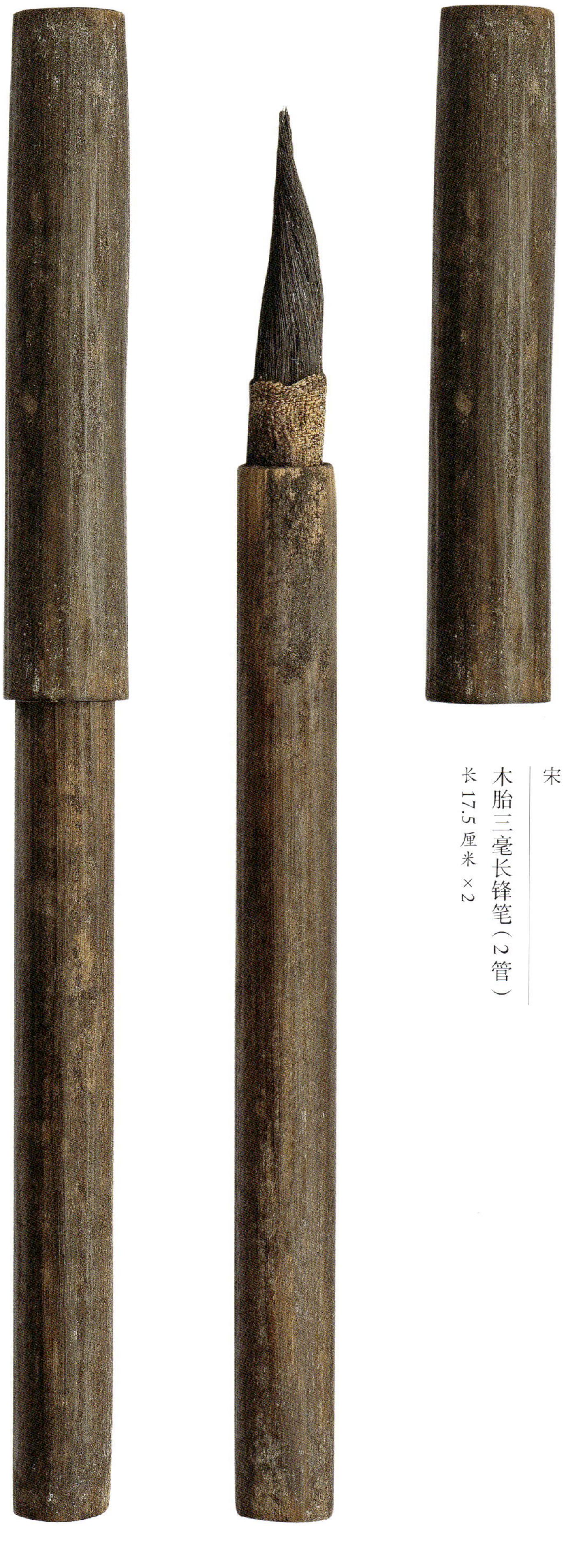

宋

木胎三毫长锋笔（2管）

长17.5厘米 ×2

清
云龙纹白玉嵌碧玉斗笔
长28厘米

清
罗汉礼佛象牙笔
长24.5厘米

明
五爪龙纹剔红笔
长25厘米

清
湘妃竹杆笔
长33厘米

清
山水纹白玉嵌碧玉斗笔
长32厘米

清
剔犀山马毛提笔
长32厘米

清
云龙纹白玉笔（2件）
长13厘米、长18厘米

清
四螭白玉笔
长16厘米

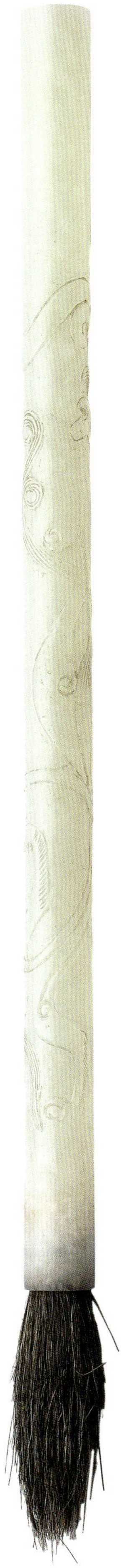

清
三螭白玉毛笔
长18厘米

宋

仙女龟鹤玉笔架

高9厘米

宋
子母狗玉笔架
高7厘米

明
指日高升玉笔架
长20.5厘米

清
倚鹿仙人玉笔架
长15厘米

清

双狮戏球竹笔架

长 10 厘米

清

太白醉酒玉笔架

长8厘米

清

山水纹白玉笔架

长13厘米

元

狮型玉笔架

长 7.5 厘米

清

梅山逸士款

绞胎云龙瓷笔架

长 16 厘米

清

芝鹤黑白玉笔架

高7厘米

清

螭龙湖石翡翠笔架

长18厘米

清

君子白玉笔舔

长 9.2 厘米

清

蕉叶型粉晶笔舔

长 10 厘米

明
松鼠葡萄黄花梨笔筒
高16厘米

清

八仙渡海碧玉笔海

高 18 厘米

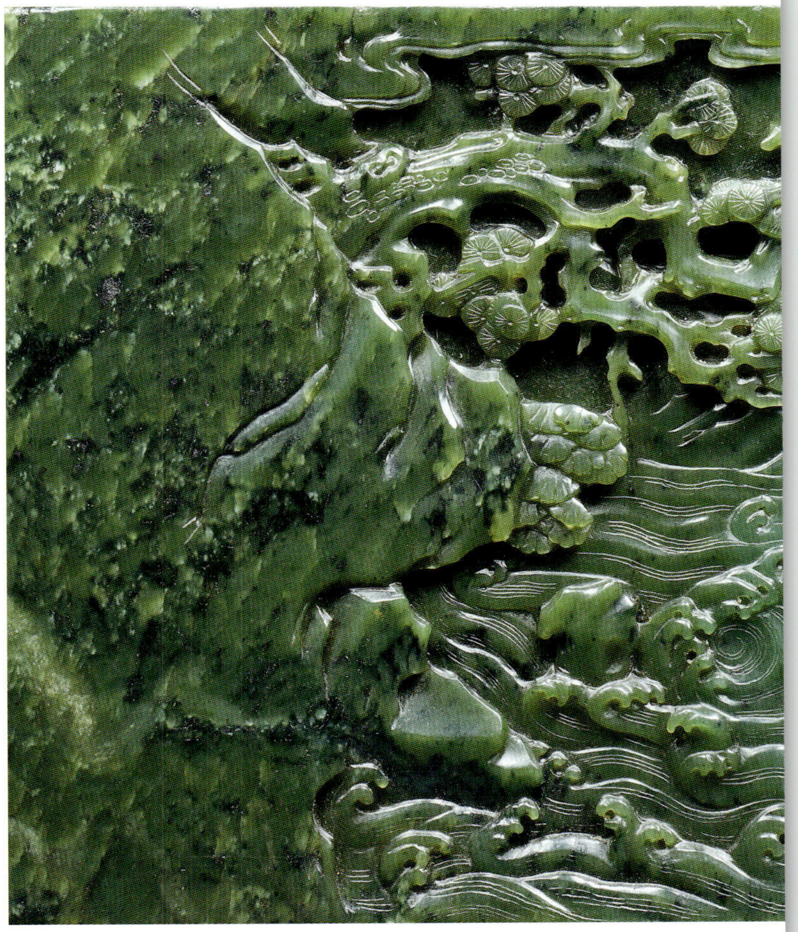

明

树瘤黄花梨笔海

高22厘米

清
乾隆御题
踏雪寻梅白玉笔筒
高 11.5 厘米

清
韩天衡题
兰亭雅集竹笔筒
高 14.5 厘米

清

董诰（1740～1818）恭绘

紫檀笔筒

高15.5厘米

清
相马图竹雕笔筒
高12厘米

清

文会图玉笺筒

高8厘米

清
胡镢（1840～1910）刻
黄花梨笔筒
高14厘米

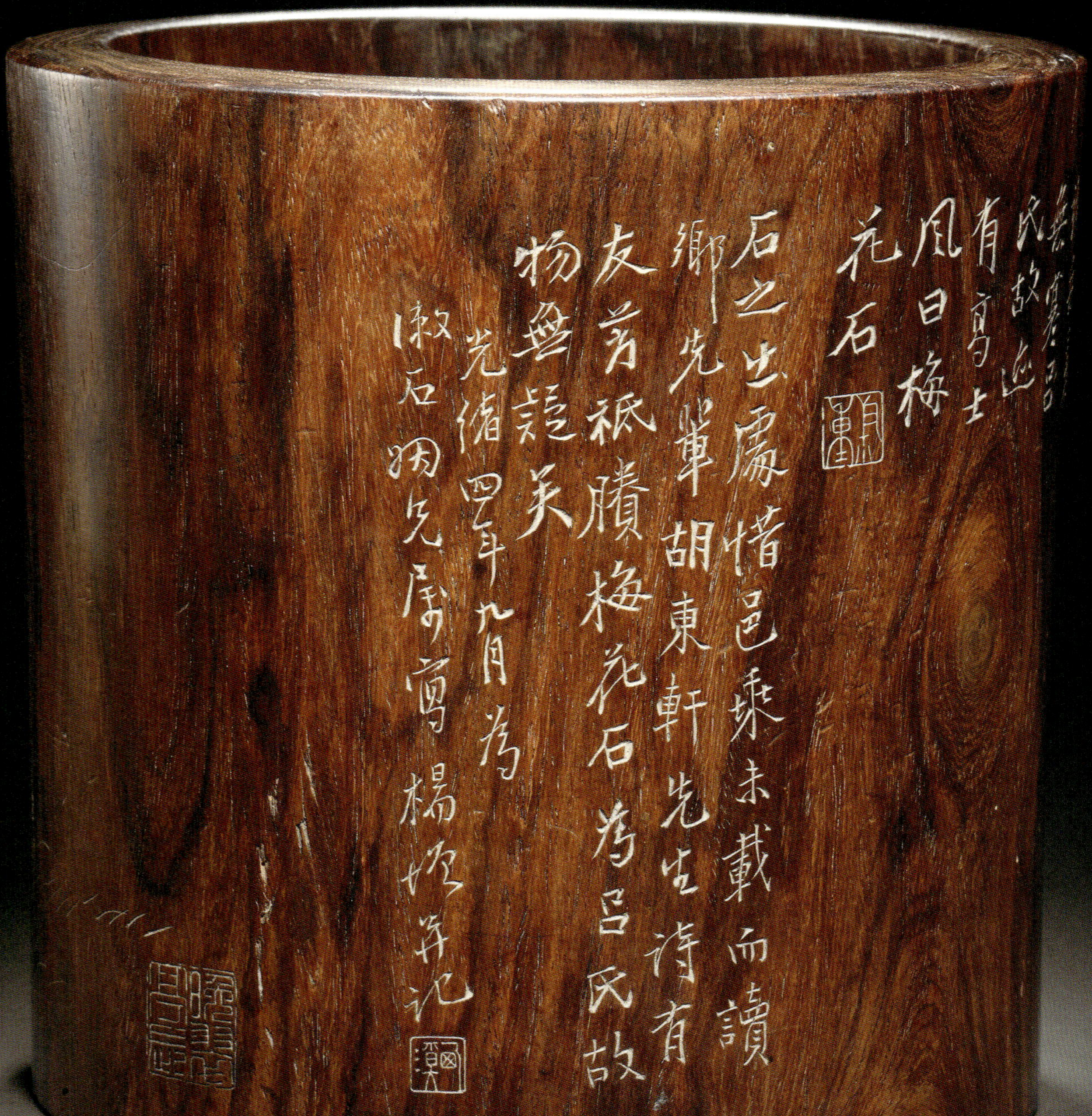

清
东坡赏画图竹笔筒
高15厘米

清

松鹤白玉笺筒

高 13 厘米

清
巧雕玛瑙梅花笺筒
高9厘米

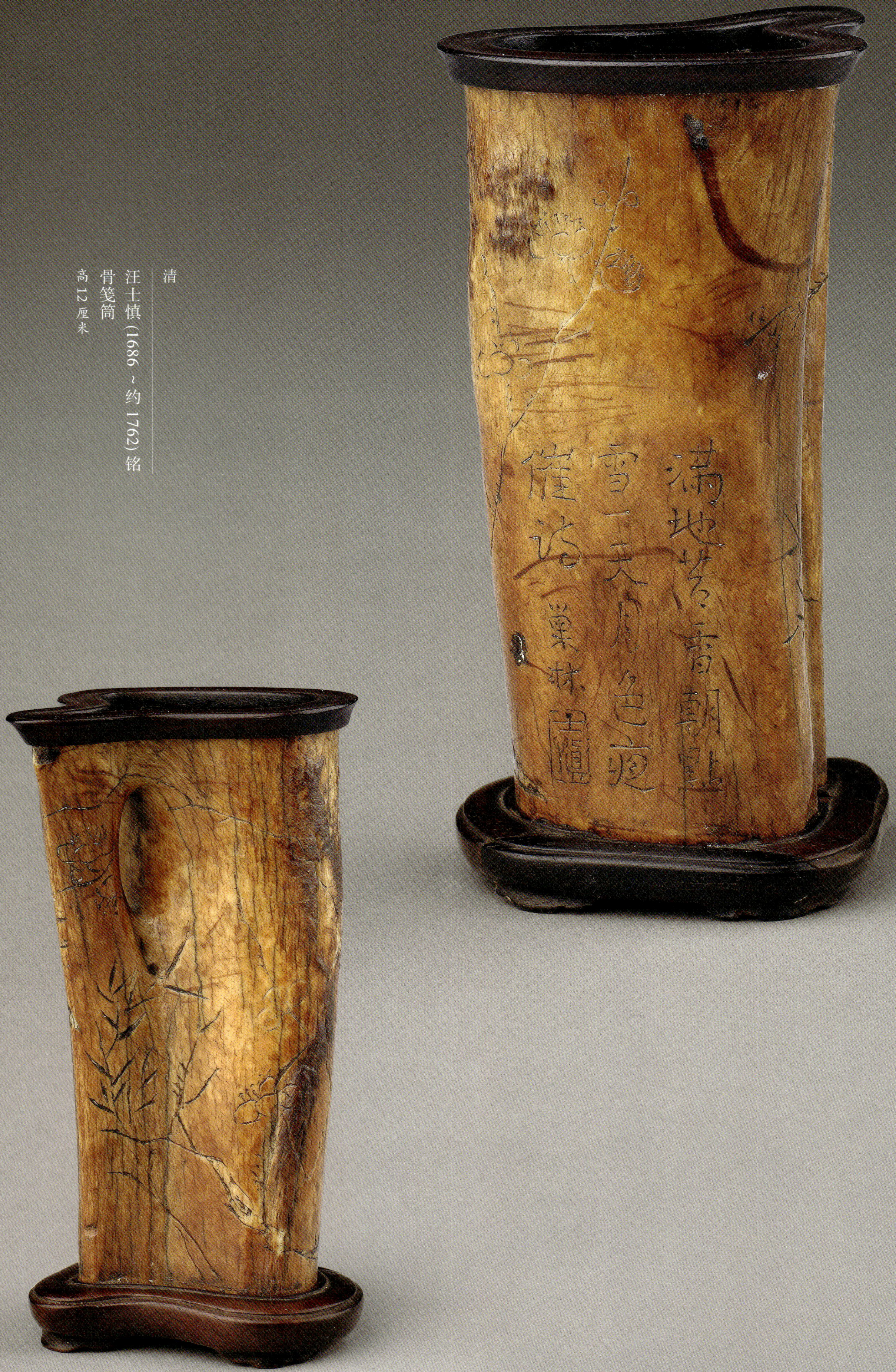

清
汪士慎（1686～约1762）铭
骨笺筒
高12厘米

清
杨晋（1644～1728）作
爱鹅图竹笔筒
高13.5厘米

清

文会图竹笔筒

高12厘米

清

梁同书（1723～1815）铭

张燕昌（1738～1814）刻

紫檀笔筒

高14厘米

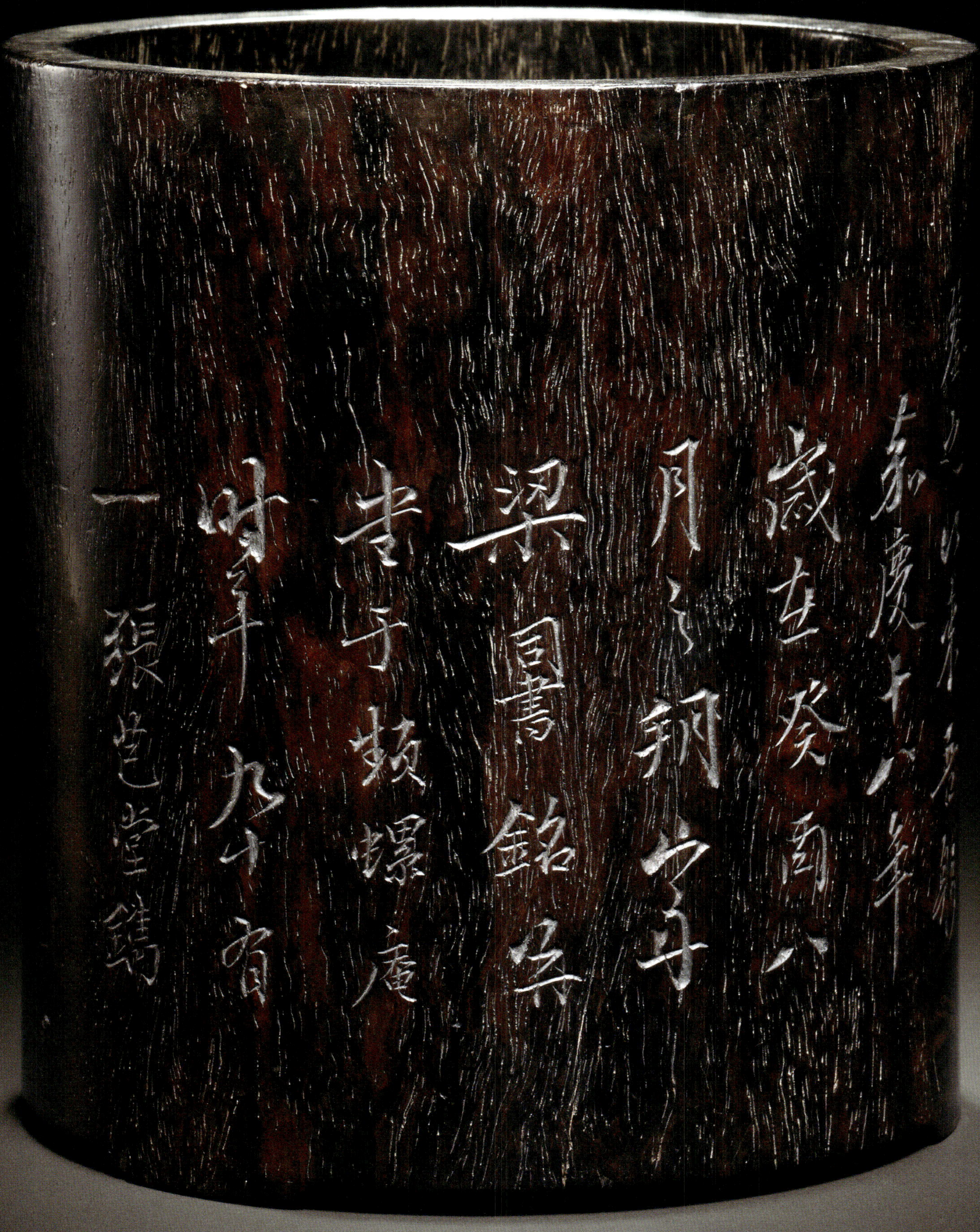

清
邓渭（1736～1795）
书法竹臂搁
高33厘米

清
吴𪒠（1877～1915）
书法竹臂搁
高10.6厘米

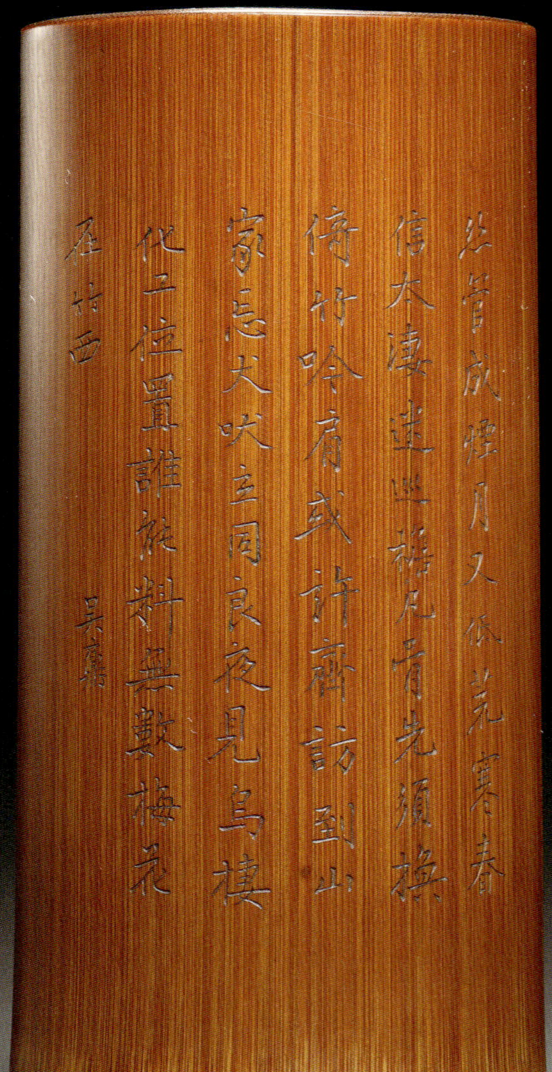

清 康熙

云螭纹黄玉臂搁

高 7 厘米

清
韩天衡题
凤凰纹奇木臂搁
高18厘米

清
高凤翰（1683 ～ 1749）
行书紫檀臂搁
高26厘米

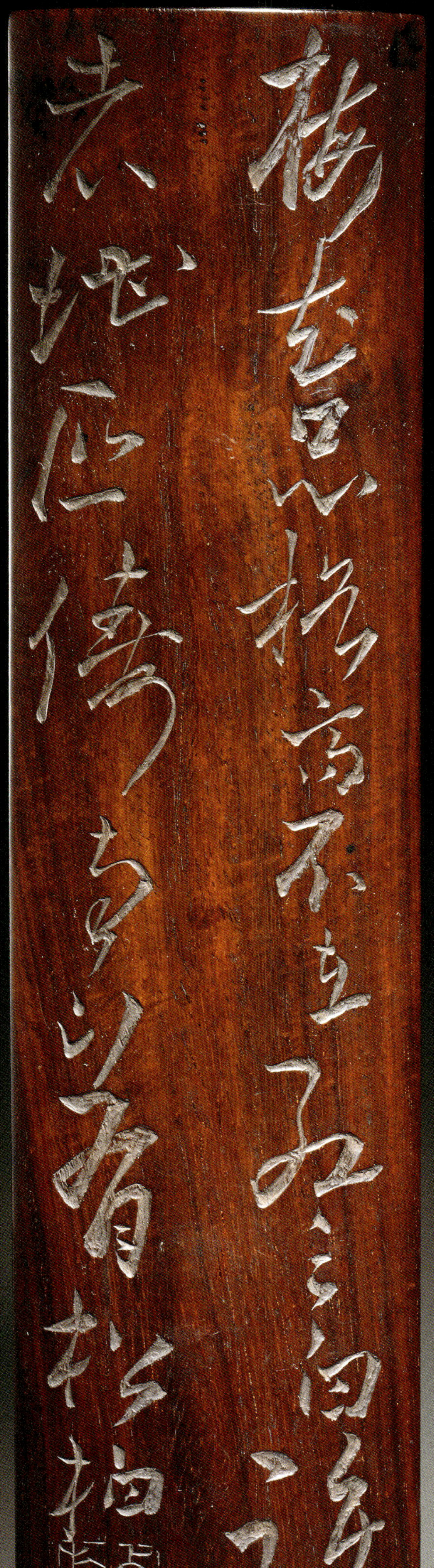

清
珐琅鞘玉柄刀子
高 32 厘米

清
珐琅鞘带箸玉柄刀子
高 29.5 厘米

清
洋珐琅玉柄刀子
高 32 厘米

清
玉把龙泉剑
高 72.5 厘米

清
银鞘嵌宝玉柄刀子
高 35.5 厘米

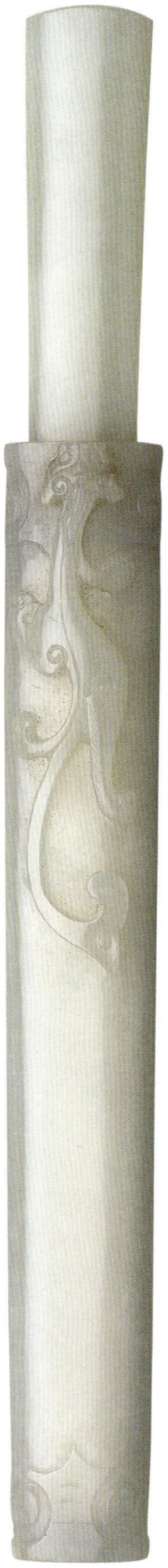

清
螭龙白玉鞘带叉玉柄刀子
高 24 厘米

清
白檀鞘玉柄刀子
高 32 厘米

明

胡人献宝琉璃烛台

高56厘米

明

仿汉羽觞型错银铜灯（一对）

高8×2厘米

清

海晏河清玉烛台

高22厘米

清
子冈（1522～1592）款
玉簪子
高10.5厘米

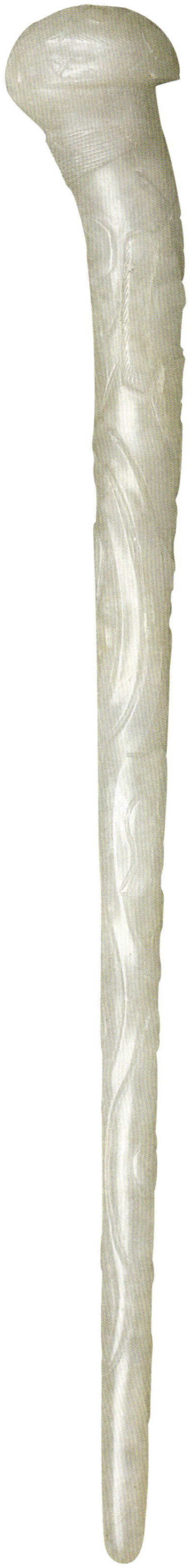

清
螭龙玉簪子
高18厘米

唐
卷云纹七梁玉冠
高7.5厘米

宋
卷云纹七梁玉冠
高8厘米

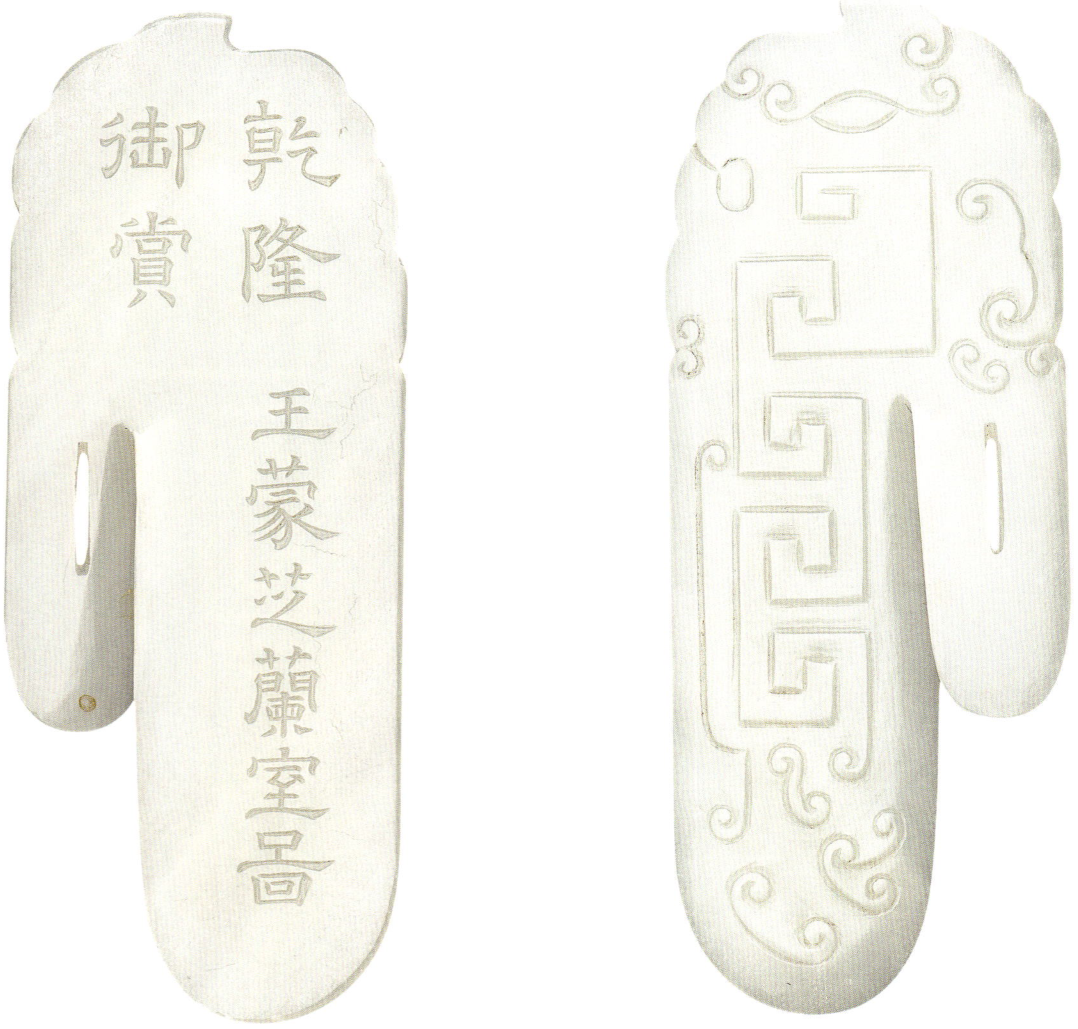

清

乾隆御赏

王蒙（?～1385）芝兰室图玉别子

高8.2厘米

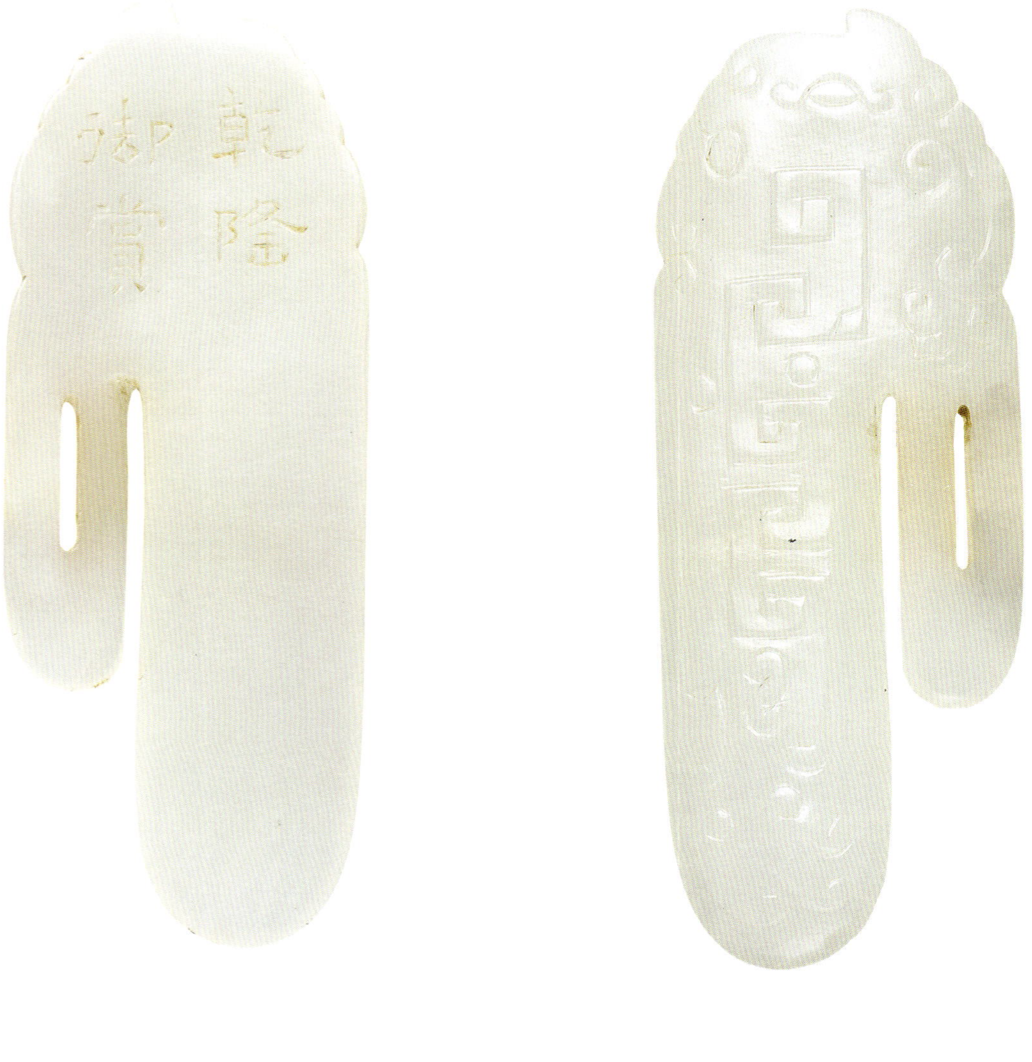

清

乾隆御赏

玉别子

高6.5厘米

宋
剑环纹银盒
直径 10 厘米

宋

牡丹凤凰纹黄地剔黑漆盒

直径 17 厘米

清

云螭纹玉盒

高6厘米

清

御制无量寿佛像赞玉盒

高10厘米

清
慎德堂制
拐子龙纹白玉盒
高6.5厘米

清

百花不露底粉彩印泥盒

直径 13 厘米

上海韩天衡美术馆藏

清 乾隆

忍冬纹青花颜料盒

直径 24.5 厘米

上海韩天衡美术馆藏

清

芦雁图螺钿圆盒

直径22厘米

清
龙凤纹剔彩大捧盒
直径 47 厘米
万野美术馆旧藏

明

东方朔六棱白玉壶

高11.5厘米

清

痕都斯坦忍冬纹嵌宝白玉壶

高 11.5 厘米

清 乾隆
饕餮纹莲瓣白玉壶
高 13 厘米

清
沈存周刻
锡糊斗
高 6.5 厘米

明
红沁玉虎符
长3.8厘米

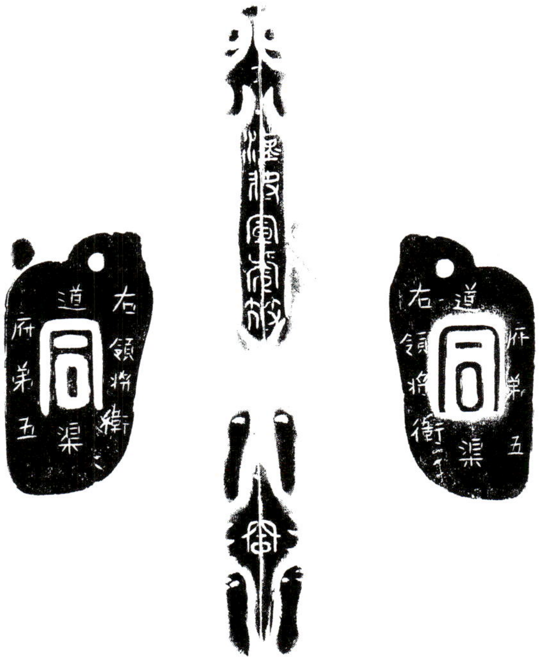

隋
右武卫通观府铜鎏金虎符
长6.9厘米

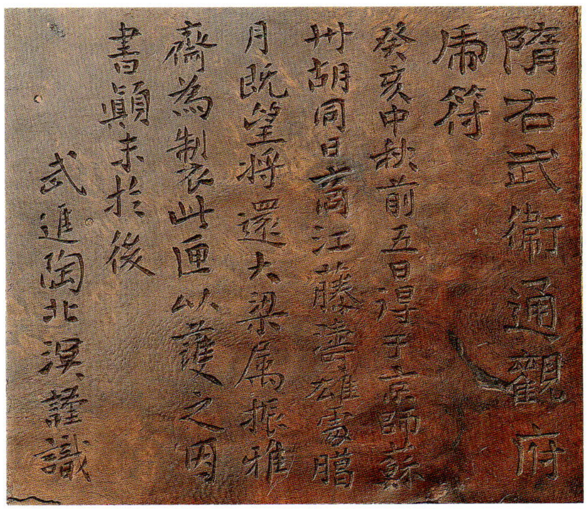
隋右武衛通觀府
虎符
癸亥中秋前五日得于京師蘇
州胡同日商江藤濤雄處臘
月既望將還大梁属振雅
齋為製衣此匣以護之因
書顛末於後
武進陶北溟謹識

清
岁寒三友南红花插
高12厘米

清
三清碧玉花插
高16厘米

清

碧玺梅花紫檀盆景

白玉梅花紫檀盆景

高38厘米

高38厘米

清

掐丝珐琅象足甗式炉（一对）

高16厘米×2

清

山水纹剔红柜

高36厘米

明

紫檀官皮箱

高37厘米

清
文会图剔红硬木屏
高62厘米

清
双龙戏珠剔红硬木屏
高67厘米

王梅標格稱
儁粧頭踏春
風領衆芳設
使東皇編甲
第南枝合作
探花郎

清

御制诗百宝嵌紫檀屏风（一对）

高 69 厘米 ×2

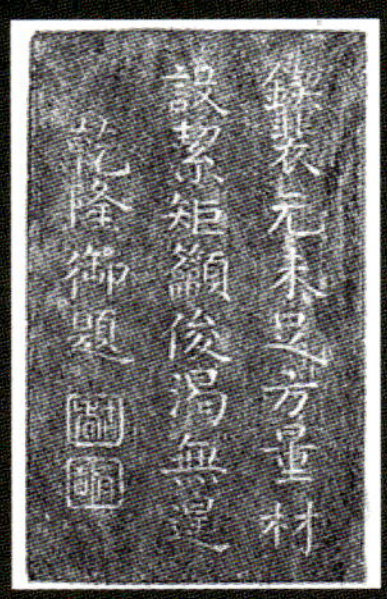
乾隆御題

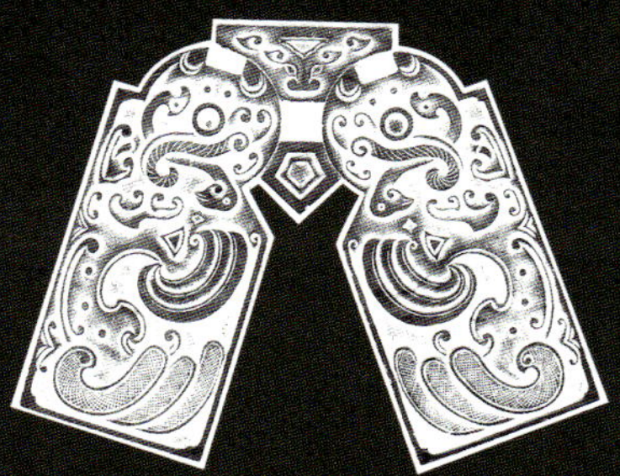

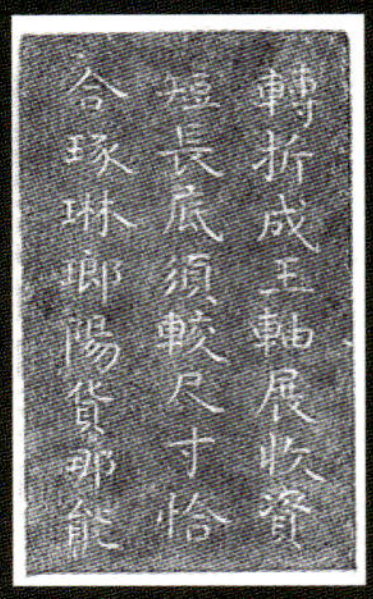
轉折成玉軸展收資
短長底須較尺寸恰
合琢琳瑯陽貨那能

清

乾隆御题
白玉洁矩
高8厘米

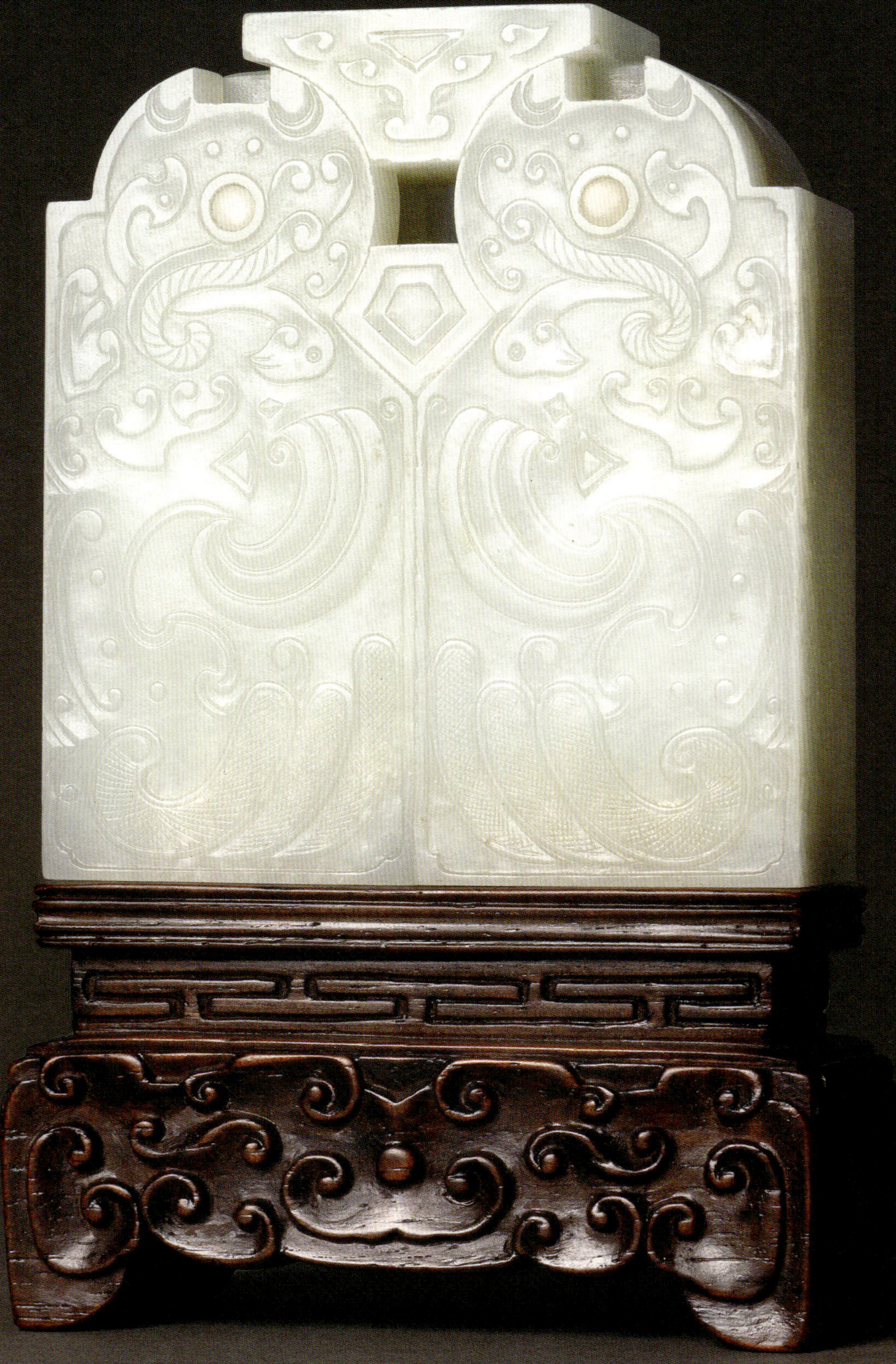

清

乾隆御题
碧玉洁矩
高10厘米

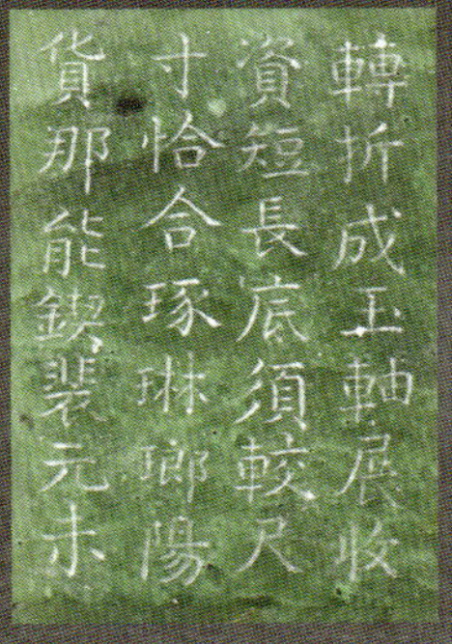
轉折成玉軸展收
資短長底須較尺
寸恰合琢琳瑯陽
貨那能鍥翠元朱

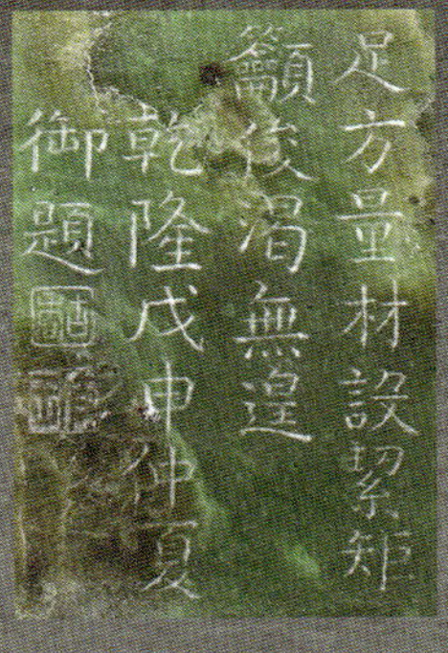
足方量材設絜矩
籲彼渦無遑
乾隆戊申仲夏
御題

战国
川字钮夔龙纹铜镜
直径17厘米

唐
双圈五狮葡萄铜镜
直径12厘米

东晋
夔龙纹铜镜
直径11.5厘米

唐
海兽葡萄纹铜方镜
直径 9 厘米

清
嵌玻璃莲花纹画珐琅镜
直径 16.5 厘米

元

铜鎏金炉瓶（一套）

高32厘米

明
乳钉纹冲耳三足炉
高13厘米

清
乳钉纹冲耳凤足青玉方炉
高18厘米

明

哪吒闹海玉炉

高11.5厘米

清

夔龙纹镂空玉扁炉

高 12 厘米

清

大清乾隆仿古
龙耳四足碧玉炉

高13厘米

清
饕餮纹朝冠耳白玉方炉
高14厘米

清
嵌宝龙耳带盖玉方炉
高14厘米

清
镂空活环带盖炉
高7.5厘米

清

仿痕都斯坦活环忍冬纹白玉三足炉

高19厘米

清

铜鎏金壶爵（一套）

高8～27厘米

清
铜鎏金炉瓶三事
高8～27厘米

(反面)

(正面)

明
吴申伯制
有虞十二章墨
高12厘米

(反面)

(正面)

明
程君房制
文犀照水墨
高12.2厘米

（正面）

明

山水清音朱砂墨

高 3.3 厘米

犬养毅（1855～1932）旧藏

（反面）

明

大明宣德年造

国宝墨

高 17.5 厘米

（反面）

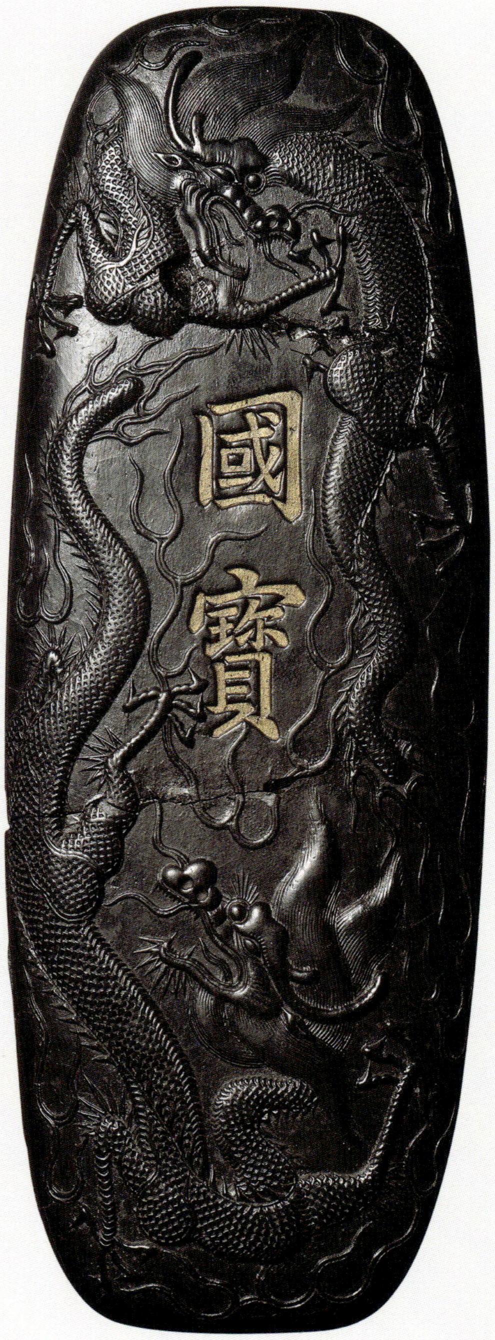

（正面）

明

方景耀制

狻猊墨

直径 5 厘米

（反面）

（正面）

明
程君房制
同心莲墨
高6.3厘米
上海韩天衡美术馆藏

明
方于鲁
双龙墨
高8.7厘米

明
程君房监制
百子图墨
高11.7厘米

明
程君房监制
六根清净墨
高14厘米
犬养毅（1855～1932）旧藏

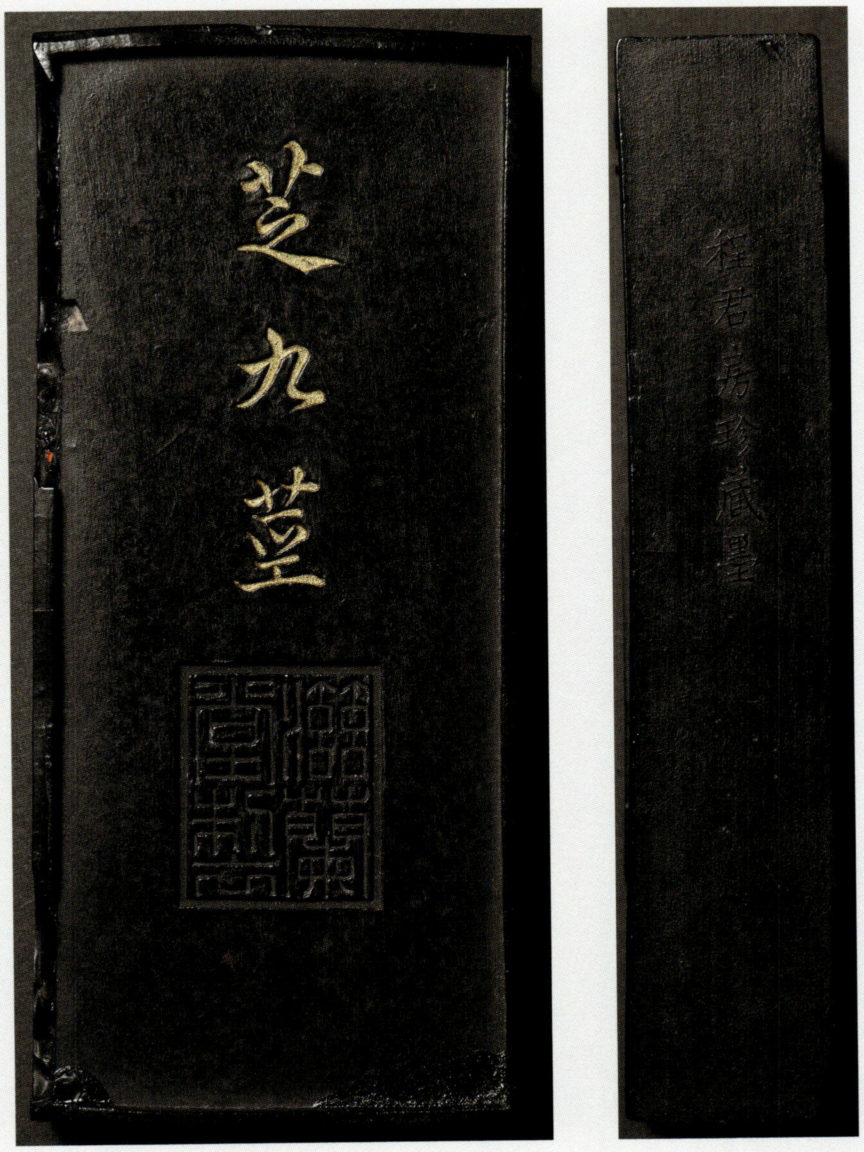

明
程君房
芝九茎墨
高11.2厘米

（漆盒）

（锦盒）

清

康熙耕织图套墨

两盒共四十七锭

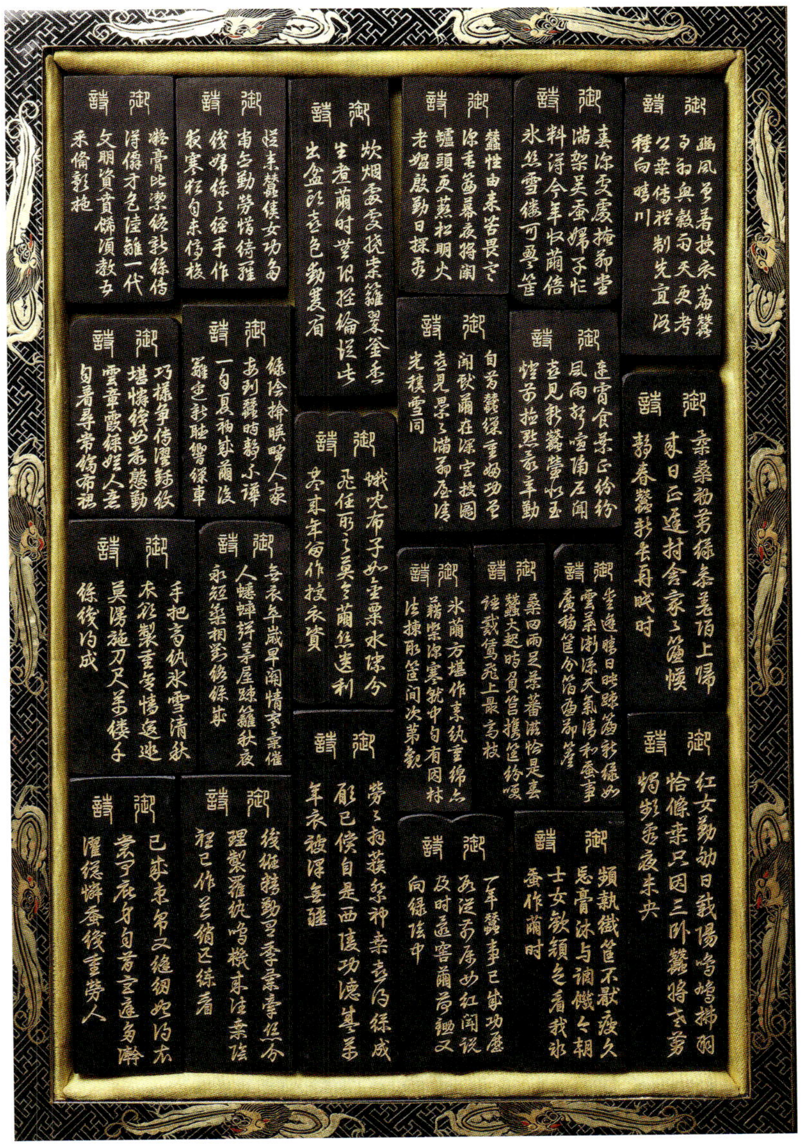

清

乾隆甲子

烟云舒卷墨

长 10 厘米

清

乾隆

韶景轩墨

长 10.8 厘米

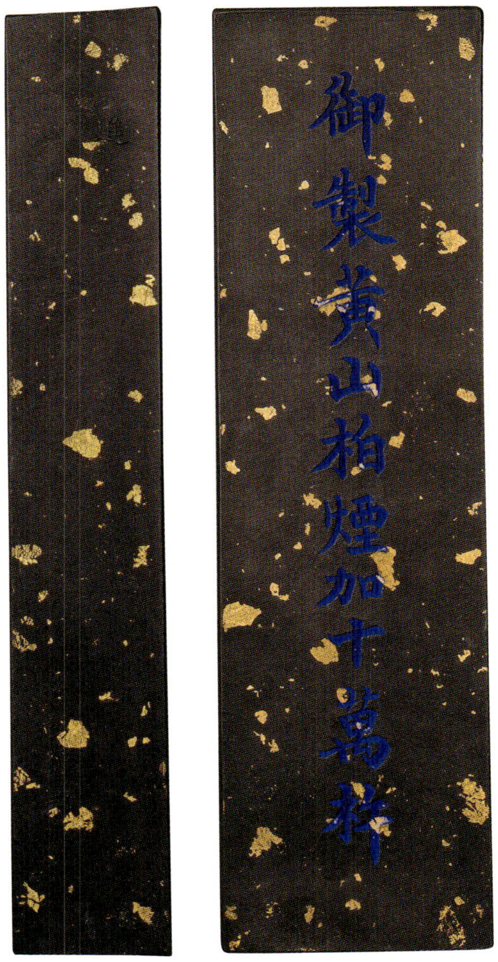

清
彭元瑞（1731～1803）款
黄山柏烟供墨
长16.6厘米

清
左宗棠（1812～1885）
定制套墨
上海韩天衡美术馆藏

清

张果老像礼墨

高 22.3 厘米

上海韩天衡美术馆藏

清

剑彘型翡翠墨床

长 7.5 厘米

清

三螭穿花白玉墨床

长 9 厘米

清

回纹酸枝木墨床

长 9.5 厘米

清

巧雕梅花玛瑙墨床

长8厘米

清

福寿紫檀墨床

长13.5厘米

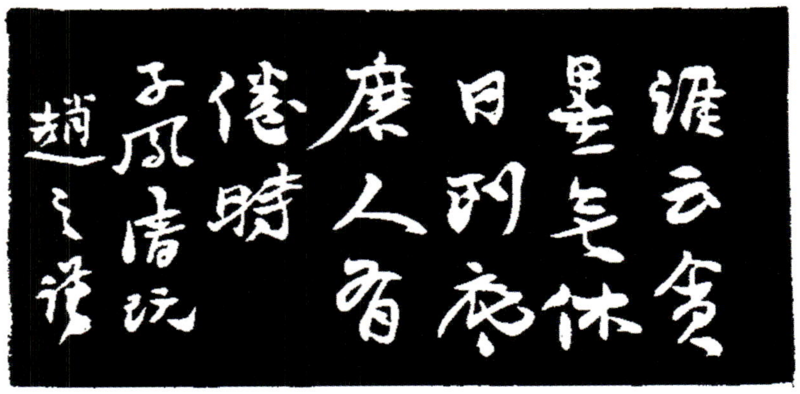

清

赵之谦（1829～1884）铭

紫檀墨床印规

长 15.5 厘米

唐云旧藏

明

大明嘉靖年制

黄地剔彩江崖万寿云龙飞鹤漆盘

直径38厘米

鸿禧美术馆旧藏

清
痕都斯坦忍冬纹大玉盘
直径 28 厘米

清
湖石萱葵图玉盘
长 22 厘米

明
驯马图棒槌瓷瓶
高18厘米

宋
湖田窑镂空瓶
高13厘米

清

四尊者剔红胆瓶

高26厘米

清
乾隆年制
御题金彩白料瓶
高23厘米

清
海屋添筹玉方瓶
高 16.5 厘米

清
狮耳竹雕方瓶
高 11.5 厘米

清
饕餮纹玉提梁卣
高38厘米

清
饕餮纹错金银铜提梁卣
高 30 厘米

明
龙耳三狮足牡丹瓶
高39厘米

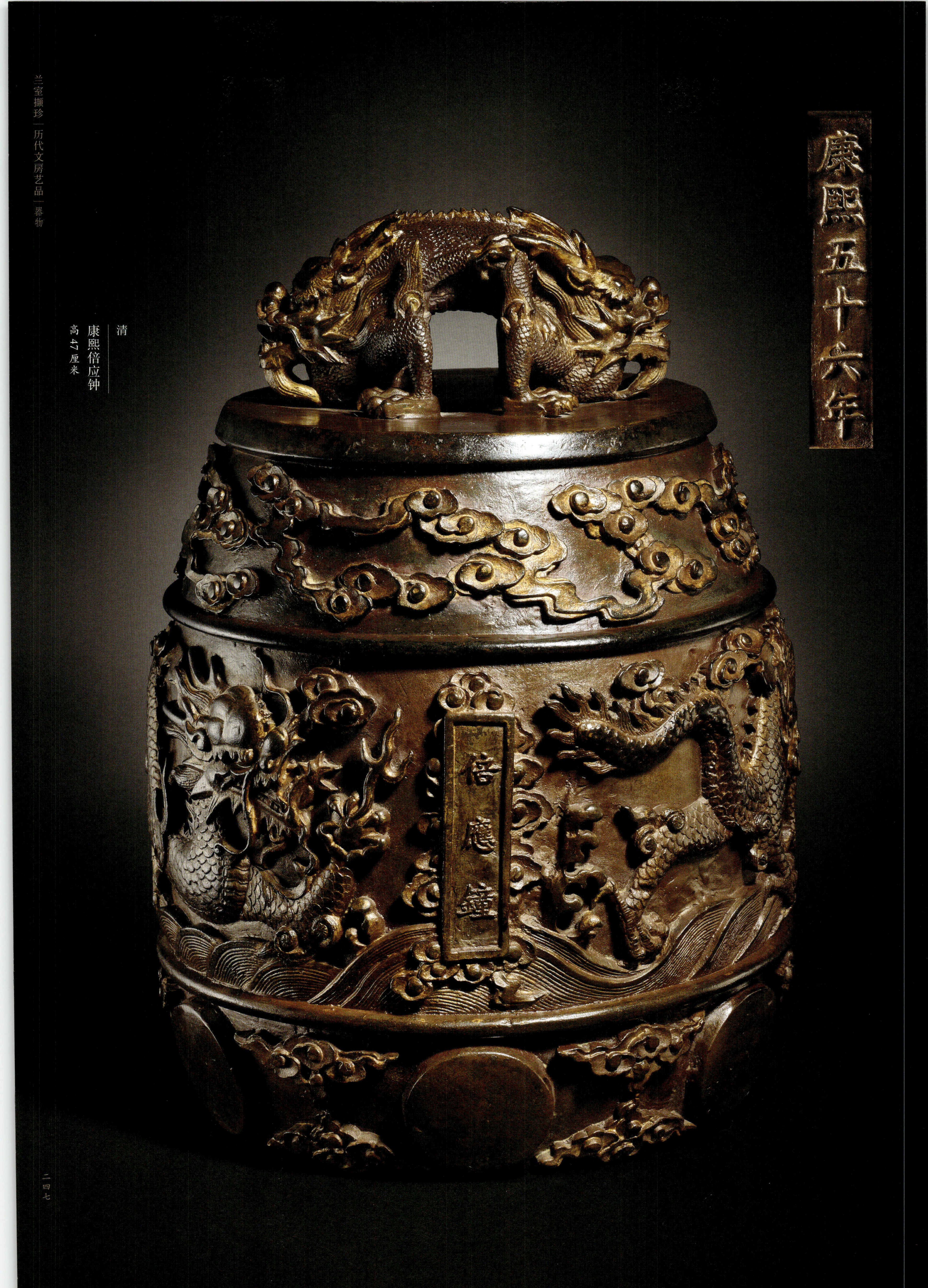

清
康熙倍应钟
高47厘米

清
绕枝梅花玉方瓶
高19厘米

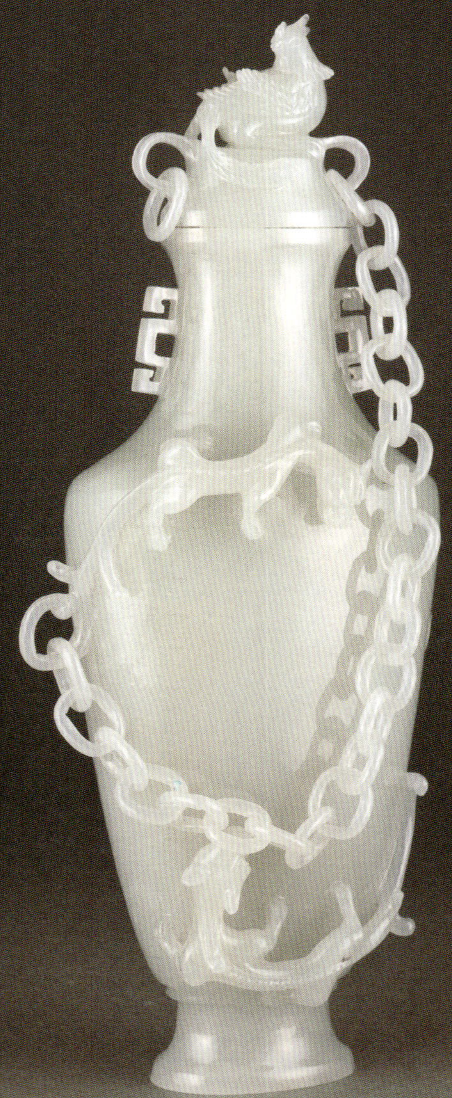

清
龙凤活链玉瓶
高19厘米

清
饕餮纹活环玉方扁壶
高 28.5 厘米

清

福寿三多白玉如意

长 39.5 厘米

清

加官晋爵白玉如意

长 40 厘米

清

红木三镶翡翠如意

长47厘米

清

大吉葫芦红木三镶玉如意

长48厘米

清

杂宝红木三镶玉如意

长44厘米

清
卧凤三多白玉如意
长36厘米

清
寿字八宝白玉如意
长46厘米

清

八宝连年有余白玉如意

长36.5厘米

清

莲花大雁紫檀三镶玉如意

长55厘米

清

九如天保碧玉如意

长40厘米

清

灵芝双螭碧玉如意

长36厘米

清

寿桃灵芝黑白玉如意

长38.5厘米

清

四螭红木三镶玉如意

长 47 厘米

清

福寿红木三镶玉如意

长 44.5 厘米

清
连珠纹鹅红木三镶玉如意
长45.5厘米

清
岁岁平安白玉如意
长41厘米

清
五螭碧玉如意
长 38 厘米

清
寿桃碧玉如意
长 35.5 厘米

清
螭龙福寿青玉如意
长 34 厘米

清

仙人红木嵌螺钿三镶玉如意

长 57 厘米

清

福寿庆喜嵌银丝紫檀三镶玉如意

长 54.4 厘米

清

龙纹紫檀三镶玉如意

长37厘米

清

连珠纹岁寒三友红木三镶如意

长30厘米

清
花卉红木三镶玉如意
长49厘米

清
山水人物红木三嵌玉如意
长46厘米

清
吉庆有余白玉如意
长46厘米

清
百宝嵌福寿玉如意
长46厘米

清

寿字白玉如意

长 21 厘米

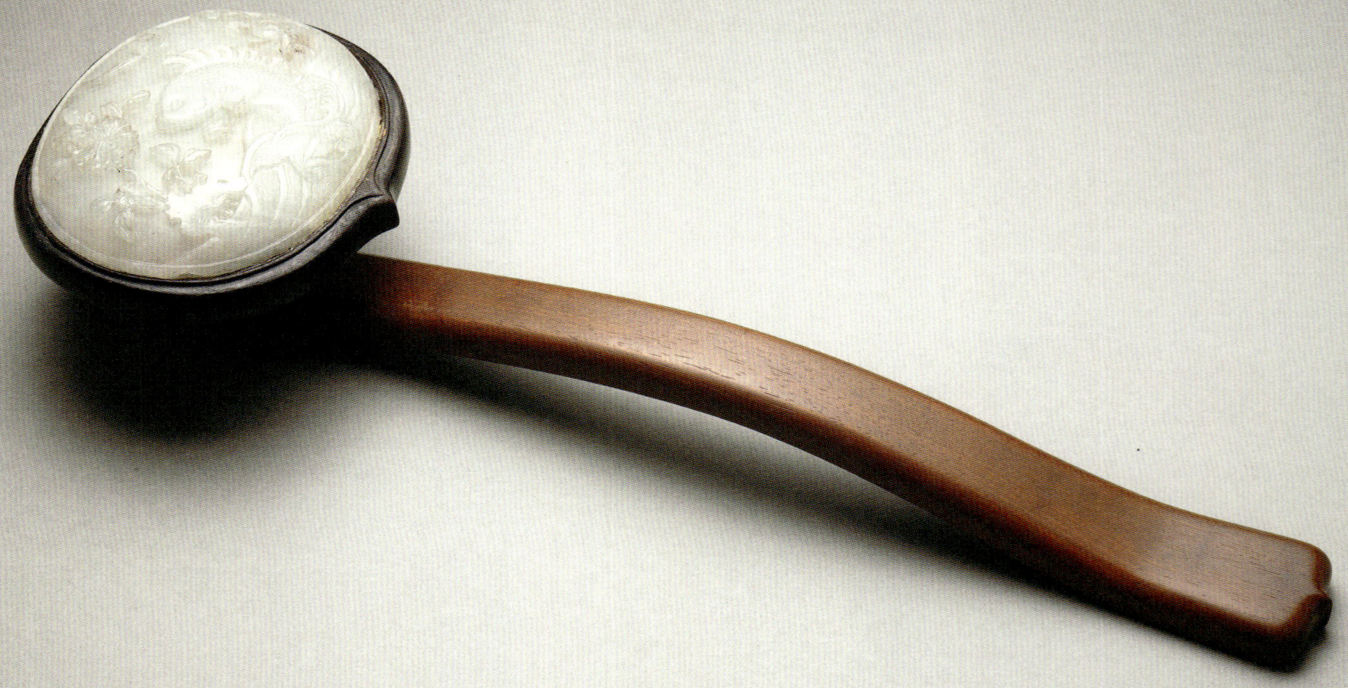

清

连年有余红木镶玉如意

长 39 厘米

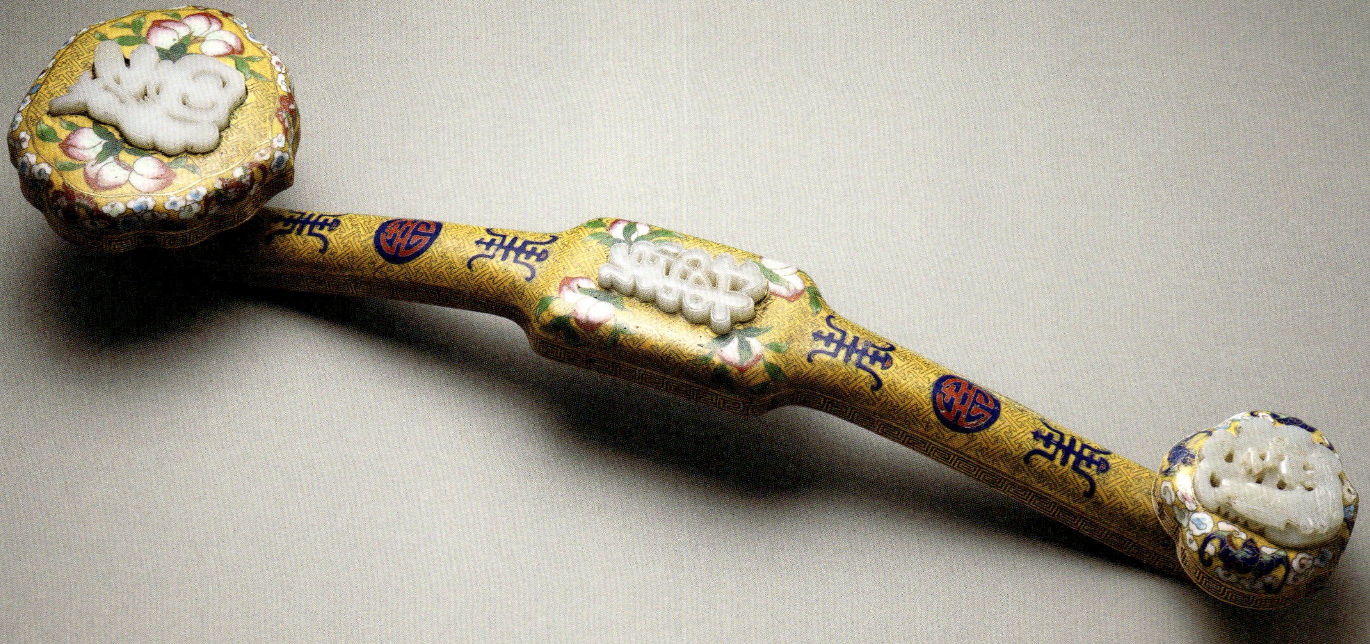

清

福禄寿黄地掐丝珐琅三镶如意

长 52 厘米

清

乾字款螭龙玉如意

长 43 厘米

清

寿字杂宝铜鎏金三镶玉如意

长 53 厘米

清
黄杨木雕九芝如意
长28厘米

清
福寿蓝地掐丝珐琅玉如意
长52厘米

清

三星祝寿黄杨如意

长49厘米

清

铁拐李剔彩如意

长39厘米

清
八仙祝寿奇楠大如意
长55厘米

宋

太乙卧莲秋山玉山子

高16厘米

明
林有麟（明万历）
吴彬（1550～1643）题
瑞兽灵璧石山子
高72厘米

清

三星祝寿白玉山子

高14厘米

清
天然奇木山子
高77厘米

清

乾隆商山四皓白玉山子

高20厘米

清

戴衢亨（1755～1811）题

御制句芝兰图玉山子

高4厘米

清

刻秦量权铭权山

高41厘米

端方旧藏

清
泥金面和尚头折扇
长 28.5 厘米

清
十八罗汉和尚头剔红宫扇
长 34 厘米

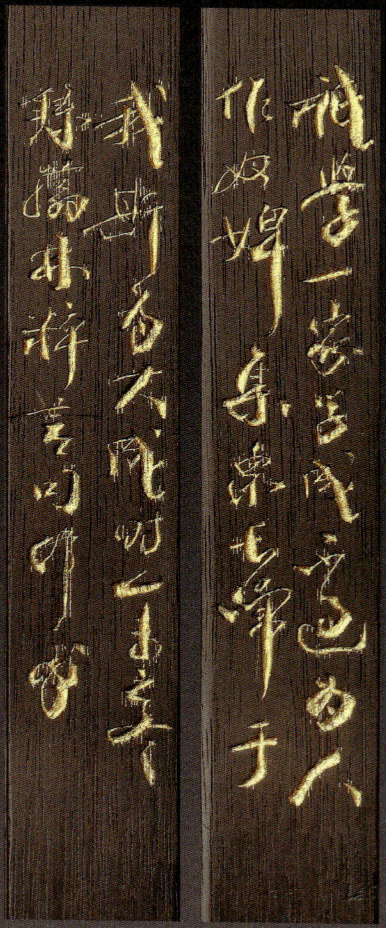

清
韩天衡题
折叠帖架
长 29.5 厘米

清
一把青莲水丞、玉水匙
长11厘米、长8厘米

清
乾隆年制
碧玉水洗
直径10厘米

清
佛手玉水丞
长10厘米

清
虎型玉水丞
长16厘米

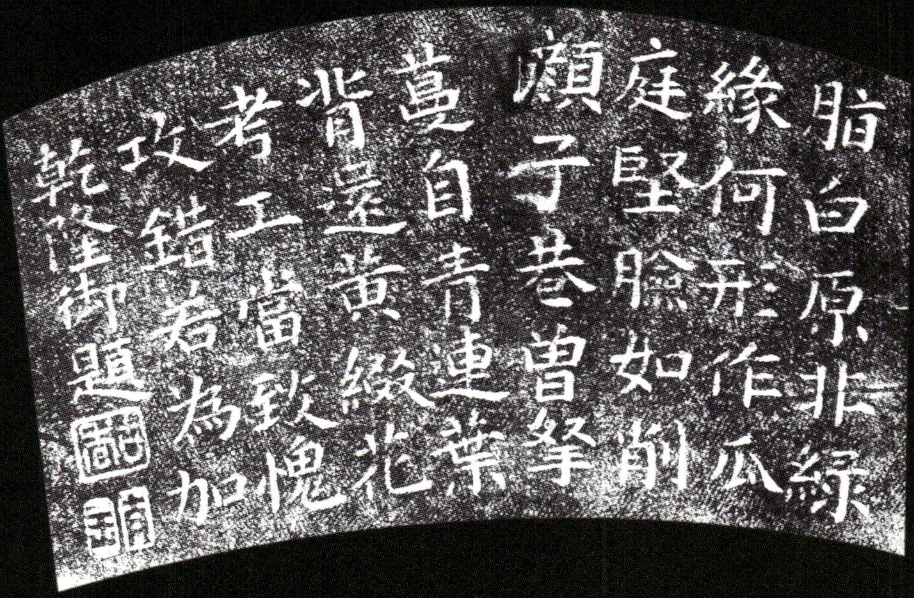
脂白原非綠
緣何形作瓜
庭堅臉如削
顏子巷曾拏
蔓自青連葉
背違黃綴花
考工當致愧
攻錯若為加
乾隆御題

清

乾隆御题痕都斯坦瓜型洗

长14厘米

清　乾隆
松枝竹水丞
长 6 厘米

清
松鼠葡萄俏色玉水丞
长 6 厘米

清
莲叶南红水丞
高9.5厘米

宋
龙泉窑玉兔捣药水丞
高8厘米

明
五管铜投壶
高43.5厘米

明
八卦螭龙铜投壶
高27厘米

明

螭龙局部鎏金铜投壶、箭壶

高35厘米、高16厘米

明
正德十三年（1518）
满池娇铜投壶
高51厘米

陶齋吉金錄

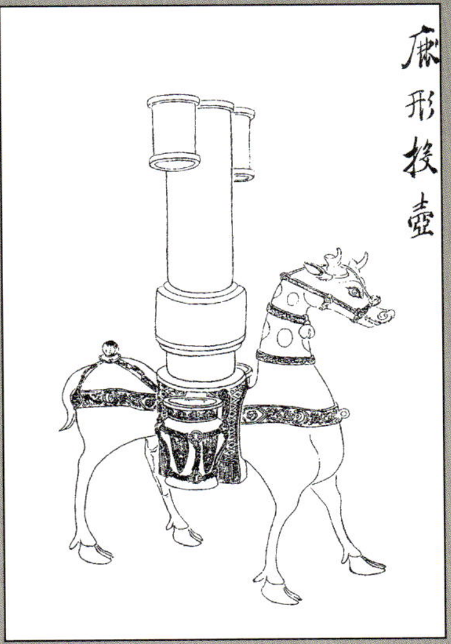

明

鹿型铜投壶

高32厘米

著录于《陶斋吉金录》

端方旧藏

明
虎型铜温酒器
高 29 厘米

明
狮型铜温酒器
高 28 厘米

明
鎏金仙人骑麒麟香熏
高 32 厘米

元

枢府窑卵白釉大碗

直径 20 厘米

清

乾隆御用山水纹玉盏

直径 11.5 厘米

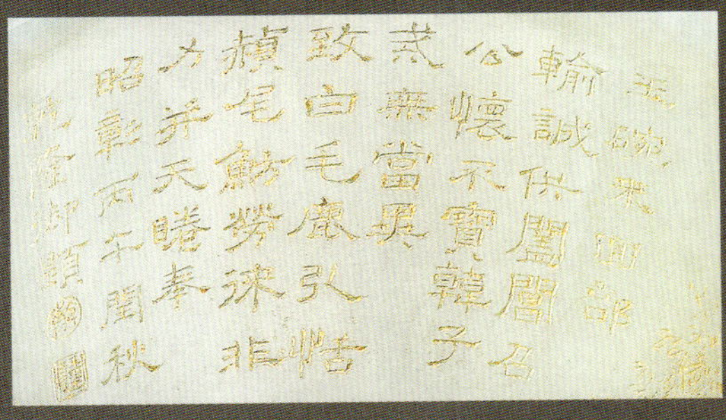

宋

蜀葵花型玉盏（一对）

直径 11 厘米 ×2

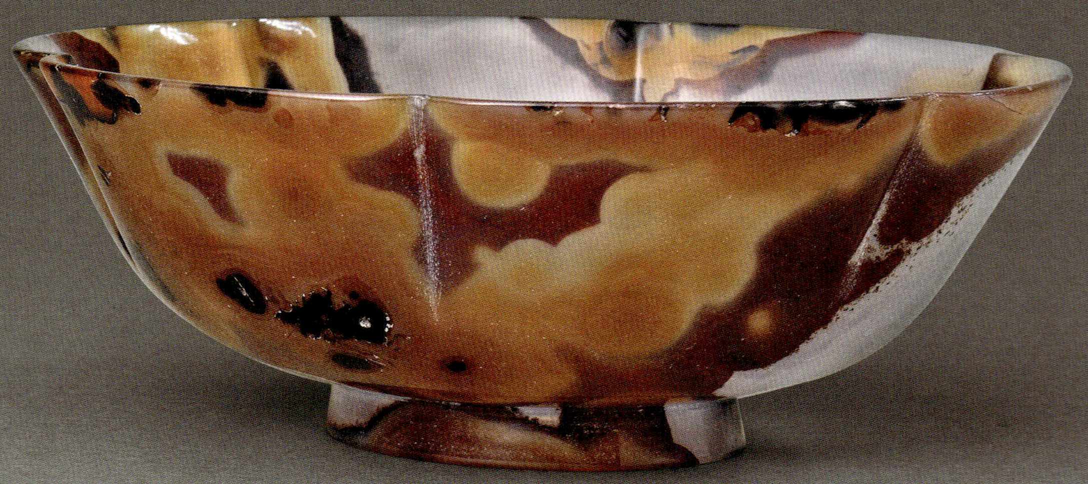

宋

玳瑁斑玛瑙葵口盏

直径 12.3 厘米

清

痕都斯坦双耳带盖白玉盏

直径 20 厘米

清

痕都斯坦凤耳菊瓣盏

直径 22 厘米

清

文会图竹香筒

高 28 厘米

清

乾隆年制

掐丝珐琅甪端熏（一对）

高31厘米×2

明

鎏金铜鸽熏（一对）

高22厘米×2

清

凤型铜熏（一对）

高105厘米×2

清
碧玉双龙戏珠香筒（一对）
高 20×2

清
螭龙白玉香熏
高 26 厘米

清
螭龙碧玉嵌白玉香熏
高 13 厘米

明 永乐
红漆八宝戗金压经板
长72.8厘米

元

水晶瓦型砚、笔架、水丞（一套）

长7.5～9.5厘米

宋

玉蝉砚

长11.5厘米

清

董诰（1740～1818）铭

白玉砚

长 8.5 厘米

清

燕国瓦当砚

长 20 厘米

清

吴兰修（1789 ~ 1839）赠阮元（1764 ~ 1849）水岩端砚

长 14 厘米

道光十四年得端州水岩巖硯寄
雲臺師相吳蘭脩銘並記

著書不可無此硯傳家不
可無此研

吳蘭脩銘
贈阮元研

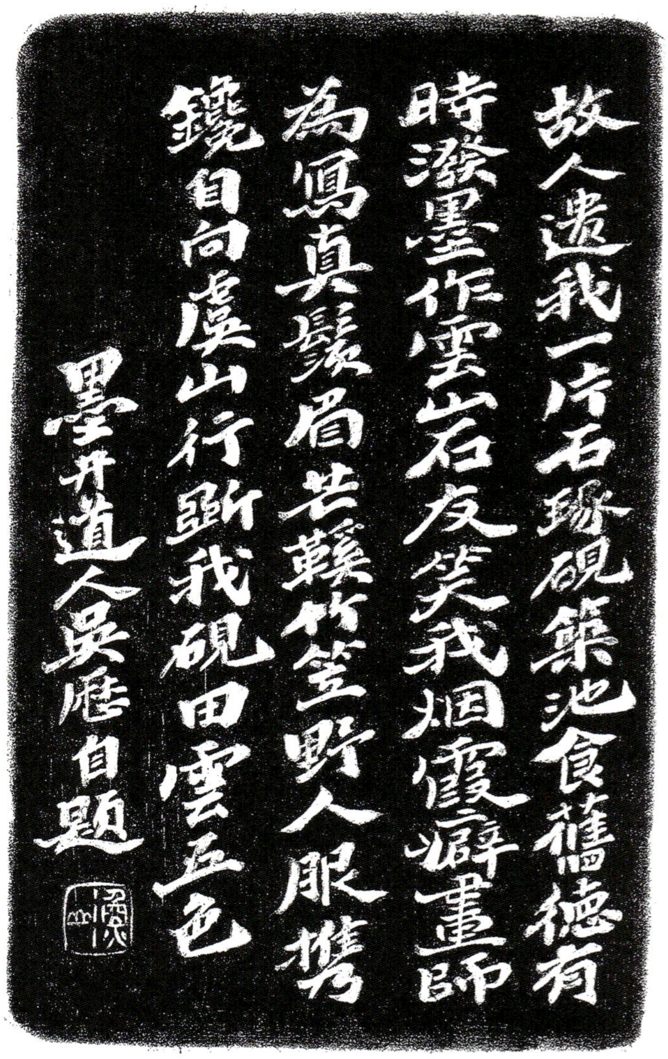
故人遺我一片石琢硯築池食舊德有
時潑墨作雲岩笑我烟霞癖畫師
為寫真鬢眉芒鞵竹笠野人服携
鑱自向虞山行斲我硯田雲五色
墨井道人吳歷自題

清

吴历（1632～1718）自题

墨井道人小像澄泥砚

长19厘米

清
朱彝尊（1629～1709）铭
澄泥砚
长14厘米
石原西涯（1872～1938）
林朗庵（1897～1971）递藏

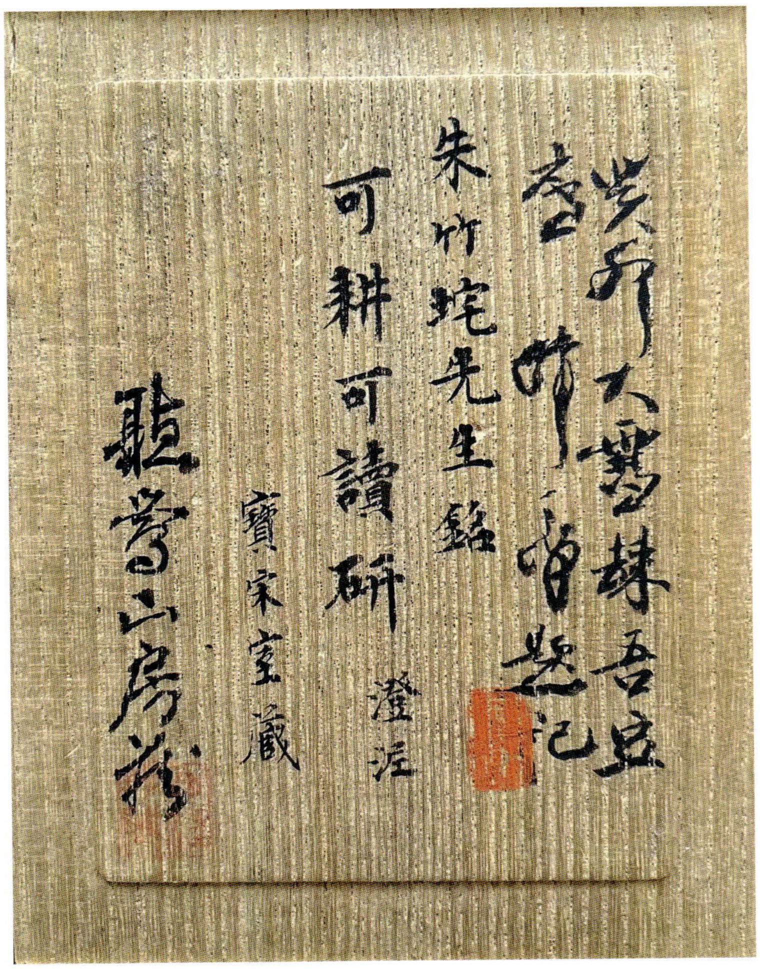
朱竹垞先生銘
可耕可讀研
澄涯
寶宋室藏

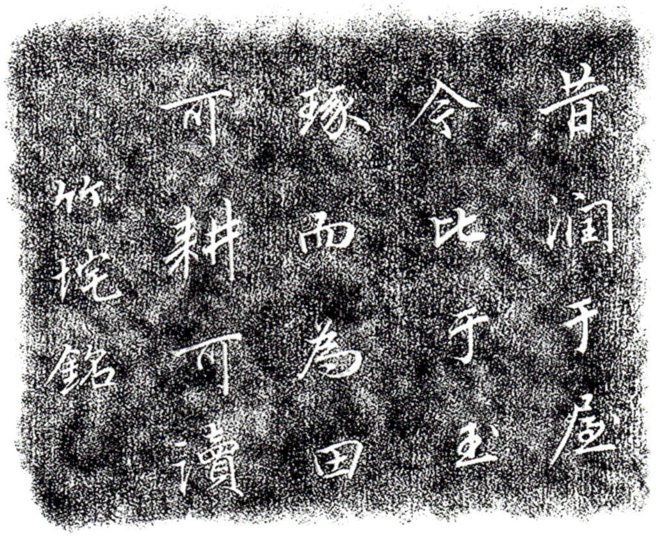
昔潤于屋
今比于玉
琢而為田
可耕可讀
竹垞銘

商
商玉鳖砚
『鲽砚庐』款
长 9 厘米

清
李柄清制
双龙戏珠瓷砚
长 13.5 厘米

清

韩天衡铭

灵璧石砚海

长22厘米

清

谈月色（1891～1976）铭

端州大西洞荷叶砚

长13厘米

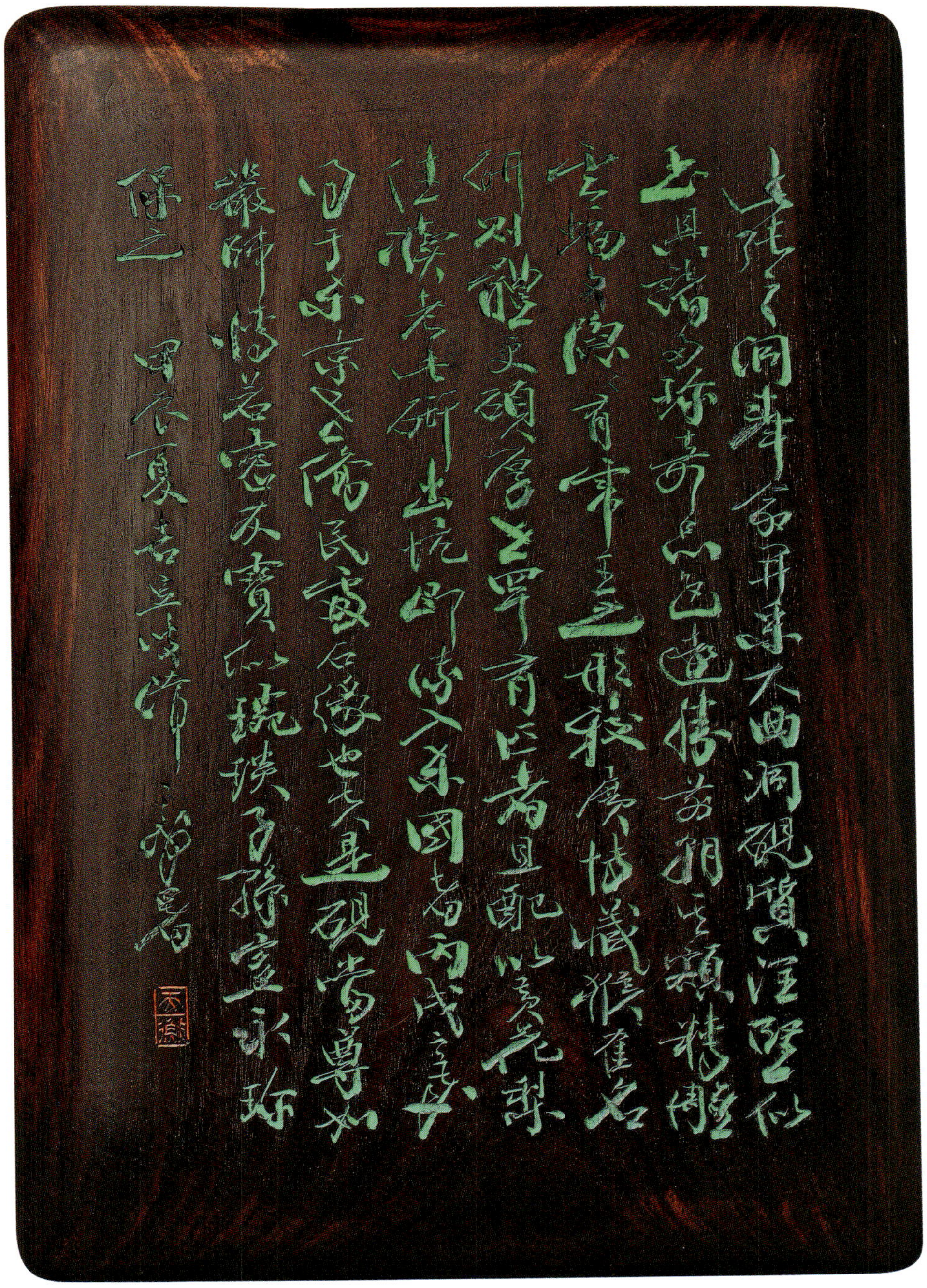

清
端州大西洞虎王砚
长30厘米

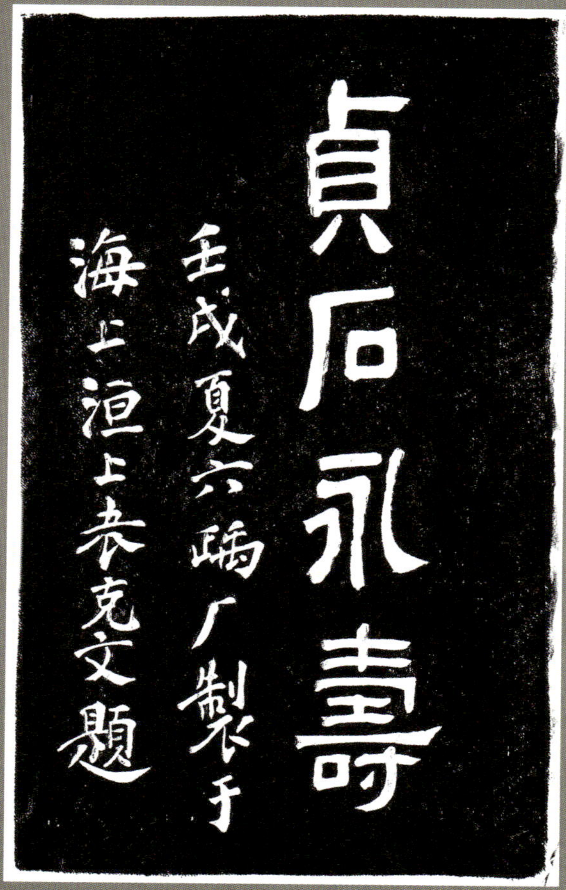
貞石永壽
壬戌夏六隅厂製于
海上洹上袁克文題

無量壽佛
鏡宇姻世伯賞書
八十晉一壽 克文敬祝
荼陵譚天淇敬艁記

近代
袁克文（1890～1931）绘
无量寿佛砚
长 10 厘米

宋
湖田窑忍冬纹砚滴
高6厘米

明
甪端白玉砚滴
长10厘米

清

三足凤首错银铜砚滴

高8厘米

清

双狮戏球玉砚滴

高8厘米

清
宝董室
龙首玉匜
高6厘米
沈韵初旧藏

清
羊首玉砚滴
高12厘米

元

龙纹玉紫檀砚屏

高 17.5 厘米

清

花甲再来白玉嵌碧玉砚屏

高 6.5 厘米

清

山水人物双面白玉砚屏（一对）

高40厘米×2

清

描金山水纹白玉砚屏（一对）

高 25 厘米 ×2

清

梅花白玉砚屏

高 25 厘米

清
黎瑛
花甲再来瓷雕砚屏
高26厘米

清
山水仙人白玉双面砚屏
高 34.5 厘米

清

大随求菩萨玉砚屏

高45厘米

清

柳叶观音玉砚屏

高30厘米

清

达摩渡江玉砚屏

高 12.5 厘米

清

韩天衡题

石榴玉砚屏

高 20 厘米

清

杨澥（1781～1850）铭

芝兰同寿红木印规盒

长 6.5 厘米

清

韩天衡题竹印规

长5厘米

明

五螭出郭环

长11.5厘米

明
龙王献宝玉璧
直径5.5厘米

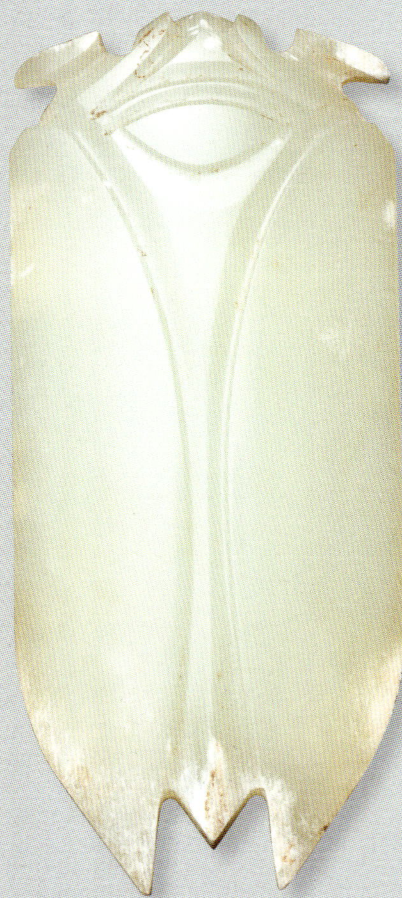

汉
汉八刀带沁玉含蝉
长6.5厘米

汉
汉八刀玉含蝉
长6厘米

清
乾隆临蔡襄书法玉牌
长5厘米

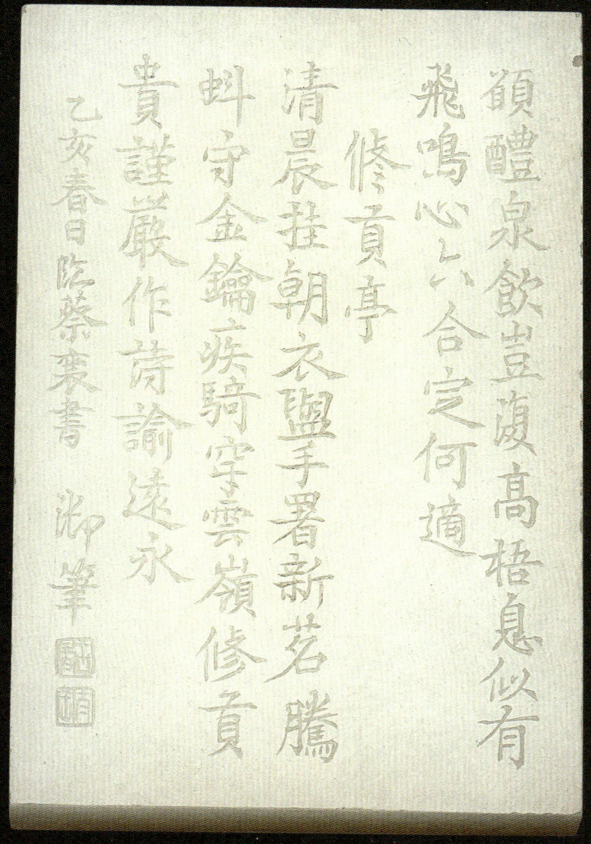
頤醴泉飲豈願高梧息似有
飛鳴心六合定何適
脩貢亭
清晨挂朝衣盥手署新茗騰
蚪守金鑰疾騎穿雲嶺脩貢
貴謹嚴作詩諭遠永
乙亥春日臨蔡襄書 御筆

清
御制心经千佛玉牌
高7厘米

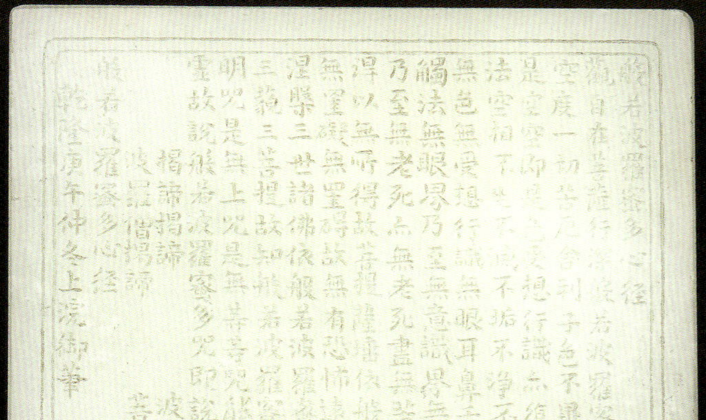

辽
线刻凤凰人物玉饰牌
高4.7厘米

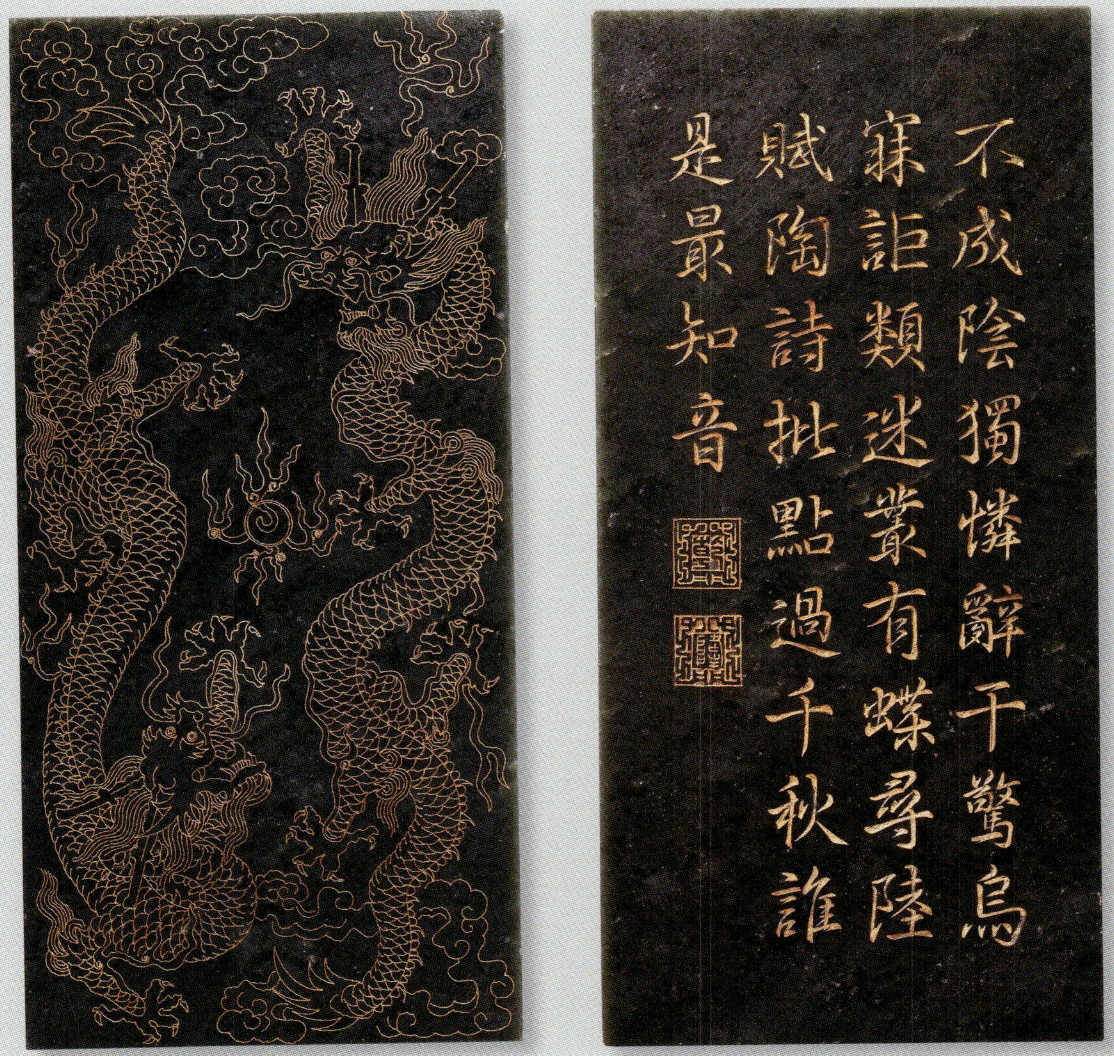
不成陰獨憐辭干驚鳥
寐詎類迷叢有蝶尋陸
賦陶詩批點過千秋誰
是最知音

清
乾隆御题
填金碧玉册（落叶诗）
长21.5厘米

清

乾隆仿古
四灵出郭玉璧
高 8.5 厘米

清　乾隆
倦勤斋呈用纪年玉璧
直径 7 厘米

清　乾隆
迦楼罗双龙玉璧
直径 10 厘米

清

乾隆款

同心合符

直径 5.5 厘米 ×2

清
白玉平定合符
直径4.5厘米

唐

青玉酒骰子

高2.5厘米

清

乾隆款白玉葫芦

高5.6厘米

清

乾隆御题诗玉马鞭柄

高 13.5 厘米

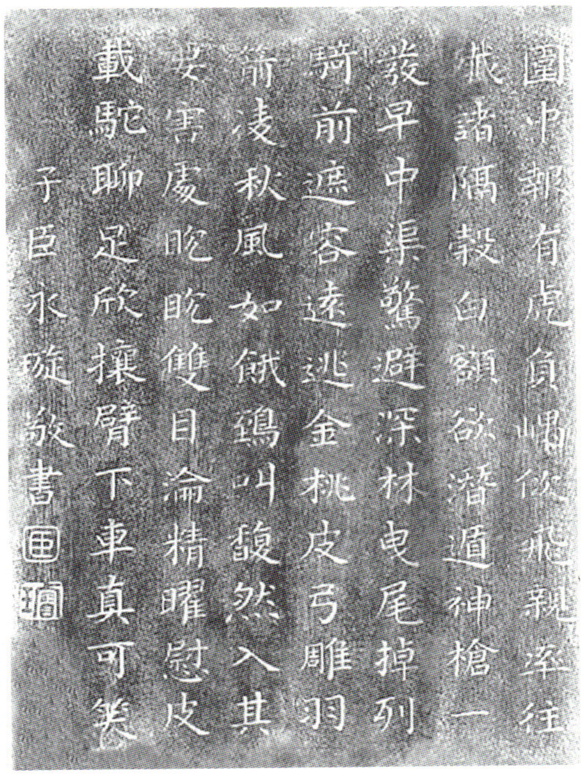
圍中郡有虎負嵎從飛翾率往
俄諸隔穀白額欲潛遁神槍一
發早中渠驚避深材曳尾掉列
騎前遮客遠逃金桃皮弓雕羽
箭凌秋風如餓鴟叫颼然入其
要害處眈眈雙目淪精曜慰皮
載駝聊足欣攘臂下車真可羨
子臣永琁敬書
臣琁

清

乾隆御题

赤壁图玉扳指

高 2.5 厘米

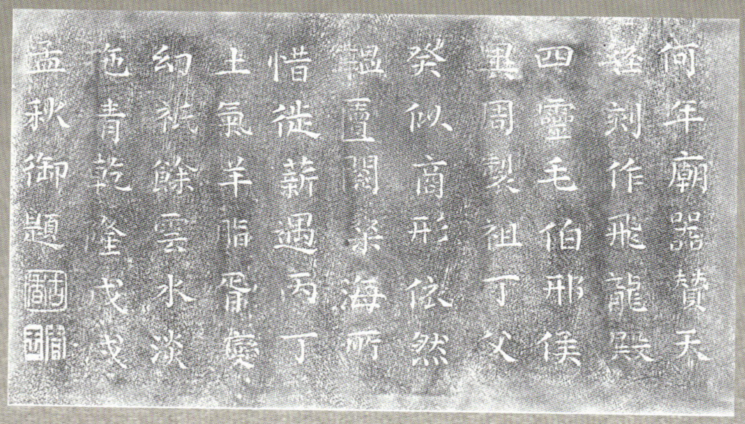
何年廟器贊天
經刻作飛龍殿
四靈毛伯邢侯
異周製祖丁父
癸似商形依然
韞匱閱采海所
惜從薪遇丙丁
土氣羊脂骨變
幻被餘雲水淡
拖青乾隆戊戌
孟秋御題

清

乾隆御题诗

膛心玉

高 5 厘米

近代
山水纹白玉镶碧玉蛐蛐罐
高 15 厘米

宋
绍圣元年修内司制
鲍照《梅花落》
双钩诗文白玉勘
高5.8厘米

宋

绍圣元年修内司玉作所制

鲍照《梅花落》

双钩诗文白玉勘

高6厘米

清 乾隆
白玉无量寿佛
高7.8厘米

宋

玉西王母像

高17厘米

明

玉郭子仪儿孙满堂

高9厘米

清

侯松音 作

竹雕东方朔

高18厘米

鸿禧美术馆旧藏

明

竹雕戏狮罗汉

高7厘米

明

竹雕骑兽罗汉

高31.5厘米

明

竹雕钟馗出行像

高 11 厘米

清
竹雕铁拐李
高13厘米

清

竹雕采芝老人像

高14.5厘米

明
魁星铜像（3件）
高24厘米

清

铜鎏金长寿佛

高13厘米

明

龙首碧玉匜

长40厘米

明

玉雕寿星簪花

高13.5厘米

汉

双豹噬猪玛瑙扣饰

长 6.8 厘米

汉

玉握猪（一对）

长 10 厘米 ×2

汉

水晶握猪

长 7 厘米

清

乾隆年制

玉金刚铃

高19厘米

清
白玉牵黄擎苍童子
高10厘米

清
玉麻姑献寿
高13厘米

清 乾隆
白玉梅妻鹤子
高 16 厘米

清
饕餮纹提梁连盖玉卣
高49厘米

清

白玉释迦牟尼佛

高21厘米

清

玉凤凰

高10厘米

清

白玉五子登科

高12厘米

汉
青玉骆驼席镇
高 10 厘米

汉
豹型铜鎏金席镇(4件)
直径 6 厘米 ×4

清

龚自珍（1792～1841）摹刻

楚郢爰大泉五十陶范

长7厘米

明

夔龙白石镇

长12厘米

明

开卷有益玉文镇

长11厘米

清

玛瑙剑彘紫檀文镇

长18厘米

清
甪端竹书镇
长9厘米

明
甪端青玉文镇
长17厘米

清
汉熊鸂鶒红木书镇
长11厘米

清

奇楠十八子

0.7厘米×16

清
翡翠十八子
1.4厘米 ×18

清
白玉锦囊十八子
1.2厘米 ×18

清

蓝宝石双鱼佩奇楠十八子

0.8 厘米 ×19

清
金粟米奇楠十八子
1.6 厘米 ×19

明

狮钮芙蓉巨章

高11.9厘米

清

艾叶绿对章

高 10 厘米 ×2

清

袁世凯自用（1859～1916）

鸡血石大对章

高11厘米×2

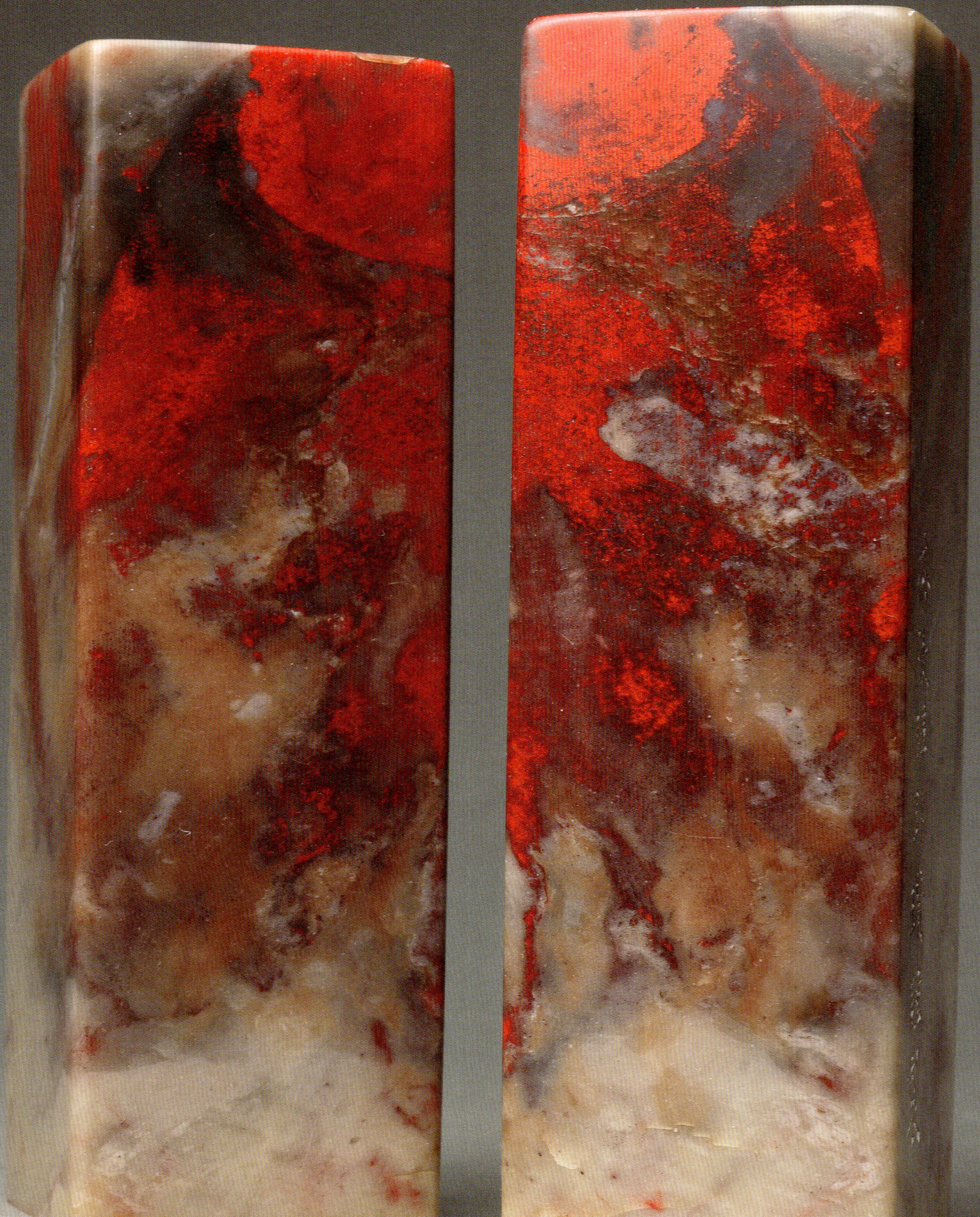

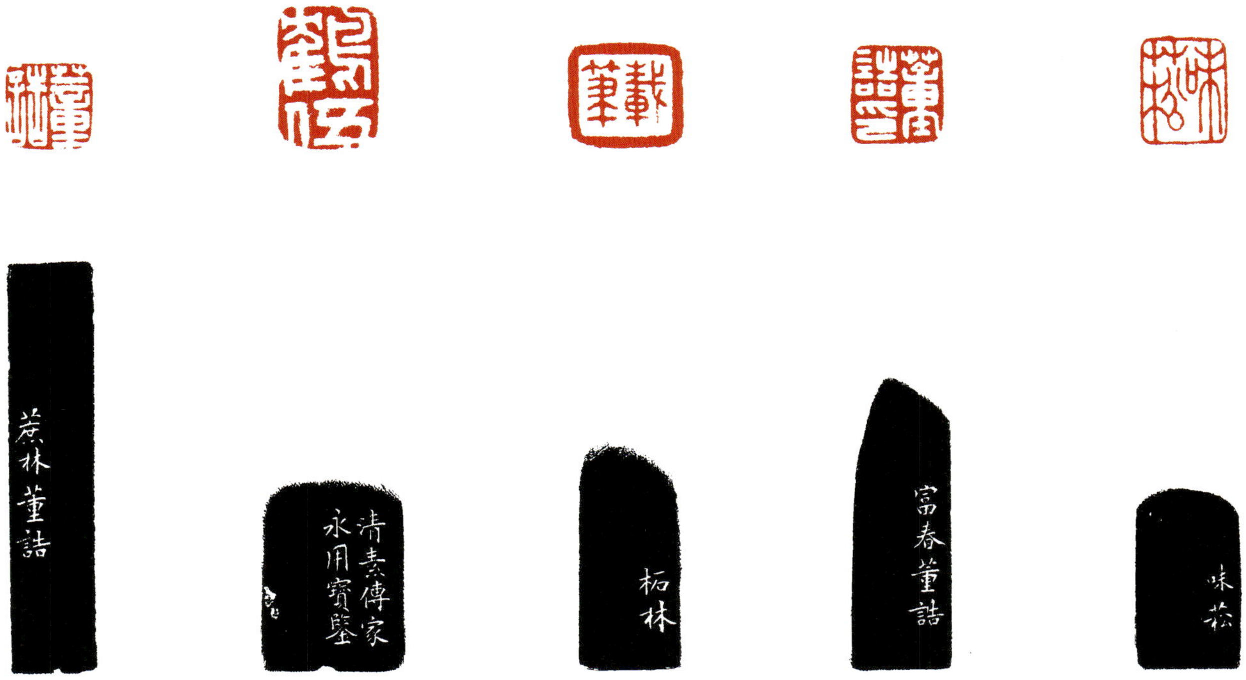

清

董诰（1740～1818）自用

田黄印（5方）

高 2.2～4.5 厘米

当代

郭功森雕

海龙钮彩虹旗降方章

高 10 厘米

当代

陈礼忠雕

冠上加官钮新绿印石

高 11 厘米

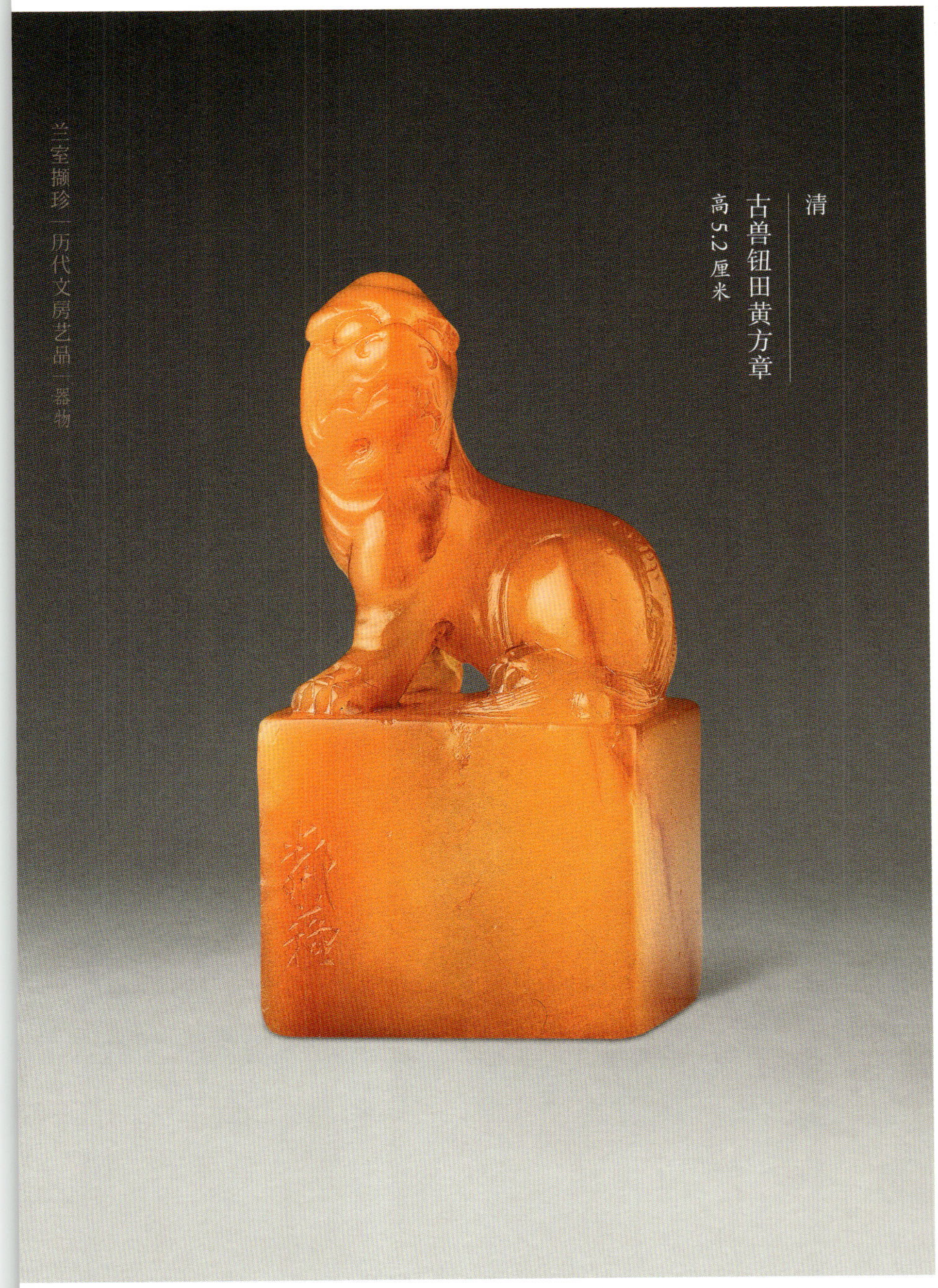

清
古兽钮田黄方章
高5.2厘米

当代
古兽钮汶洋石印
高7厘米

当代
狮钮青田灯光冻印石
高9厘米

当代
和合二仙钮巧色荔枝冻印石
高9厘米

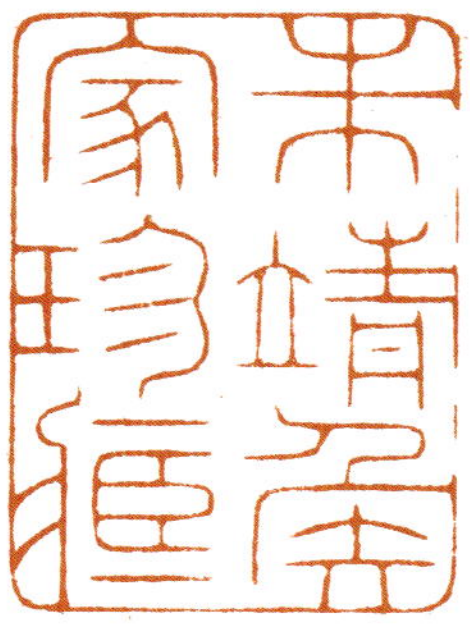

现代
陈巨来（1904～1984）刻
薄意雕田黄印
高6.1厘米

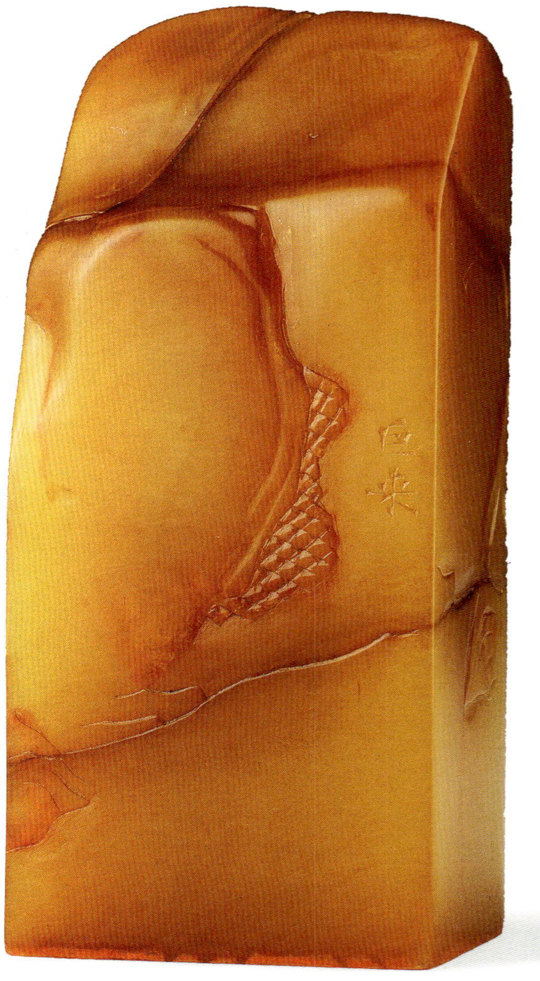

清
黄学圯（（1762～1830？）刻
薄意雕田黄椭圆印
高4.7厘米

当代
昌化大红袍鸡血巨石
重43千克

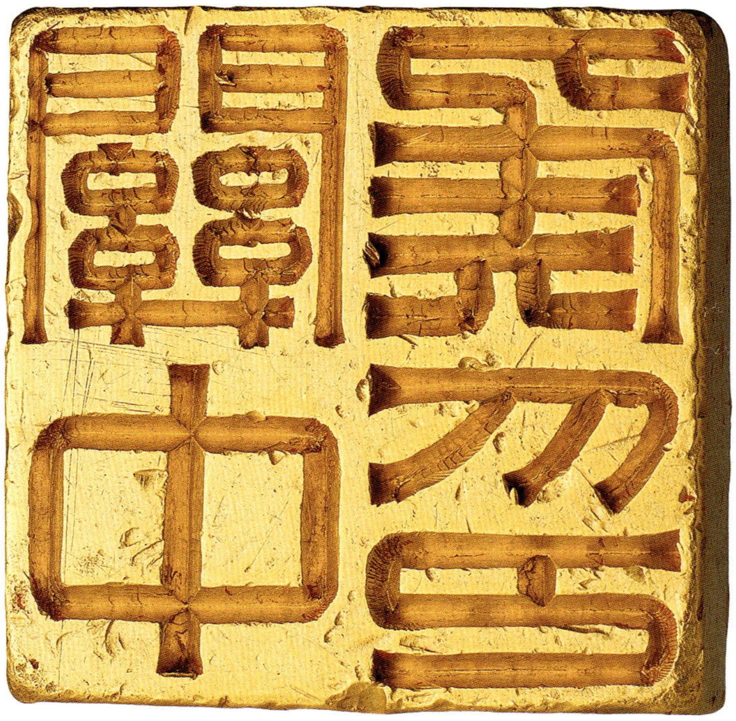

三国·魏

金·关中侯印

高 2.2 厘米

上海韩天衡美术馆藏

明

韩天衡刻

蟠龙钮青玉玺

长 14.5 厘米

明

何震（1522 ~ 1604）刻

柴门深处

高 3.7 厘米

上海韩天衡美术馆藏

明

何震（1522 ~ 1604）刻

芳草王孙

高 6.8 厘米

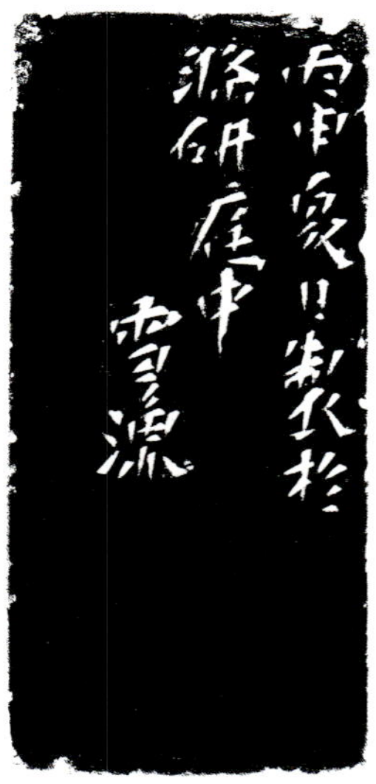

明

魏植（1552～1635）刻

青田石五套印

高4.5厘米

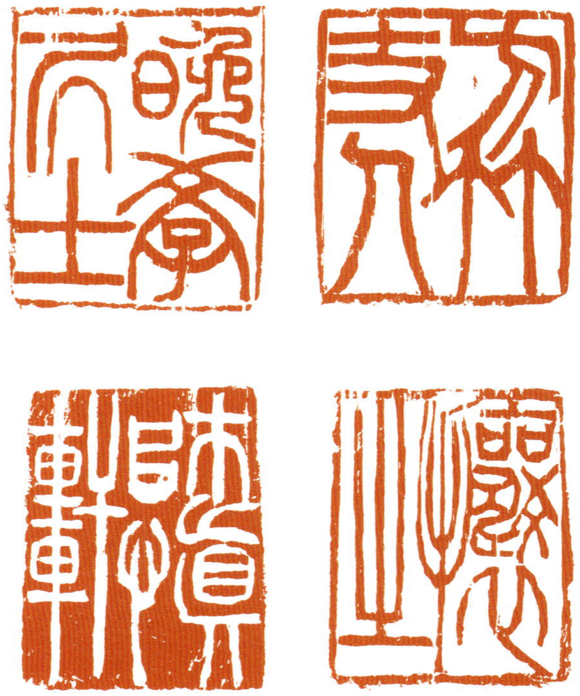

清
吴让之（1799～1870）刻
方竹自用四面印
高4.1厘米
上海韩天衡美术馆藏

清
吴让之（1799～1870）刻
黄青田六面套印
高2.8厘米

清

林皋（1657～1726）刻

耕烟

高3.5厘米

王翚用印

清

黄易（1631～1677）刻

树端临本

高4.3厘米

上海韩天衡美术馆藏

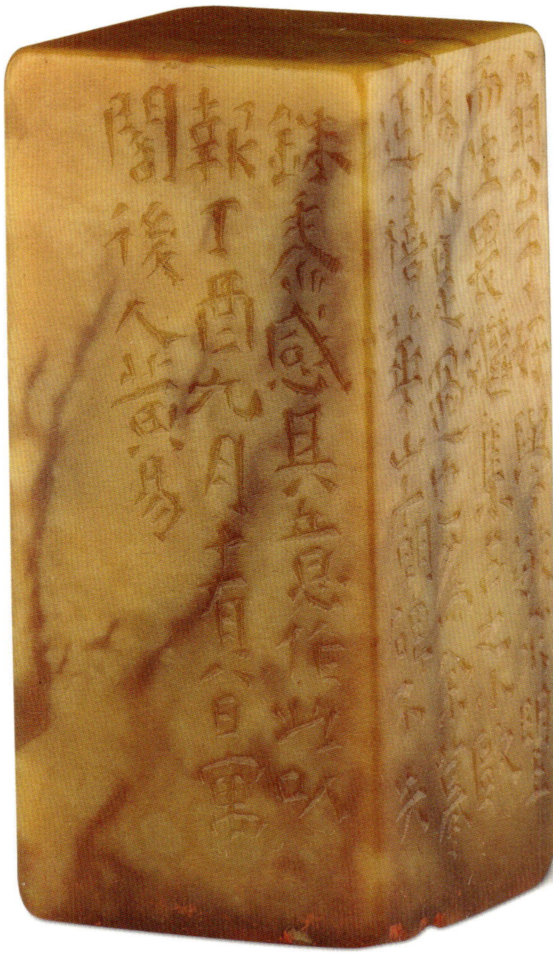

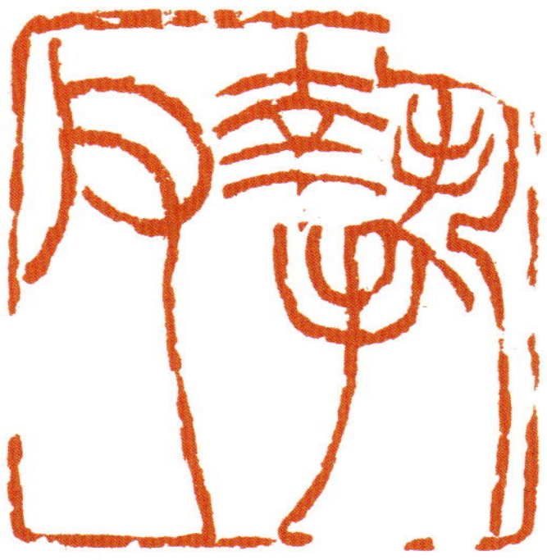

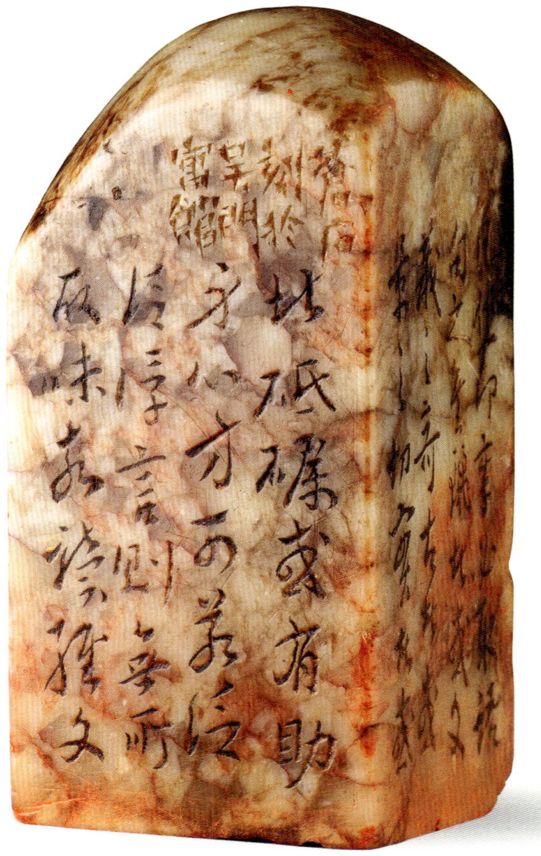

清

吴昌硕（1844～1927）刻

挚父

高8厘米

上海韩天衡美术馆藏

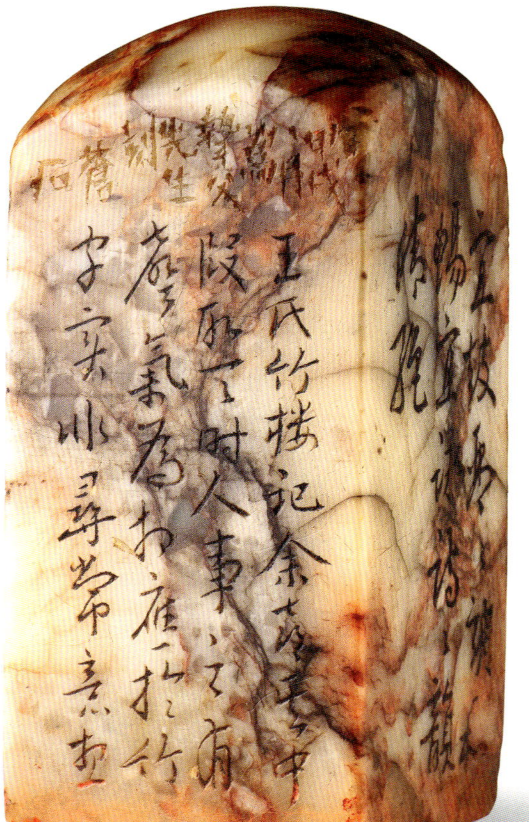

清

吴昌硕（1844～1927）刻

汝纶之印

高8厘米

上海韩天衡美术馆藏

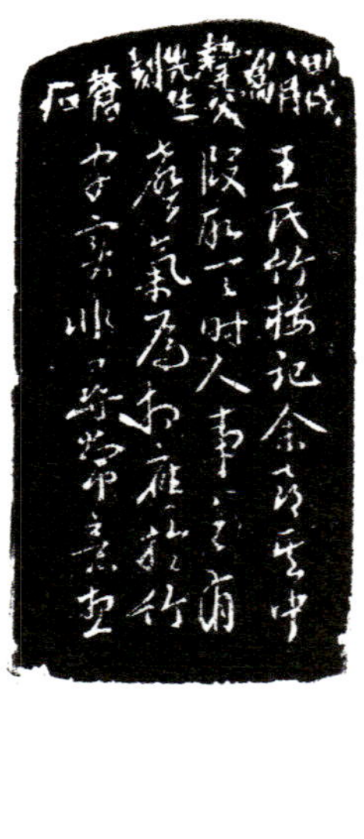

现代
齐白石（1864～1957）刻
百梅楼
高9.1厘米
上海韩天衡美术馆藏

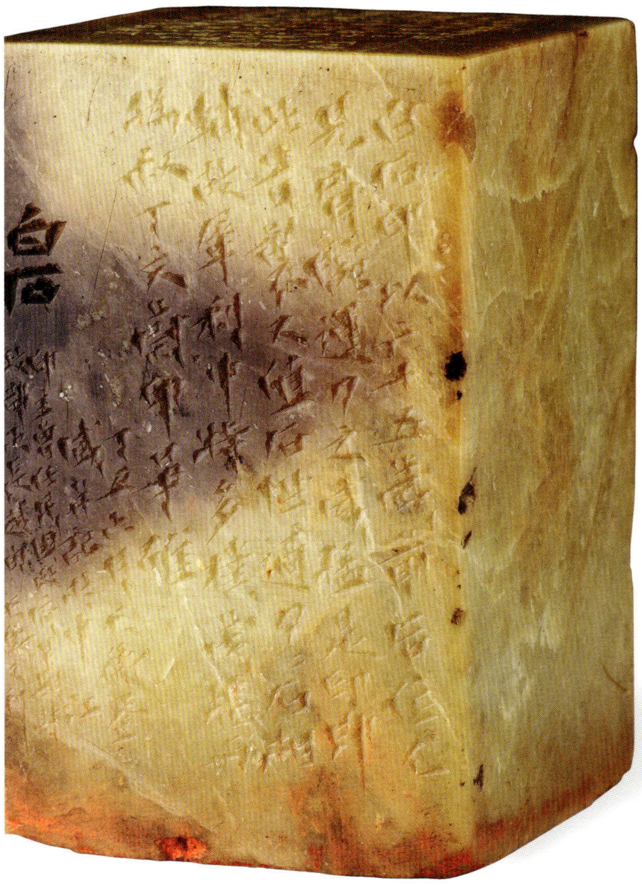

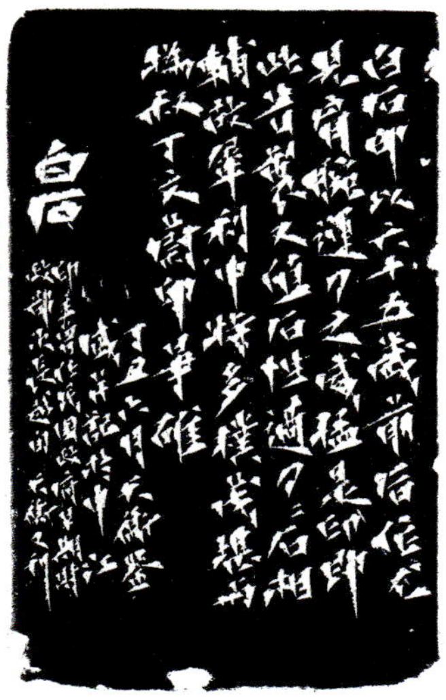

现代
陈巨来（1905～1984）刻
第一希有
高5.2厘米

图书在版编目（CIP）数据

兰室撷珍：历代文房艺品 / 韩天衡，韩回之主编．-- 上海：文汇出版社，2024.10
ISBN 978-7-5496-4341-7
I. K875.4
中国国家版本馆 CIP 数据核字第 2024DJ5925 号

兰室撷珍——历代文房艺品

主　编　韩天衡　韩回之
封面题字　韩天衡
编　委　朱匀先　韩因之
审　校　张炜羽　赵逸群
编　务　张学津　王轩渲　朱美煜　张　晴　何　丽　申雪莉　郑澄琳　张雪萌　陈正元　杨晓康　伍成灏　沈晓晨　张晓波　叶巧玲　钱俊豪　吴　齐　王余洋　张一帆　周子颐
摄　影　王　华
设　计　雅昌设计中心

出版人　周伯军
责任编辑　陈润华
出版发行　文匯出版社
地　址　上海市威海路 755 号
邮　编　200041
经　销　全国新华书店
印　刷　上海雅昌艺术印刷有限公司
开　本　787×1092 毫米　1/8
印　张　47.5
版　次　2024 年 10 月第 1 版
印　次　2024 年 10 月第 1 次印刷
书　号　ISBN978-7-5496-4341-7
定　价　920.00 元

上海韩天衡美术馆艺术丛书